云银行

无处不在，无迹可寻，银行服务在云上。

林治洪　罗勇◎著

中国金融出版社

责任编辑：王雪珂
责任校对：李俊英
责任印制：丁淮宾

图书在版编目(CIP)数据

云银行 / 林治洪，罗勇著. —— 北京: 中国金融出版社，2021.1（2023.11 重印）
ISBN 978-7-5220-0161-6

Ⅰ.①云…　Ⅱ.①林…②罗…　Ⅲ.①数字技术 —— 应用 —— 银行业 —— 研究
Ⅳ.①F830.3–39

中国版本图书馆CIP数据核字 (2021) 第032373号

云银行

YUN YINHANG

出版

发行　中国金融出版社

社址　北京市丰台区益泽路2号
市场开发部　(010) 66024766，63805472，63439533 (传真)
网 上 书 店　http://www.cfph.cn
　　　　　　(010) 66024766，63372837 (传真)
读者服务部　(010) 66070833，62568380
邮编　100071
经销　新华书店
印刷　北京市松源印刷有限公司
尺寸　169毫米×239毫米
印张　20.75
字数　300千
版次　2021年3月第1版
印次　2023年11月第2次印刷
定价　96.00元
ISBN　978-7-5220-0161-6
如出现印装错误本社负责调换　联系电话 (010) 63263947

《云银行》编著委员会

编著委生任：林治洪

编著委副主任：罗 勇　陈 皓

责 任 编 著：董兴荣

编著成员：赵 晶　吴 强　张 川　方文翰　胡文卓
张玲妹　王明爽　白 尘　张 宇　傅丹丹
杨妮妮　陈超然　李佳忆　姚顺意

在中国这样一个以商业银行为主导的间接融资体系中，商业银行如何应对直接融资发展、经济转型以及科技公司等的多重竞争，越来越明显地摆在商业银行面前。观察资本市场上已经上市的商业银行的估值，可以看出，投资者已经表现出对商业银行前景的担忧，不少商业银行的估值处于低位；与此形成对照的是，科技型公司的估值却明显处于高位，虽然在短期来看，主要的科技公司在金融领域的盈利规模明显低于商业银行，但是，在估值方面，一些还没上市的平台性质的金融科技型公司却已经与一些大型商业银行不相上下。商业银行主动融合金融科技的转型趋势，应当说已经势在必行。2020年初新冠肺炎疫情的暴发，更多的是加速了这个趋势，传统企业因此也加快了向数字化转型的步伐，如云办公、云课堂、云游戏、云商贸、云签约和云讲坛等，大大提高了产业转型速度，促使用户大规模地向线上迁移。传统产业和企业进行技术转型的同时，金融行业也必须要积极借助数字技术的力量，通过创新驱动向新型金融业态演进。

企业在数字技术助力下更加强调通过信息交互和资源共享达到整个产业的协同化，这就为行业云化带来了广阔的发展空间。而移动互联网、云计算、区块链、人工智能、物联网、5G等数字技术的突飞猛进，更是助推了国内行业SaaS的快速成长。国内金融科技公司的迅速发展，以及国家多次出台鼓励银行业金融机构强化金融科技运用的政策，都为银行数字金融创新创造了有利的发展条件，银行金融机构在弥补传统金融服务短板的同时，开始向"非接触式"开放金融服务升级。

　　《云银行》这本书，以当前传统产业与传统金融的数字化转型为时代背景，对云银行这种新型金融模式进行了梳理。作为"行业云+金融云"商业新生态下产生的新金融模式，云银行以SaaS化方式连接行业与金融，并将金融服务无缝嵌入到行业各个交易场景中。"云银行"这个概念是继线上银行、直销银行、互联网银行后的又一创新理念，从独特的角度尝试探索新的经济环境下传统金融创新的技术基石与未来方向。

　　云银行是银行探索其业务线上化、数字化、场景化与生态化的新模式。从底层的金融服务内容来看，云银行本质上提供的依然是存款、贷款、支付、理财等传统服务，但是基于这些底层服务与技术的融合搭设了各种金融云，如支付云、贷款云、财富云与资管云。这些金融云可与外部各个行业SaaS平台进行连接、协同发展，辐射至各个细分场景，从而赋能生态，由此构建出基于"行业云+金融云"的数字生态系统。云银行模式下，"行业云+金融云"作为链接器可实现整个生态里的数据透明与开放共享，金融服务能够渗透至企业的各个交易场景中，以至于达到整个生态上的全产业链管理。从能力构建来说，云银行的构建需要具备数据工厂能力、客户旅程能力、生态构建能力和技术应用能力等各个方面的能力。

　　云银行是"聚合流量+聚合服务+聚合数据"的新金融范式。云银行搭建了与ISV之间的"链接器"，提供丰富的API接口，覆盖各类支付、数据等场景，全方位开放金融、技术、数据、风控、营销等领域。云银行改变了传统线下获客方式，获客战场转移到云上，通过金融云与行业云连接的方式实现流量聚合、快速获客，获客边际成本大幅降低。面对巨大的客户体量，优化"云客"体验，聚焦云旅程，用"极致体验"发掘"极致价值"成为云银行运营的关键。首先，云银行不再是简单的销售金融产品，而是秉承"客户成功"，具备互联网创新基因的一站式金融服务平台。再者，云银行在渠道运营能力方面的创新和提升更加依托数据的支撑和经营。通过打造数据框架，实现数据和业务的结合，积累大量的结构化信息、非结构化信息以及半结构化信息，借助数字技术将这些数据不断地进行处理、解析、衍生并应用，最终反哺业务发展，实现业务更好地理解客户、触达客户以及风险防控。

　　云银行是传统银行与金融科技融合的新产物。它不是传统银行简单地运用技术实现线下业务的线上化和场景化，又与直销银行、互联网银行有所不同。直销银行的核心是依托银行电子账户体系和独立的APP应用，将银行业务和服务进行互联网线上化。互联网银行主要是指2014年以来被批准试点的民营银行中的一类，如微众银行、网商银行等，以"轻资产"为主要特点、依靠互联网运作的金融组织。而云银行是依托SaaS平台搭建的一个互联互通的金融生态平台，它将业务的前中后台设置在云端，使银行业务流程、经营模式、风险控制、管理成本等发生颠覆性变革，从而实现金融云化、服务无限、即想即用的新范式。

《云银行》作为积极探索商业银行数智化转型的著作，以四大定律和三大效应为理论基石，深入浅出地分析云银行出现的必然性，并辅以具体实践案例向读者展示银行业内的前瞻理念与洞见。现应邀为之作序，希望能看到更多关于商业银行积极推动科技转型的理论与实践的探索，相信虽然这些探索的路径和思路不同，但是商业银行数智化的大趋势则是有目共睹的。随着金融市场的发展，相信会有越来越多的银行能意识到金融科技的重要性，并形成运用金融科技变革现有业务模式和业务流程的共识，以进一步加速金融业的数智化变革之旅。

巴曙松

中国银行业协会首席经济学家

北京大学汇丰金融研究院执行院长

香港交易所集团董事总经理兼首席中国经济学家

推荐序二

传统的经济发展模式，越来越难以应对需求缺乏、成本压力、资源约束、风险底线等挑战。在此背景下，培育新动能、发展新经济，不仅是应对各种困难挑战、确保经济社会大局平稳的有效手段，也是建设现代化经济体系、实现经济高质量发展的重要内容，更是防范化解系统性金融风险、保持金融稳健运行的有力抓手。

银行业务变革增添经济增长新动能

近几年，银行积极提供线上支付、资金托管、担保增信、授信融资、风险保障等一系列综合服务，为金融新业态的发展壮大奠定了良好基础。同时，银行自身的革新也是经济增长的重要新动能。当前，银行通过积极运用科技手段，不断释放跨时间、跨空间配置金融资源的能力，经营模式不断优化，服务效率不断提高，产品创新不断深化，全面提升了金融服务的普惠性和可得性，有力支持了经济转型升级。

中国银行保险监督管理委员会（以下简称银保监会）在深化供给侧结构性改革的基础上，推进金融业治理体系和治理能力的现代化，引导银行进一步释放金融服务实体经济的新动能。银保监会鼓励银行立足于本源和主业，在风险可控的前提下，深化科技与金融的融合，合理加大科技投入，围绕金融业务场景化、智能化，进一步推动金融产品多样化、个性化，不断提高金融服务的可得性和覆盖面。同时，监管机构也将注重科技应用，强化科技支撑，改进监管方式和监管工具，不断提升监管有效性，为银行业改革创新营造良好稳定的发展环境。

技术驱动金融行业开启数字化转型

2020年是金融行业转型的一年。在持续加强服务能力建设方面，金融行业积极运用物联网、大数据、脑科学、人工智能等新理论、新技术对风险进行精准识别与管控，实现产品开发、销售运营等流程再造和机制创新，提高金融服务能力。2020年又是打好防范化解金融风险攻坚战的收官之年，金融业要继续做好风险防控工作，坚决打赢防范化解金融风险攻坚战，严守不发生系统性风险的底线。

随着中国人口红利的逐步消失和储蓄率的降低，客户线上化进程的加快，以及多元化融资渠道和多形态金融机构的发展和利率市场化的推进，金融行业正在从增量市场走向存量市场。以区块链、人工智能、大数据、5G、云计算为代表的新一代信息技术迅速发展，蕴含着巨大的机遇和潜力，将引领金融行业开启数字化转型。近年来，各家银行都纷纷加大科技力量投入，以技术驱动业务发展。2019年，中国工商银行在科技建设方面的投入金额为163.74亿元，占营收的1.91%；中国建设银行的科技投入为176.33亿元，占营收的2.5%；中国银行和中国农业银行也大举增加科技投入，占营收的比例都超过了2%。其中投入比例最高的为招商银行，2019年的科技投入占总营收的3.72%，远高于2018年的2.8%。

云银行是银行业迈向未来的全新业态

《云银行》这本书正是立足于银行业解放思想、大胆创新，基于深化科技运用而提出了一种全新的金融业态。云银行借助于"云计算+大数据+SaaS"构建了金融业务数字化、生态化的开放平台。它改变了传统银行业务的线下作业模式，将实体网点向虚拟网点、云触点转型，使各种场景化、定制化的金融服务"唾手可得"。数据将成为云银行的核心资产与主要竞争力，而数据价值也是云银行不同于传统银行的最大差异点。金融服务的云化有利于银行业积累庞大的客户行为数据，推动银行业的智能营销和产品创新，提升银行服务的针对性、普惠性和便捷性。

云银行利用大数据、云计算、人工智能等技术构建出云风控体系，升维智能风控能力，提高风控效率和精准度，牢牢守住银行业的风险底线。其依托分布式核心系统，对云客在云旅程、云服务过程中的数据按照生产场景、消费场景、生活场景等进行积累与分类，以数据关系形成相关的画像与图谱，有效识别金融服务过程中的隐藏风险。同时，依托"行业云+金融云"的底层设施，云银行加强与税务、海关、法院、电力部门、水务部门、房产交易登记中心、环保部门以及第三方合作机构的数据互联共享，通过多维度的数据挖掘与关联分析，大大提高数据全面性与风险预警的精准度。

云银行通过数据开放与共享，能够有效解决信息不对称的长期难题。云银行能够借助自身开放的生态平台，全面触达C端和小B客户，积累、整合银行核心交易数据、人民银行二代征信数据、客户金融数据、APP应用数据和场景行为数据等，更好地将数据资产化，释放数据价值，提高信息数据的透明度和规范性。云银行积累、搜集、整合众多真实的交易数据、经营数据和财务数据，可以刻画出中小微企业的真实画像，以此帮助中小微企业获得优质的金融资源支持，真正实现金融服务"以人为本"，切实提升金融服务实体经济的效能。

《云银行》的适时推出让我们受益良多，这本书紧扣时代背景，从行业云与金融云出发，梳理了商业银行的应对策略以及实践路径。同时，这本书完美地融合了理论与实践，深入浅出地剖析了很多实践案例，是一本颇具前瞻性、指导性和实用性的著作，相信也会让很多银行业人士受到启发。

刘　俏

北京大学光华管理学院院长、金融学系教授、博士生导师

中国证监会第十七届发审委委员

自序

数字化趋势已成为颠覆性力量

在疫情防控常态化背景下，习近平同志提出了"把疫情防控中催生的新业态新模式加快壮大起来"的新要求。我国社会数字化进程加快，形成了平台经济、共享经济等多元化新业态，为经济发展注入了新动力。信息化改造提升传统动能的作用日益显现，数据资源成为驱动数字经济发展的核心要素。企业上云是信息技术发展和服务模式创新的集中体现，也是信息化发展的必然趋势。

金融科技是信息技术和金融的深层融合，以人工智能、大数据、云计算、区块链等为代表的前沿科技，通过与金融业态的深度融合，衍生出智能风控、智能营销、量化交易、智能客服、征信反欺诈、风险定价等众多应用，成为支撑银行数字化转型发展的核心引擎，并将银行带入新的4.0时代。通过数字化变革，商业银行从需求、用途或期望的角度重新思考与用户及合作伙伴的整个业务生态系统的关系。

云银行提升数字生态系统的金融效能

《2019中国直销银行发展白皮书》提出商业银行新金融服务发展有四个阶段：线上银行（E-bank）、直销银行（D-bank）、开放银行（O-bank）、云银行（C-bank）。金融科技的进步也为云银行提供了诞生环境。

近两年，商业银行在其既有的优势领域，借助金融科技化的契机，围绕B端、C端和G端三个维度开启转型和重构，重新定义新时代银行的功能，找

1

到银行新的角色定位。如建设银行基于上海建信住房公司平台，与上海政府共同服务住房租赁市场，借助资源整合、资金提供、信用支撑三大核心优势，围绕租客和业主两大客群搭建平台，打造以银行为核心的住房租赁生态圈，来解决社会痛点问题。

数字化时代，云化ERP、行业SaaS和平台PaaS可以真正地实现产业协同。我国主要商业银行也已经进入了SaaS建设阶段，例如光大银行结合业务特色，建设了云缴费服务、现金管理云服务、托管云服务，将缴费场景和SaaS服务整合输出。随着行业SaaS的发展、各项技术手段的不断成熟，国内将开启"行业云+金融云"的商业新生态，通过以SaaS化的方式连接行业与金融，金融服务能够无缝嵌入行业的各个交易场景中，实现真正的协作共赢、赋能生态。云银行下，金融云嵌入行业SaaS平台，有助于银行金融服务实现高质量的"新服务"业态扩张。

通过金融、技术、数据、风控、营销等领域的全方位开放，云银行搭建起与ISV之间的"链接器"，向ISV服务商提供丰富的API接口。在全覆盖账户类、产品类、支付类、数据类等场景的基础上，云银行彻底改变传统的系统对接开发模式，实现从点到线、再到云的创新升级，从而形成各类商户与金融平台的裂变式快速接入。

云银行的链接器范式促使"自金融"服务触手可得。除了覆盖C端客户、产业链上下游B端客户之外，云银行还通过链接大B客户，不断引入小B客户以及C端客户，聚合流量、聚合服务、聚合数据，发挥网络效应，促使服务客群不断扩大，形成滚雪球式的增长规模。

云银行的运行以生态平台的方式开展，通过沉浸式链接聚合了各个生态平台上的流量、服务以及数据，生成合力，最终爆发巨大的经济能量。而云银行之所以能迅速扩展经济规模和提升社会经济效益，主要是源于平台互联互通下所形成的乘数效应和指数级增长。

"聚合流量+聚合服务+聚合数据"下的云银行数字化经营模式

聚合流量，提升获客效能与体验。云银行的发展，改变了原来的获客模式，将获客战场转移至云上。聚合流量是通过与开放平台合作、对接行业云、嵌入各类场景等方式，多渠道导流，全面触达C端和小B客户。云客、云触点和云旅程成为云银行聚合流量的三个关键要素。

聚合服务，实现云银行金融服务一体化。云时代下，聚合服务实现了产品流程与服务模式SaaS化。服务的SaaS化是金融行业应用金融科技的趋势所在。随着银行的不断突破创新，它的功能设计逐渐向SaaS模式转变。通过打造以客户为中心的一站式SaaS平台，银行将自身所能提供的多种面向客户的功能，以及所能连接的金融机构的不同产品整合在一起。聚合云银行存贷款、理财基金、非金融服务等多元化金融服务，打通金融服务机构、营销人员和客户，提供丰富的匹配资源，切实提升金融的便捷性和易获取性。然后把线上积累的客户资源向线下导流，盘活银行网点资源，形成线上线下一体化的综合服务体系，从而满足客户泛在化和一体化的需求，并为客户创造额外价值。

聚合数据，形成数据画像，实现智能数据风控。在聚合流量和聚合服务的基础上，云银行云上渠道运营能力的创新和提升日益离不开数据的支撑和使用。云银行在基于大数据和金融科技赋能的情况，将数据不断地解析、衍生、应用，最终反哺业务，帮助业务更好地理解客户、触达客户、推荐产品、防控风险。聚合数据是云银行积累、整合银行核心交易数据、人民银行二代征信数据、客户金融数据、APP应用数据和场景行为数据等，更好地将数据资产化，释放数据价值。

挖掘云数据的目的是要将分析视角由客户延伸至用户层面，分析用户的需求；进而对云银行的服务供给端进行流程优化、对云客进行精细化运营和精准营销，从而将单纯的业务实现平台转化为一个开放性的丰富多彩的线上用户互动场景。数据在这些场景中将帮助云银行还原用户需求，把控业务风险、重建用户需求对应场景，并通过这些场景与用户建立紧密的联系，定向引导用户的行为。云银行可以借助数据技术实现个性化的产品创新服务，提高云客体验，提升云服务质量。

欺诈风险普遍存在于云银行的各种服务的全生命周期过程中，因此构建云银行的数据风控体系至关重要。针对金融场景下数据高质量、高精准性的要求，利用人工智能和大数据技术，提升对用户的精准刻画能力，构建多层次化的金融智慧数据风控安全防控体系。随着大数据、云计算、区块链技术以及相应的金融科技的发展，云银行的风控能力得到了很大的提升，实现了银行的自主风控。风控模型的体系化也有助于风控技术更新迭代以及全流程监控体系，借助金融科技赋能实现传统银行无法达成的风控能力。

本书从商业银行角度，围绕金融科技，立足行业云+金融云的发展思维，首次全面阐述了"云银行"的理念和体系，并系统性地介绍了云银行不同于传统银行的"聚合流量+聚合服务+聚合数据"的经营模式。本书共分四篇、十二章对云银行进行了详尽的介绍。

第一篇　商业新生态。以"新市场逐渐形成——新需求日趋升维——新物种快速出现"三个章节，层层递进、逐级深入，系统性地阐述了云银行产生的时代背景和市场环境。

• 第一章阐述了当前数字经济发展背景下，数字化驱动了平台经济的不断升级，产业互联网成为未来互联网领域角逐的重点领域。数字经济时代下的价值体系和价值结构的重塑，以及VUCAA世界的产生，推动了企业商业模式的变革。

• 第二章描绘了数字经济时代，数字进化助推企业管理云化和行业云化，由此产生的新需求日趋升维，为银行数字化转型和金融服务创新带来了前所未有的革新机遇。"行业云+金融云"成为未来3~5年发展新模式，真正实现银企的协作共赢、赋能数字生态。

• 第三章介绍了云银行作为数字化时代的银行新物种快速发展，成为行业云+金融云的核心价值枢纽，并以"聚合流量、聚合服务、聚合数据、沉浸链接"的商业范式，实现数字经济价值的聚变。

第二篇　经营新模式。本篇阐述了云银行商业模式的基本逻辑与核心竞争力。指出云银行的三大基础商业模式（聚合流量、聚合服务和聚合数据）组合并进化为商业新范式（沉浸链接）时，并不是简单的加总关系。

• 第四章围绕新物种商业模式的核心之一——沉浸链接，解析云银行的四大定律、三大效应和两大价值。由于每种链接都会产生化学反应，所以流量、数据和服务通过链接会形成不同的组合模式。

• 第五章介绍云银行的起点和基石——聚合流量。云银行的获客模式架构在反摩尔定律之上，并以客户为中心，向云客提供极致化的云客体验，提升云客满意度，并最终与云客形成强韧的纽带关系，在确保核心高价值云客的低流失率的同时，利用极致的云客体验借助社交网络获得高价值新云客。

• 第六章以安迪-比尔定律为理论基石阐述聚合服务如何经营云客。围绕金融服务的供给，以客户为中心，以科技金融为基础，云银行的服务矩阵可以分为财富管理、消费贷款、交易支付、资产管理四个方面。

• 第七章以摩尔定律引发数据大爆炸为前提，指出云银行必将聚焦云数据的挖掘和应用，即如何建立数据标准、加强数据治理和形成数据资产。基于大数据和金融科技赋能，云银行将云场景中产生的数据不断地解析、衍生、应用，借助数据技术实现个性化的产品创新服务，提高云客体验，提升云服务质量。

第三篇　重构新体系。本篇阐述了云银行运行的内在机理和创新方式。云银行的三大体系（技术体系、生态体系和组织体系）组合并形成商业新动能，加速云银行的数字化发展。

• 第八章从技术角度出发，主要介绍DevOps技术，以及贯彻DevOps的四个路径，助力云银行商业银行敏捷化开发与运营。

• 第九章从生态体系出发，主要介绍数字金融生态、云银行生态联盟以及云银行与ISV的合作模式与生态构建，助力云银行与ISV深度合作。

• 第十章从组织体系出发，指出云银行的诞生对传统银行的生产关系、组织模式提出了新的要求：云客导向、敏捷迭代、创新至上，并阐述云银行转型所需要突破的三大掣肘和四大进化方向。

第四篇　未来云银行。本篇以"未来云银行"为主旨，阐述了银行发展的监管政策和未来趋势。一方面，分析云银行在未来创新中需要关注的监管与合规重点，解读监管机构对云银行发展进行规范和引导的要点。另一方面，研究商业银行向云银行发展的趋势，描绘银行的未来发展图景。

• 第十一章解读监管政策，主要介绍金融科技仍是赋能经济之大趋势，云银行要在小步快跑中调整姿势；同时随着互联网贷款、理财、支付等监督管理更加标准规范，云银行的发展会更加稳健、合规与便捷。

• 第十二章展望未来趋势，主要介绍"零接触"金融服务的优势和关键，银行需要善用生态，以场景、科技、数据赋能合作伙伴，并强调在数字货币、独立持牌的未来趋势下，云银行提升差异化竞争力和数字化经营能力的重要性。

历时数月，本书终于按时付梓。在此要郑重感谢本书编著团队的所有成员，他们在撰写本书过程中仔细推敲，刻苦钻研，实属不易。同时，还要感谢来自各平台企业、集团企业以及金融科技公司的众多业界精英对本书提出的宝贵意见，他们给本书的编撰提供了坚实的后盾。最后，还要感谢中国金融出版社及其团队，感谢他们认真和细心的工作！

限于时间紧迫和作者水平，书中的观点、内容难免会存在不足甚至错误，敬请广大读者批评指正！

编　者

2020年10月31日

目 录

第一篇　商业新生态

第二篇　经营新模式

第三篇 重构新体系

第四篇 未来云银行

第十二章　未来趋势：云银行——建在云上的生态开放综合银行

第一篇
商业新生态

近年来，大数据、云计算、区块链、人工智能等互联网科技迅猛发展，已经渗透到社会经济生活的方方面面，不仅改变了个人消费生活，还改变了传统企业的生产经营，促进社会商业模式不断升级，也给金融业发展带来深远的影响。

数字化趋势已成为颠覆性力量。数字经济的蓬勃发展引领了产业数字化新时代的到来，推动了企业商业模式的变革和金融服务的转型升级，重塑了价值结构和体系，开启了"行业云+金融云"的发展新生态。由此催生了数字生态场景下的银行新物种——云银行。

本篇以"商业新生态"为题眼，以"新市场逐渐形成——新需求日趋升维——新物种快速出现"三个章节，层层递进、逐级深入，系统性地阐述了云银行产生的时代背景和市场环境。

第一章阐述了当前数字经济发展背景下，数字化驱动了平台经济的不断升级，产业互联网成为未来互联网领域角逐的重点领域。数字经济时代下的价值体系和价值结构的重塑，以及VUCAA世界的产生，推动了企业商业模式的变革。

第二章描绘了数字经济时代，数字进化助推企业管理云化和行业云化，由此产生的新需求日趋升维，为银行数字化转型和金融服务创新带来了前所未有的革新机遇。"行业云+金融云"成为未来3~5年发展新模式，真正实现银企的协作共赢、赋能数字生态。

第三章介绍了云银行作为数字化时代的银行新物种快速发展，成为行业云+金融云的核心价值枢纽，并以"聚合流量、聚合服务、聚合数据、沉浸链接"的商业范式，实现数字经济价值的聚变。

第一章

新市场逐渐形成——数字化驱动新商业范式迅速崛起

第一节　数字化加速推进产业数字化新时代

一、数字经济成为经济增长新动能

（一）数字经济是经济发展的新引擎

数字经济时代是农业经济、工业经济之后的一种新的经济社会发展形态，农业经济的基础要素是土地，工业经济的基础要素是机器，而数字经济的基础要素就是大数据。大数据作为一种基础性和战略性资源，是提升民众生活品质、国家治理能力的"富矿"。国家高度重视的"新基建"战略布局中，大数据中心的建立，也是希望助力牢固信息化"地基"建设，推动数据要素参与到更多价值的创造和分配，保障高质量的社会发展。

数据经济主要具备以下特征（见图1-1）：

1.以云为核心技术引擎

云计算全面支撑企业活动的资源架构、数据架构和应用架构，并通过技术优势赋能创新、提效增益，在数字经济活动中发挥驱动作用。在资源架构层面，云具有资源共享、集约高效、弹性可扩展等优势，可以使各类用户灵活地使用计算资源；在数据架构层面，云通过数据分类、分层部署等方式，从非功能视角将数据合理布局，提升数据分析应用的及时性、灵活性和准确性；在应用架构层面，云原生架构可以大大缩短应用程序的开发时间，并将效率转化为竞争优势。

2. 以数据为关键生产要素

随着互联网和物联网的迅猛发展，人与人、人与物、物与物的互联互通得以实现，数据量呈现指数型增长，基于数据的新产品、新模式、新体验不断涌现，数据成为企业最重要的资产，信息和如何使用信息是成功的关键。通过数据资源的有效利用将充分释放数据价值，加快经济社会的数字化进程。

3. 以生态为主要商业载体

数字经济时代的用户需求越来越复杂，技术与应用越来越复杂，没有任何一家公司可以提供所有解决方案，基于生态的创新变得日益重要。新一代基础架构和下一代应用的出现将重塑ICT产业（信息、通信和技术产业）新格局，生态系统将和知识产权一样重要——要么建设生态，要么加入生态。政府、平台、企业、用户和消费者共同参与到数字经济中来，构成了一个复杂的生态系统，为商业活动提供巨大载体。

4. 以开放共赢为主流合作模式

数字经济时代的企业间合作呈现出开放性特征。大量的企业将部署企业数字化平台，将其作为核心工具来开发管理核心IP与数据，同时整合云平台、产业平台、数据和代码社区、合作伙伴和客户等内外部资源，共同实现业务创新和价值增长。消费者大规模参与是发展的基础。IDC预计，到2021年，在超过一半的全球2 000强企业中，平均1/3的数字化服务交互将来自API开放生态系统。

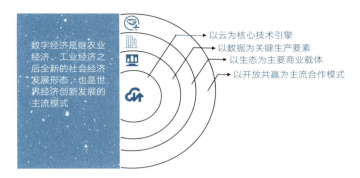

图1-1　数字经济的内涵与特征

　　近年来，数字经济蓬勃发展，已成为国民经济中最核心的增长极之一。中国信息通信研究院发布的《中国数字经济发展白皮书（2020）》显示，2019年，我国数字经济增加值规模达到35.8万亿元，占GDP比重达到36.2%，占比同比提升1.4个百分点（见图1-2）。按照可比口径计算，2019年我国数字经济名义增长15.6%，高于同期GDP名义增速约7.85个百分点。整体来看，数字经济规模和其占GDP比重逐年提升，数字经济在国民经济中的地位进一步凸显。

图1-2　2014—2019年数字经济总体规模及占比

（资料来源：中国信息通信研究院）

　　此外，数字经济对GDP增长的贡献程度不断提升。从2014年到2019年的6年间，我国数字经济对GDP增长始终保持在50%以上的贡献率，2019年数字经济对经济增长的贡献率为67.7%。数字经济成为驱动我国经济持续稳定增长的新引擎。

（二）数字化驱动平台经济不断升级

在数字化时代，快速的、无处不在的创新，催生一批基于新一轮科技革命，以互联网、移动互联网、物联网、大数据、云计算、人工智能及智能设备等为支撑的数字化平台。数字化平台的连接能力强、涉及范围广、运作效率高，拥有强大的网络效应，创造出诸多前所未有的新功能与新价值。当然，这也在无形中驱动着平台经济的不断升级。

数字化时代的平台经济是以平台企业为核心，通过汇聚整合多类市场主体和资源，围绕数字化平台组织起来的新模式新业态。自20世纪90年代以来，以互联网为载体的数字化平台加速崛起。全球市值最高的十家公司中，20年前没有一家平台企业，10年前仅有微软1家，2019年已有7家，苹果、谷歌、微软等平台企业的市值超过美孚、强生等老牌跨国企业。平台经济迸发释放新活力，加速从经济舞台边缘走向中心。

平台经济主要具备以下特征：

1. 生态性。互联网平台是新商业生态不断形成和发展的沃土。平台上多方之间互动频繁，企业间竞争充分，创新层出不穷。互联网平台，聚合了众多买方、卖方以及其他电子商务服务商，形成了充满活力的商业生态圈。

平台是电子商务服务的核心，正是开放平台的发展，催生了电子商务服务业的迅猛发展，撬动着远大于电子商务交易本身的产值。一个开放、协同、繁荣的电商生态系统，帮助更有效地配置资源，体现出"利他"与"分享"的价值，最大限度地实现共赢。这种互联网协同的爆发力不仅会影响电商生态系统，从供给侧、C2B到智能商业，互联网协同正在深刻地改变实体经济，带来整个商业生态的繁荣。

2. 开放性。开放是新商业文明创新的灵魂。互联网平台依托新信息基础设施和新生产要素，走出了IT时代大企业封闭式、集中控制的信息化道路，踏上了DT时代（Data Technology，也称为数据技术）。平台基于DT技术，形成云化、中台化、移动化的基础设施，推动业务数据化向数据业务化转型。

　　与传统企业相对封闭式的管理与服务相比，互联网平台提供了精准营销、商务交易、信息互动、沟通协作、数据分析等开放型服务，支撑网络生态分布式协作，提升了生产力；平台上的参与者可以不分时间和地域地进行大规模协作，极大地提升了参与者的商业能力，在促进商业竞争的同时，推动了创新创业；互联网平台与平台之间的协作，采用对等开放、无缝连接方式，融合了云计算、物流、支付及相关服务，降低了参与者的交易成本，提升了商业效率；平台经济有开放的产权结构与互动关系，企业向社会开放，决策向员工开放，数据向公众开放，平台向伙伴开放。

　　3.共赢性。互联网平台极大地促进多方共赢，提升社会福利。"信息差"成为传统交易中攫取超额利润的关键。互联网平台提供了广泛的、极低成本的信息撮合机制，人们通过互联网平台，高效分享着来自全天候、全地域的信息，扩展着分享的物品和服务种类、渗透到越来越多的地区。

　　平台经济的深刻影响还体现在其对经济发展的全局贯穿性，令社会环境（制度、法律、规则等）、通信基础设施、互联网平台、生产及生活服务体系、企业（个人）等各层均融入其中，并提供了共赢性质的服务、产品、人才、制度等的接入机会。

　　4.普惠性。互联网平台显著降低了各方沟通成本、直接支撑了大规模协作的形成，向全社会共享能力，从而激发微经济活力。平台为全社会提供无处不在、随需随取、极其丰富、极低成本的商业服务。

　　平台强大的商业基础设施能力的共享输出，降低了门槛，让中小企业（个人）与拥有雄厚资金的大企业站在同一高度的舞台上。立足于新的基础设施，平台共享能力输出的范围将更广，抹平地区以至国家之间的落差，通过接入大规模的社会化协作网络，各地均可找到经济发展上的比较优势和突破口。

　　平台集中输出强大的共享能力，让中小企业（个人）可以更好地满足消费者的需求。比如，C2B实现按需制造，可以合理利用自然资源、减少无效生产流通、更好地保护环境，实现可持续发展。

二、产业互联网领跑互联网下半场

（一）消费互联网向产业互联网延伸

得益于数字经济、平台经济的发展，以PC互联网与移动互联网为主线的数字化浪潮席卷全球，改变了世界面貌。

前十年，互联网服务主要集中在消费与交易行为的数字化上。"互联网+"已完全渗透至消费领域的各个板块，如交通出行、餐饮娱乐、社交、零售、旅游住宿、教育医疗等，围绕消费者的衣食住行拓展了互联网在生活、工作、学习、娱乐等各个场景的发展空间。例如，BAT（百度、阿里、腾讯）、TMD（今日头条、美团、滴滴）以及PKQ（拼多多、快手、趣头条），聚集了巨大的C端流量，它们的一个主要特征就是经营C端用户体验，并不断创新探索。

随着互联网进程的加快，移动互联网的主战场，正由消费互联网转向产业互联网。如今，消费互联网的发展趋势逐渐带动了产业互联网、政务互联网的崛起，而产业互联网将开启互联网的下半场，被视为未来十年互联网领域角逐的主战场。在产业互联网领域，"互联网+"将渗透至生产、制造、供应、流通与设计等各个环节，产生万物互联的智能经济业态。这一互联网业态也对企业以及产业提出了新的挑战和要求，企业和产业只有适应和把握住市场机会才能在竞争中取胜。

产业互联网的商业模式将呈现出与消费互联网截然不同的特性：产业互联网的主体是产业而非互联网；过去依靠资本驱动的模式不复存在，传统产业依需要借助互联网的力量，实现内生增长、改善自由现金流和利润；消费互联网是集中在某个点上实现突破，产业互联网需要在产业链上进行创新。

与消费互联网主要连接人与人、人与信息、人与商品和服务不同的是，产业互联网主要连接的是每个细分领域所特有的行业"诀窍"（Know-how）。如何打通数字技术与各个产业场景之间的壁垒将是产业互联网发展需要解决的关键问题。

例如，作为国内OA领域的领军企业，钉钉基于自身几年来积累的数百万家企业、机构和服务经验，构建一个新的办公方式，即五个"在线方式"：组织在线、沟通在线、协同在线、业务在线、生态在线。基于新的工作方式，钉钉本质上在整个工作和生产领域推动一种数字化组织关系的形成。截至2019年6月30日，钉钉的个人用户数超过了2亿，企业组织数超过了1 000万，产业互联网生态已具备雏形。在这个生态中，钉钉可以提供智能协同、智能薪酬、智能工资条、智能审批、智能待办等多种解决方案，打通所有数据链路，帮助企业提高"人、财、物、事"的数字化。

同样地，政府的管理行为和服务形式也呈现数字化的趋势。在财政管理、教育、医疗、社保住房、经营纳税、缴费等场景，涌现"互联网+政府采购""互联网+公积金""互联网+公交地铁"等"互联网+政务服务"的新模式。其中，以支付宝为代表的第三方平台将人脸识别、信用、大数据等多维能力引入政务领域，实现了政务服务体验重构。

对于支付宝来说，城市服务是"互联网+政务服务"的重要入口。蚂蚁金服城市服务总经理刘晓捷说："互联网+政务仅仅是连接是不够的，蚂蚁金服坚持走开放路线，把多维能力开放给更多政府机构，与行业深度融合，希望助推政府服务治理从网端走向云端。"中山大学数字治理研究中心主任郑跃平也在分析未来移动政务发展趋势时表示，DT时代的公共治理，更加强调协同，政府能否转变思维，善于利用第三方平台技术和生态优势，提升数字治理能力，将成为关键。

（二）产业互联网进入高速增长阶段

过去，互联网依托人口红利兴起，传统的消费互联网依靠减少中间环节（B端企业）、以更高的效率、更低的成本直接服务消费者（C端客户）。但随着消费互联网流量接近天花板，消费互联网C端的客户增长空间已极为有限；而B端的需求价值将得以重估，产业互联网方兴未艾，进入高速增长阶段。

艾瑞咨询的一份研究报告中显示，2013年至2018年中国B2B电子商务交易规模逐年递增，从2013年的8.2万亿元增加到2018年的19.5万亿元，线上渗透率保持在10%以上，其中2018年的线上渗透率达到了15.5%（见图1-3）。这说明了基于产业互联网的交易呈现出持续上升趋势，也预示着产业互联网在未来十年还会出现高速发展的态势。

图1-3　2014—2019年中国B2B电子商务交易规模及线上渗透率

（数据来源：艾瑞咨询）

目前，消费互联网格局已定，BAT已经成为消费互联网很难撼动的巨头。就像很多投资人说的那样："新兴创业者要去做和BAT一样的事情，那只能是自讨没趣。"但对比消费级市场，企业级市场尚未出现巨头。而且产业互联网面对的是B端的客户，客户黏性更弱，异质性更强，难以实现个别头部企业垄断的格局，在每个细分的领域都将产生大量的机会。因此，产业互联网的发展潜力远高于消费互联网，发展产业互联网是大势所趋。

此外，对于缺乏数据化和信息化的传统产业，产业互联网难以通过信息打通的方式实现连接，而金融服务商本身在产业链上占有优势，是这类产业实现连接的一个有力推动者。金融服务商能够通过"支付先行"向上延伸数据+技术+资金的打包服务。艾瑞咨询认为，金融机构在产业互联网中的性质可能会发生改变，金融服务的内容将更加丰富，金融服务商能够成为类SaaS服务商的综合服务角色，也可能会像SaaS服务商一样形成整个生态。

第二节　数字经济助推企业商业模式变革

一、数字经济开启新商业文明

（一）数字经济时代的价值体系重塑

数字经济时代，数据作为一种生产要素介入经济体系，并以可复制、可共享、无限增长、无限供给的禀赋等边际成本几乎为零的特点，成为连接创新、激活资金、培育人才、推动产业升级和经济增长的关键生产要素，重塑新时代的价值体系。

数据要素具有驱动作用，在"围绕产业链、整合数据链、连接创新链、激活资金链、培育人才链"等环节，以多源异构数据融合为基础，动态联动人才链、资金链、创新链上的不同主体、不同要素，形成新的价值体系。例如，在金融领域，数字技术赋能银行搭建原子式架构，实现嵌入式发展。通过将传统金融产品与服务拆解成存款、贷款、支付结算、理财等原子产品，再进行重组形成现金管理、综合支付、投融资等服务，打造具备移动化、场景化、小金额、大客户量、简单流程、高效响应等特点的数字产品与流程。再进一步通过开放平台以综合金融服务SDK的产品模式，将数字化的金融服务能力开放至外部生态中，从而实现从底层能力到上层能力的逐层创新与开放。

（二）VUCAA世界下的新商业文明

世界多变、不定、复杂、模糊，而且在加速变化。这样的时代可以用一个词来形容，就是"VUCAA时代"——Volatility波动性、Uncertainty不确定性、Complexity复杂性、Ambiguity模糊性、Acceleration加速度。VUCAA世界发展明显越来越快，变化越来越难以捉摸，应对世界需要很多更新判断和能力。尤其是随着大数据、云计算、区块链、人工智能、物联网、5G等技术集群不断渗透到产业升级的进程中，对产业形成巨大的解构效应，开始进入产业升级的下半场，并重启新商业文明。

随着VUCAA时代的到来，未来不是互联网企业淘汰传统企业，而是新商业文明淘汰旧商业文明。人类从农业经济到工业经济，再到现在的数字经济，新技术、新思维、新模式构成了新商业文明。传统的商业文明关心自我利益且股东利益至上，而新商业文明以人为本、合作共赢、开放共享，为每个人、为全社会创造价值和效益。

具体来看，新商业文明有以下三个关键特征。

1. 企业应主动追求社会价值的最大化

一个不会赚钱的企业不是好企业，一个只会赚钱的企业不是一个优秀的企业。优秀企业应主动追求企业的社会价值最大化，商业价值会不期而遇。社会价值有三个主张：一是关注人与人、人与社会、人与自然的命运共同体。二是探索以新视角、新路径、新产品实现公平与效率同步提升。三是企业的社会价值应优先体现在其主业上。

2. 关注相关者利益，构建命运共同体

伴随科技进步引发的时代变迁，企业独立承担适应新一轮科技革命的成本过高，寻求外部合作，已成为绝大部分企业的必然选择。新商业文明时代的企业关系，由竞争逻辑转向共生逻辑。竞争逻辑是"分蛋糕""抢蛋糕"，共生逻辑是一起将"蛋糕"做大；共生逻辑可以协同创利，风险共担，有利于企业的健康与可持续发展。善于合作的企业，路越走越宽；单打独斗的企业，路越走越窄。

3. 向上而生，向善而行

未来好企业将受益于"机"，落后企业受困于"危"。对于把握住了时代方向的企业来说，未来一定是"黄金十年"，等于给了他们弯道超越、与竞争对手拉开差距的机会；而对于没有把握住时代方向或故步自封的企业来说，未来一定是灾难性的，或者是根本就没有未来。企业应当根据历史发展的方向和趋势判断，主动寻求向上而生和向善而行，踏入新商业文明时代。

正如阿里巴巴集团董事局主席兼首席执行官张勇所说："数字化时代的新商业文明，本质是要回到人本身，从关注流量、关注交易量，到关注客户、关注消费者，关注一个个具体的人，关注全社会的效益。传统竞争是此消彼长、非此即彼的零和博弈，数字化时代的竞争正在向正和博弈、共赢发展、增量发展的大趋势演进。"

二、数字技术驱动商业模式变革

（一）数字技术进化催生新商业模式

目前，数字化正迈入新阶段。数字技术从以前的支撑系统，变成生产系统和决策系统，以5G、IoT、SaaS、云计算、AI为代表的数字技术创新越来越重要，成为构建万物互联智能世界的关键。

而且，随着我们进入21世纪20年代，过去支撑市场运作的因素，如宽松的货币政策等，已被推到了有效寿命的尽头，在未来将无法持续。桥水基金认为，市场在进行一场"范式转移"，我们正在进入一个市场和经济的新范式。以技术驱动、网络协同、数据驱动和智能商业为典型特点的全新数字化商业范式在正式崛起。

技术的不断变革和市场新范式的崛起，促进商业模式朝着数字化、网络化、智能化、生态化的方向发展（见图1-4）。从数字化角度来看，数据互通实现生产者到消费者的及时交互，赋予企业更精确描绘客户画像、灵活定制产品的能力；同时，内部形成以协同共享为特征的服务化模式。从网络化角度来看，互联网技术改变了传统企业的组织形态和商业模式，线下实体行业的线上化和虚拟化成为趋势，企业通过互联网改造全流程经营环节，重构价值链。从智能化角度来看，机器学习、人工智能等技术会影响企业未来的商业决策，企业将基于大数据技术创新搭建一个全新智能运营模式。从生态化角度来看，生态圈中不同企业通过信息交互和资源共享，整合各自优势，形成整体合力，从而为客户创造最大价值、为生态圈及内部企业获取最大竞争力。在这一过程中，数据化是技术核心，算法化是价值转化的底层逻辑，产品化是商业变现的路径。

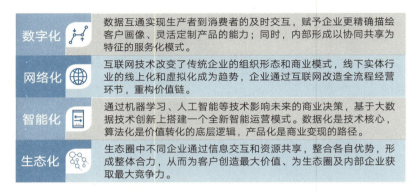

图1-4　科技发展驱动商业模式升级

（二）新商业模式的发展内核和特征

正如上文所述，在数字经济发展的大趋势下，新型商业模式逐渐形成了数字化、网络化、智能化、生态化的趋势。具体来看，新的商业模式包括以下四个特征。

1. 数字要素与数据决策

张勇表示，未来所有的商业要素将全面走向数字化。例如，在贸易场景中，从商家、商品到结算、物流，每一个集装箱，每一个单据凭证都将被数字化，为消费者带来全新的全球贸易体验；在财资场景中，财资要素将经历由实际物质转变为电子数据再彻底被数字化的过程，从而形成数字化的账户、数字化的货币、数字化的票据、数字化的发票等，大大提升财资经营效能。

同时，决策也将由流程驱动转变为数据驱动。传统流程驱动的商业模式，将业务流、价值流拆分开来，由多个组织实现，权责分明。这在过去的一段时间里的确带来了效率的提升，但是也不可避免地生成了许多灰色地带。而数字化转型的一大目的就是缩小企业目前在做或可能做的流程，将运营过程沉淀成数据，这使管理者可以从数据视角而不是过程视角来查看他们的业务。数据是最客观的、清晰的，在将专家经验沉淀在数字化规则、算法模型的基础上，能够帮助管理者化繁为简，透过复杂繁芜的流程看到业务的本质，更好地优化决策。

2. 网络效应与乘数效应

数字经济与平台经济改变了传统的交易方式、贸易模式与供给关系，企业从单一的产品服务和生产交易关系，升级为多维度、多层次的立体网状体系，形成网络效应。关于网络效应，梅特卡夫定律（Metcalfe's Law）指出，网络的价值等于网络节点数的平方，随着网络使用者数量的增加，网络价值呈指数级增长。

此外，网络中商业主体间的有机结合，可进一步实现人、机、物的全面连接，促进各生产要素间的高效协同，从而为传统产业数字化升级提供更坚实的支撑，为提质增效释放乘数效应。

3. 数据智能与网络协同

阿里巴巴学术委员会主席曾鸣教授曾提出，"网络协同和数据智能是数字化转型的双螺旋"。数据智能指的是通过打通不同业务之间的数据壁垒，通过数据中台形成通用的数据调用能力，完成数据自增强回路，在不断的数据正循环中形成"智能"。网络协同指的是借助互联网平台构建一整套生产协作关系，通过自由开放的商业合作形成丰富多元的商业生态，且随着业务发展不断持续扩张、生生不息。

网络协同和数据智能这两个纷繁复杂的模型，一侧是多角色多场景的协同合作，另一侧是大数据人工智能的复杂演算，这两个模型在智能商业的图景中，不断相互影响，相互迭代，呈现螺旋式上升。

在双螺旋的结构中，网络协同引入更多角色的参与使数据化的场景更多样，来源更丰富，对业务的刻画更立体，也能产生更大规模的数据，当数据到达一定规模的时候，单纯依靠人工已经无法满足决策的需求，所以会推动用数据化算法化的方式来解决大规模个性化的问题，这个推动的过程，就是数据压强的传递过程。数据量越大，机器学习的输入越多，得到的训练和反馈也就越多，数据智能所发挥的价值就越大。

4.边际效应与规模效应

随着数字商业生态的形成，规模和效益的关系、规模和效率的关系发生了新的变化。其规模与效率一般是成正比的，即平台/生态的规模越大，越有利于提高资源配置效率。

而且，生态中边际效应的作用越来越来明显，呈现边际成本递减甚至边际成本为零的特点，即随着业务和规模的拓展，边际成本不断降低，边际收益不断提高。生态在形成初期，搭建者在固定资产投资、营销投资等投入很大；在平台运行期间，维护其正常运行的投入也比较大。但是，在生态进入成熟期后，每增加一个使用者，所支出的边际成本将逐渐减少，有时甚至接近零。

整体来说，数字化技术不断重塑商业世界，显著改善商业逻辑和运营规则，以及供需关系和组织方式。新的商业逻辑和运营规则要求具备与海量客户实时互动的能力，真正实现让"以客户为中心"。通过释放"数据智能+网络协同+生态连接"的能量，充分利用客户的实时反馈，快速试错迭代来高效提升客户体验。

第二章

新需求日趋升维——数字进化推动行业云+金融云新生态

第一节 技术解构助推形成行业云

一、技术驱动企业管理云化

（一）科技赋能企业经营发展模式演进

科技赋能企业经营发展科技进步，推动数字时代企业经营的发展方向。随着不断迭代升级的技术作用于企业生产、政府运作、社会生活等各个层面，企业也必须进行商业模式的转型升级。通常而言，科技赋能企业经营发展会经历经济信息化（E-factory）、渠道化经营（D-factory）、平台生态化（O-factory）和数字云工厂（C-factory）四个不同的阶段（见图2-1）。

阶段一：经济信息化。企业有稳定的需求和统一的市场，经营目标强调规模和质量，提供的是低成本、质量稳定、标准化的产品和服务，产品开发周期和生命周期较长，并且由规模化生产向科技化改造，充分利用信息资源，强化内外部管理，进一步提升效率和服务。

阶段二：渠道化经营。企业面向竞争开放的市场，经营目标强调时间、规模、质量和服务。在规模化生产后，通过渠道直达客户，经营上强化渠道分销能力。企业与分销商、供应商建立紧密的合作关系，且组织结构呈现扁平化模式。

阶段三：平台生态化。企业面向多元化的细分市场，经营目标强调低成本、高质量、定制化的产品和服务。产品开发时间和生命周期都较短，通过灵活性和快速响应实现多样化和个性化。同时，多样化和个性化产品的大规模生产，需要通过引入"合伙人制度"、将内部组织架构演变为"平台+内创"来实现。

阶段四：数字云工厂。未来，在IOT+5G+SaaS+AI等技术的共同影响下，企业面向数字化生态市场，经营活动主要是为用户创造价值，注重价值链上各个环节的聚合效应。具有开放性和自我调节能力，与生态伙伴协同开发产品，生命周期短，迭代速度快。

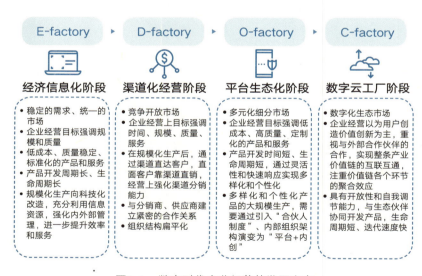

图2-1　数字时代企业经营的发展方向

（二）企业级技术应用推动管理云化

从科技赋能企业经营发展模式的演进过程来看，技术的革新改变了产业生态的模式，进一步促进企业商业模式的云化发展。一般而言，科技必须要经历从膨胀期到泡沫式的低谷期后，走向稳定生长期，才能真正实现其商业价值和商业应用。科技最先改变的是企业的商业模式，企业在应用新技术后，其内外部的商业模式才会发生质的改变。如企业ERP的云化，它可以真正地实现产业协同，促使采购、仓储或物流、销售等环节的扁平化、移动化，所有环节的数据被动态监控，实现可视化、可感知与可跟踪。在这种扁平化的商业模式下，可形成智能化、可溯源的大数据，而基于多维度的大数据学习，企业管理也将逐渐进入云化模式。可以说，相比于传统的ERP，ERP云化是对商业模式的重构。因此，科技改变和重塑了企业的组织形态和互联网流程环节，同时，促进企业向数字化发展，并在数字化基础上更加强调通过信息交互和资源共享达到整个产业的协同化。

在传统经济模式下，企业的研发生产模式是以流程驱动的串联式为主导。而在数字经济模式下，企业的研发生产模式转向数据驱动，形成并联网状连接式。同时企业经营模式的变革也带动了内部组织结构的变革。从电气时代开始，呈现出"部门型"组织架构，到互联网时代的"流程型"组织架构，再到数字化时代的"生态型"组织架构，可以说，SaaS、PaaS为企业创造了外部发展环境，企业更专注于组织内部的重创，更加关注效率的提升和成本的降低。

以美国医药行业的Veeva为例，其成立于2007年，是一家关注生命科学领域的SaaS龙头厂商，主要产品涉及医药CRM、药物研发等领域。2020财年其实现收入11.04亿美元，同比增长28%；净利润3.01亿美元，同比增长31%。目前公司市值233亿美元。公司核心SaaS产品主要包括Veeva Commercial Cloud、Veeva Vault两大平台。

其中Veeva Commercial Cloud是专为生命科学行业整个周期打造整合客户数据、合规内容和多渠道互动信息的综合性商业解决方案（见图2-2），可以使医药企业的营销过程更加高效且灵活。Veeva Vault是建立在Vault平台上的医药企业内容和数据管理套件，涉及药物研发、数据管理、质量控制等环节。在传统ERP模式下，企业内部的供应链协同，是以企业内部的生产流程节点为驱动的一个信息系统。Veeva通过Veeva Commercial Cloud、Veeva Vault两大平台可以为医药公司实现云端化管理。目前，一个药品从生产研发到制造、临床、上市的整个流程都实现了端到端云化，药品流通一旦在某个环节上出现问题，就形成一种事件驱动，充分调动流程上不同角色信息处理记录（高度协同），逐步积累了一个产品几年来在整个产业链角色上的行为数据。

VEEVA VAULT	VEEVA CRM	VEEVA NETWORK	VEEVA OPENDATA
内容管理	客户关系管理	主数据管理	查阅客户数据
专为生命科学行业量身打造的首个内容管理云平台	基于云技术的解决方案，帮助您随时通过多种渠道与客户互动	覆盖全球的客户主数据管理解决方案	根据您的需求，我们为您提供合规、准确的客户数据

图2-2　Veeva公司生命科学行业云解决方案

又如国内典型的数字企业——蒙牛集团，其组建了一个大数据部门来推进企业数字化转型，将奶牛、经销商、客户、消费者和门店的大数据都连接起来，打通数据孤岛，实现产供销协同的智慧运营。比如在生产端，为了提高牛奶的品质和产量，他们将奶牛连接上物联网，从饲养到产奶对奶牛及牧场运营实现数字化监控。在消费端，基于数据中台的理念和技术，建立"采集—识别—分析"的一整套智能营销体系，实现对消费环节的全局洞察等（见图2-3）。

蒙牛　打通数据孤岛，实现产供销协同的智慧运营

- 奶牛挂上智能脖环，逐步连接上物联网，从饲养到产奶，对奶牛及牧场运营实现数字化监控，逐步提高牛奶质量产量，提升牧场运营效益。
- 基于数据中台构架，通过供应链相关系统数据，集成品牌线上实际销售、线下直营经销商实际销售等数据，进行更精准的数据建模，将"基于订单历史的人工预测"改变为"基于实际销量的智能预测"，提升预测精准度。
- 基于数据中台的理念和技术，建立"采集—识别—分析"的一整套智能营销体系，实现对消费环节的全局洞察。

图2-3　蒙牛集团的数字化转型

再如钉钉，作为阿里巴巴集团为企业打造的免费沟通和协同办公平台，早在2015年就推出了开放平台，2018年公布了基于办公场景的"人、财、物、事"全链路数字化解决方案。助力企业数字化，帮助企业完成从纸质办公向数字化办公的转变。从钉钉的产品线看，其已经实现了组织在线、沟通在线、协同在线、业务在线、生态在线、钉钉安全等场景布局，基于在办公室的各种场景下的办公需求已经基本满足。同时，钉钉还做线下考勤设备硬件的延伸产品。不同设备功能满足从指纹到人脸识别的智能化融合。

相应地，金融机构的管理模式也在云化升级。新的管理模式以数据为基础，以云计算的技术为驱动，将金融业的数据、客户、流程、服务及价值通过数据中心、客户端等技术手段分散到云网络，以降低成本、提高效率并改善体验，从而更好地贯彻"以客户为中心"的服务理念。随着企业管理云化，金融云的发展之路也走得更顺畅。企业端的数字化将更好地匹配和满足金融端的云化发展，实现金融端与消费端、产业端的数字新连接。

二、技术革新推动行业云化布局

（一）技术驱动行业云化发展

企业级技术应用的发展普及，不仅驱动了产业数字化时代企业管理的云化，更迎来了行业云化发展的广阔空间。从目前来看，中国消费级和企业级服务市场的规模达到了14亿人，其中消费级市场，BAT市值约1万亿美元，企业级市场中尚无市值超过200亿美元的公司。而欧美消费级市场中，Google、Amazon、Facebook加起来的市值达到了2万亿美元；在企业级市场中，Oracle、SAP、Salesforce总市值约4 500亿美元，2018年中国企业级SaaS市场规模为243.5亿元，较上年增长47.9%（见图2-4）。资本市场对SaaS的态度趋于理性。预计未来三年内中国企业级SaaS市场将保持39.0%的年复合增长率，到2021年整体市场规模将达到654.2亿元（见图2-5）。

图2-4　2019年中国和欧美消费级和企业级服务市场对比

（资料来源：艾瑞咨询《中国企业级SaaS行业研究报告（2019年）》）

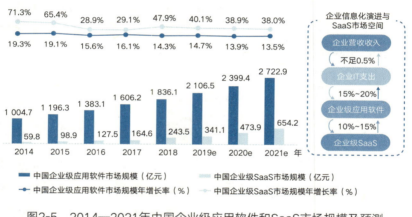

图2-5　2014—2021年中国企业级应用软件和SaaS市场规模及预测

（资料来源：艾瑞咨询《中国企业级SaaS行业研究报告（2019年）》）

　　与全球相比，中国SaaS市场刚刚完成起步，但具有更快加速度。2019年中国SaaS市场总体规模为378.5亿元（约54.9亿美元），同比增长42%，远高于全球SaaS市场18.8%的增速。中国SaaS市场吸引了众多厂商参与，各细分市场竞争激烈。参与者包括新兴SaaS厂商、传统软件与IT巨头、互联网巨头，国外软件巨头、运营商以及从传统企业延伸而来的IT公司。在目前市场发展态势中，互联网公司较为活跃，软件巨头市场地位提升速度较快，而国外软件巨头公司则受政策影响发展缓慢。虽然目前市场的竞争格局尚未成形，未来中国SaaS市场必将诞生诸多独角兽企业。从细分市场来看，SaaS云市场平台包括阿里云、用友、联通沃云、炎黄盈动；智能办公SaaS包括致远互联、云之家、蓝凌、泛微eteams飞书；ERP SaaS包括畅捷通；云会计包括浪潮；HR SaaS包括北森云、燚薪酬；营销 SaaS包括Zoho中国（卓豪）、云徙数盈；电子合同包括e签宝、契约锁；云视频会议包括迈聆、天翼云；安全SaaS包括安全派、美云智数。

　　以云计算和移动互联网为首的新技术正在推动国内行业SaaS的快速形成。艾瑞咨询发布的《2019年中国企业级SaaS行业研究报告》显示，2018年中国行业垂直型SaaS市场规模达到103.3亿元。其中，零售电商SaaS市场规模最大，约占整体行业SaaS市场规模的26%。随着SaaS市场的进一步发展，行业SaaS在汽车、金融科技、能源、航空、物流、工业、旅游、教育、餐饮、通信、房地产、医疗等众多垂直型行业兴起，例如零售行业的京东、百世店加，车商行业的车置宝、大搜车、瓜子，旅游行业的驴妈妈、途牛等（见图2-6）。领先的行业性企业已经打造出具有代表性的SaaS，通过搭建平台，输出技术，整合行业上下游以延伸服务链条，并携手生态合作伙伴，形成行业云服务方案，解决客户的需求。

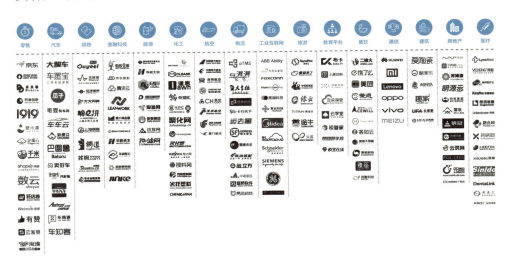

图2-6　2019年中国行业云SaaS图谱

行业SaaS的发展推动金融云化升级。产业数字化对金融模式、业务和产品等提出新的需求，驱动金融服务进一步打破金融交易和服务在时间和空间上的限制，帮助金融机构拓展金融服务范围，进行一系列的创新与升级。例如，随着新技术的应用深化，金融机构服务传统模式下的高风险行业客户将更得心应手。可以说，金融科技的不断应用和平台经济的崛起，为推进行业云化布局、金融云化升级带来了前所未有的革新机遇。

（二）行业云化发展的典型案例

1.海尔集团：工业互联网COSMOPlat平台

2018年2月27日，海尔集团基于家电制造业的多年实践经验，推出工业互联网平台COSMOPlat，形成以用户为中心的大规模定制化生产模式，实现需求实时响应、全程可视和资源无缝对接。COSMOPlat建设基于技术创新平台、应用示范平台、技术服务平台、标准体系认证平台、产业孵化平台五大业务平台，为各方协同创造条件，帮助更多中小制造企业借助规范的平台进行转型升级。

COSMOPlat平台架构共分为四层（见图2-7）：第一层是资源层，开放聚合全球资源，实现各类资源的分布式调度和最优匹配；第二层是平台层，支持工业应用的快速开发、部署、运行、集成，实现工业技术软件化；第三层是应用层，为企业提供具体互联工厂应用服务，形成全流程的应用解决方案；第四层是模式层，依托互联工厂应用服务实现模式创新和资源共享。

海尔COSMOPlat平台强调用户全流程参与、零距离互联互通、打造开放共赢的新生态三大特性，形成了用户、企业、资源三位一体，开放共赢的有机全生态。COSMOPlat平台已打通交互定制、开放研发、数字营销、模块采购、智能生产、智慧物流、智慧服务等业务环节，通过智能化系统使用户持续、深度参与到产品设计研发、生产制造、物流配送、迭代升级等环节，满足用户个性化定制需求。

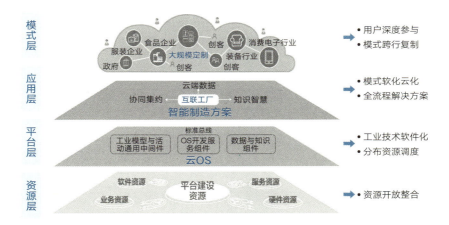

图2-7　海尔COSMOPlat平台架构

2. 通用电气GE：工业互联网Predix平台

通用电气（GE）公司是全球数字工业公司，创造由软件定义的机器，集互联、响应和预测之智，致力变革传统工业。GE于2013年推出Predix平台，探索将数字技术与其在航空、能源、医疗和交通等领域的专业优势结合，向全球领先的工业互联网公司转型。Predix平台的主要功能是将各类数据按照统一的标准进行规范化梳理，并提供随时调取和分析的能力（见图2-8）。

Predix平台分为基础设施层、边缘连接层和应用服务层，三层架构互相协同，可以对标准化的数据进行提取和分析。其中，基础设施层主要提供基于全球范围的安全的云基础架构，满足日常的工业工作负载和监督的需求；边缘连接层主要负责收集数据并将数据传输到云端；应用服务层主要负责提供工业微服务和各种服务交互的框架，提供创建、测试、运行工业互联网程序的环境和微服务市场。Predix平台已实现了10个领域的设备接入，并开发部署计划和物流、互联产品、智能环境、现场人力管理、工业分析、资产绩效管理、运营优化等多类工业APP。

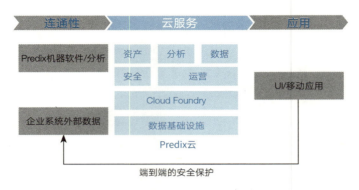

图2-8　GE Predix平台架构

（数据来源：工业互联网产业联盟，国泰君安证券研究）

Predix平台的主要功能是将各类数据按照统一的标准进行规范化梳理，并提供随时调取和分析的能力。通过Predix平台的APM功能，实现核电设备实时监控和故障反馈服务，确定最佳安全维护周期。如布鲁斯电力公司通过8个每个能够生产多达800兆瓦的核反应堆为加拿大安大略省提供约30%的基础电力，但面临发电效率低下、核电设备维护难度等问题，公司对设备的定期维护也缺乏统一管理，容易造成延误。凭借Predix平台，布鲁斯电力公司的单个核电设备连续运行500天即可为当地提供全年15%的电力，效率大幅上升，平均发电价格降低了30%，设备稳定性明显上升。

3. 三菱日联：成立科技公司实现数字化转型

三菱日联金融集团（Mitsubishi UFJ Financial Group, Inc.）是世界领先的金融集团之一，总部位于日本东京，拥有逾360年的历史。

2019年，三菱日联与负责提供安全数字化体验的智能边缘平台阿卡迈技术公司（Akamai Technologies, Inc., Akamai）合作，成立合资企业Global Open Network, Inc.（以下简称GO-NET），计划提供新型基于区块链的在线支付网络，从而实现下一代交易安全性、规模和响应能力。在合作过程中，Akamai和三菱日联吸取了各自身为行业领导者的经验。Akamai应用了自身在全球范围内开发和部署分布式系统的数十年经验，以及在构建区块链即服务技术方面所具备的市场领先的性能和安全服务。三菱日联则借鉴了其在全球范围内提供金融服务的巨大影响力和专业知识。

GO-NET的关键是Akamai的创新区块链即服务平台，该平台将利用Akamai全球分布式智能边缘平台为在线支付网络提供动力。事实证明，Akamai的区块链平台能够每秒处理超过100万笔交易，且每项交易能够达到不到两秒的延迟，速度远超现有解决方案。此外，该平台上执行的交易将通过Akamai市场领先的云安全和性能产品实施保护和加速，这使其非常适合作为大规模实时交易的强大企业平台。GO-NET目标是实现数字支付服务领域的快速创新，在此过程中充分利用革命性的平台，获得内置的安全性、超大规模和高效率。GO-NET旨在建立"日本全球开放网络"，扩大全球范围内的支付网络业务，并增加服务以在即将到来的物联网时代支持多种支付理念。

4. 校宝在线：基于"业务数据化"拓展"数据业务化"

校宝在线在推动"业务数据化"的基础上，大力提升"数据业务化"水平，以S2B产业服务平台的定位，整合和优化上游供应链资源，利用数据智能和网络协同为教育行业赋能。首先，校宝在线为教培机构和K12全日制学校提供招生、教务、财务、家校沟通等信息化服务，助其实现无纸化、云端的管理运营，通过提高B端客户的管理效率实现C端学生学习体验和质量的提升；其次，校宝在线利用服务过程中沉淀的用户画像和运营数据挖掘行业的共性标准和B端客户的潜在需求，与供应链共创多样的创新型增值服务，推动教育产业链的优化升级；最后，校宝在线发挥平台作用，连接下游B端客户和上游供应链，依托自身规模和技术优势，帮助B端对供应链形成强议价能力，让供应链能够在金融（如移动收单、保险等）、营销招生、内容分发等方面为机构和学校切实赋能。

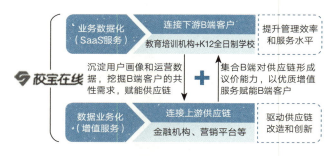

图2-9　校宝在线的S2B模式

5. 大搜车：搭建汽车产业互联网协同生态

杭州大搜车汽车服务有限公司（以下简称大搜车），致力于推动汽车产业数字化进程，通过连接、赋能和服务产业链上下游，全力打造汽车交易及流通生态，携手产业各方共同为消费者提供更高效、更便捷的买车、卖车、用车服务。大搜车通过SaaS系统连接了90%以上的中大型二手车商、9 000多家4S店和70 000家新车二网，整体上帮助全国约65%的车商实现了数字化转型。它针对汽车行业经销商的所有经营活动的数据或经营活动的行为提供数字化服务，包括客户资源、货源、交易场景信息三个方面。基于数字化服务基础上，大搜车搭建起比较完整的汽车产业互联网协同生态，打造了新车流通、二手车流通、"金融+产业""流量+产业"的四张协作网。

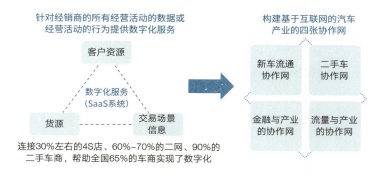

图2-10　大搜车的数字化服务与协作网

第二节 技术进化驱动构建金融云

一、内外合力共促金融服务变革

（一）商业模式急需重构

伴随着持续快速变化的市场、不断升级的监管要求和层出不穷的新兴金融业态，传统银行业发展面临着巨大的经营挑战。在经历了高速增长的"黄金十年"，和随后多年的调整与探索之后，商业银行已经走到了这个跨越周期的拐点。随着市场竞争的加剧、金融科技的冲击、转型变革的深化、普惠金融的推进，商业银行们正在通过变革与创新寻找新的增长点，即"第二增长曲线"。所谓"第二增长曲线"，是著名管理大师查尔斯·汉迪于1997年在出版的《第二曲线》一书中，指出任何一条增长曲线都会滑过抛物线的顶点（增长的极限），持续增长的秘密是在第一条曲线消失之前开始一条新的S曲线（见图2-11）。

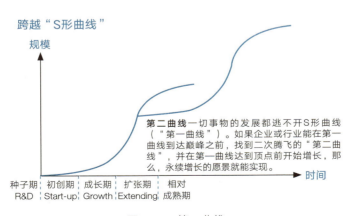

图2-11 第二曲线

近两年，商业银行等金融机构在其既有的优势领域，同时也借助金融科技化的契机在模式和产品上做了不少探索，并以打通服务的"最后一公里"，推动金融的不断普惠化。典型的如中国建设银行、兴业银行、浦发银行、中国银联等。

中国建设银行作为国有大行，开启第二曲线，要求围绕社会痛点问题，提供金融解决方案，并转向智慧生态，让人们的生活变得更加便捷、舒适和美好。具体而言，就是围绕B端、C端和G端三个维度开启转型和重构，重新定义新时代银行的功能，找到银行新的角色定位。包括：B端赋能，营造共生共荣生态，做企业全生命周期伙伴；C端突围，回归普罗大众做百姓身边有温度的银行；G端赋能，助力社会治理成为国家信赖的金融重器。自2017年9月完成注册业内第一家住房服务专业经营机构以来，"住房租赁"已上升为建行"三大战略"之一。建行基于上海建信住房公司为平台，由上海市政府向建行开展金融及非金融服务提供政策、信息、交流平台、大数据支持，为住房租赁市场营造良好的发展环境。建行在沪机构则全面跟进服务，聚焦民生安居的痛点难点问题，提供全生命周期的住房租赁产品、全方位的住房金融解决方案，给予授信支持，真正做到"坚持需求导向、问题导向、效果导向，最终解决实际问题"。此外，建行上海市分行还积极探索创新住房财富管理业务，用金融培育租房市场。所谓住房财富管理业务是指建行上海市分行通过推荐，促成有出租自有房屋意向的客户，将其名下房屋委托给上海建信住房公司，由上海建信住房公司与客户签订房屋管理合同，引导客户将房产转化为金融资产，同时以房屋委托管理为服务场景，向客户提供财富管理服务。建行借助资源整合、资金提供、信用支撑三大核心优势，围绕租客和业主两大客群搭建平台，打造以银行为核心的住房租赁生态圈，来解决社会痛点问题，发挥政府期望的"稳定器"和"压舱石"作用。

兴业银行曾在财报中提出着力构建F（金融机构）端金融生态圈，扩大B（企业）端流量对接，带动C（客户）端突破，通过场景拓展与生态互联，全面推进开放银行建设，实现金融科技对"商行+投行"的强大引领与赋能。

To C端，兴业银行一方面在手机银行APP开设多元金融专区，依托集团综合化经营优势，为用户提供银行、信托、基金、消费金融等一体化金融服务；另一方面全方位深入旅游、购物等生活场景，提供场景化金融服务。To B端，兴业银行小微企业在线融资平台，借助OpenAPI开放互联技术对接企业工商、国税、人民银行征信等数据，加强对企业资金流、信息流和第三方数据的分析挖掘，大大提高小微企业融资效率，降低融资成本。To G端，兴业银行推出的智慧医疗金融解决方案，即基于互联网支付渠道，采用移动互联技术对接内部系统，协助医院搭建便民的移动医疗服务平台，优化了"看病"的体验，也缓解了医院的管理压力。同时，利用OpenAPI技术，兴业银行还对接第三方生态，围绕就医环节推出多项特色功能和个性化场景服务，如智能停车、院内点餐、产程直播、扫码付、医保结算等，形成了智慧医疗生态圈。

中国银联面对微信、支付宝等第三方支付公司的异军突起，不断加码出招、转型升级，于2017年携手商业银行、支付机构等产业各方共同发布银行业统一APP"云闪付"。"云闪付"APP可以说是银行业联手打造的一个移动端统一入口，它的上线将统一和覆盖各类扫码支付、PAY类支付等，为消费者带来便捷个性、丰富多元的消费体验。"云闪付"APP汇聚了银行、银联等各方提供的功能与权益，包括余额查询、一键转账、一站式分期、信用卡全流程服务以及银行—银联优惠权益、账单查询等各类银行卡基础特色服务，同时还可以查询银联卡在境外160多个国家和地区的受理情况、各类优惠权益及境外消费退税进度，支持消费者便利地管理各类银行账户，并使用全面的支付服务。

（二）市场需求不断升级

随着数字经济时代的到来，科技的快速进化促进了以BAT为代表的金融科技公司的迅速崛起，它们为客户带来了全新的互联网金融体验，从而推动了金融服务市场需求不断升级。

1. 客户对金融服务便利性的要求越来越高

随着移动互联网时代的到来，以BAT为代表的金融科技企业以客户体验和低成本分解为抓手，推出的支付宝、微信钱包、京东白条等互联网金融产品，在给普通消费者带来全新金融体验的同时，也蚕食着传统银行的市场份额。与此同时，客户对金融服务的期望值也水涨船高，希望得到随时随地、随心所欲的金融服务，在有金融需要时希望马上能够找到银行，希望任何时候任何地点满足任何的需求；还希望在获取更便利、快捷和高效的服务同时，降低时间、人力和经济成本，并希望在实际场景中无缝嵌入，省去现有的烦琐流程。这也是一般消费者希望得到金融服务的理想境界。

2. 客户对提高金融服务效率的需求越来越高

传统银行的金融业务办理都需要去柜面办理，其间需要排队叫号、填写单据、重复签名以及等待柜员操作的时间。随着现代工作生活节奏的加快，客户对银行金融服务的效率具有越来越高的要求，希望化被动等待为自助办理。客户无须排队叫号、无须纸质填单和重复签名、无须等待柜员录入处理，只需点触智能设备屏幕，全程通过影像识别、证件读取、电子签名、人工核验，业务快速轻松办理，大大降低办理业务耗时。

3. 客户对金融服务"安全性"的需求越来越高

新冠肺炎疫情发生后，银保监会、人民银行、发展改革委、财政部、国家税务总局等相继联合印发多个通知，鼓励银行业金融机构强化金融科技运用，加快推动"足不出户"的便捷金融服务发展，推动金融服务向"零接触"开放金融服务发展。同时，也对需要现场办理的金融业务如开立Ⅰ类账户、理财签约等带来了风险，也对现有的反洗钱、反恐怖融资的监管带来了挑战。传统金融机构与数字科技的关系、金融机构数字化战略部署与其内部业务转型的关系、金融数字化发展与金融基础设施的关系都在发生深刻变化，也就需要监管部门作出适应性调整，提升金融服务的"安全性"。

面临着内部商业模式的重构和外部市场需求的升级，金融机构的未来战场将落脚于云端。商业银行在向金融云发展的过程中，将形成一个能够支持银行和产业及更多客户快速对接的连接器，以客户为中心，尽可能地提供更多、更优质的金融服务。这背后也体现了金融云所包含的开放和分享的思想。正如阿里金融云总经理徐敏所说："在快速变化的互联网时代，所有银行都将是移动化、互联网化和全球化大拼图的一部分。各类机构在平台上能够实现合作和竞争，形成一个完整的去中心化的拼图。"

二、境内外政策导向鼓励金融创新

（一）境外政策鼓励金融创新

1. 虚拟银行（Virtual Bank）

根据香港金融管理局（HKMA）于2018年5月发出《虚拟银行的认可》指引修订本，其中对虚拟银行的定义是：主要透过互联网或其他形式的电子传送渠道而非实体分行提供零售银行服务的银行。银行、金融机构及科技公司均可申请在香港持有和经营虚拟银行。由于业务全线上运营，虚拟银行对运营能力和技术水平要求更高。

虚拟银行持牌公司股东背景均为"科技+金融"的组合，科技类股东包括蚂蚁金服、腾讯、小米、京东等互联网企业，金融类股东包括工行、中行、渣打、平安等金融机构，或为互联网企业与金融机构合资组建，或为母公司本身就是金融科技公司。虚拟银行可结合股东技术及业务优势虚拟银行的股东组成与其业务模式有关。

2. 数字银行（Digital Bank）

根据新加坡金管局（MAS）宣布，2019年8月29日正式开放接受数字银行的牌照申请，并预计将在2020年中期发出首轮5张牌照。首批5张牌照将分两种，包括2张全面数字银行牌照（Digital Full Bank license，DFB）和3张批发数字银行牌照（Digital Wholesale Bank license，DWB）。全面数字银行牌照只开放给以新加坡为基地，总部设在新加坡、由新加坡公民控制的公司，并且需要15亿新元（合11亿美元）的注册资金。获得全面数字银行牌照服务范围较广，可以为零售与非零售银行客户提供存款等各类金融服务，包括接受零售客户的存款。批发数字银行牌照开放给新加坡或外国公司申请，且注册资金门槛为1亿新元。但批发数字银行牌照只能为中小企业和其他非零售银行业务用户（个人用户需要存款大于25万新元）提供服务。根据新加坡金管局公布的申请准则，数字银行执照申请者中须有一方拥有至少三年的科技或电子商务运营业绩，必须具备谨慎管理并持续经营数字银行业务能力，能在五年内"迈向盈利道路"。

截至2019年12月31日，该局已收到21份新加坡虚拟银行牌照的申请书，其中7份为全面数字银行牌照申请，14份为批发数字银行牌照申请。这些申请者中不乏知名科技公司，部分刚刚在香港成立虚拟银行，等待开业。这将使科技公司和非银公司得以挑战传统银行。新加坡金管局既是监管机构，也是新加坡的中央银行，发放数字银行牌照代表了"新加坡银行业自动化之旅"的开始。

3. 挑战者银行（Challenger Bank）

英格兰银行（Bank of England）在2013年简化了获取银行牌照的流程，并降低了新银行进入者的资本金要求，其结果是进入市场的银行数量有所增加，并且商业模式趋于多样性。自2010年以来，共有20家银行类经营实体以申请、收购等方式获取了零售和商业银行牌照，目前，这些银行被看做英国银行业的第三极——挑战者银行。在这20家挑战者银行中，同样涌现了四个"领头羊"，分别是Atom Bank、Tandem、Monzo和Starling Bank。在这四家银行中，Atom Bank、Starling Bank和Monzo分别于2015年、2016年和2017年申请获批得到了英国商业银行牌照，而Tandem于2018年通过收购原Harrods Bank获得了牌照。这些银行最大的特点是不设立任何线下网点，仅通过智能手机开展业务。在它们当中，Monzo客户数量已突破220万，其中包括60%的活跃客户。

（二）境内政策鼓励金融创新

1. 互联网银行（Internet Bank）

境内的互联网银行市场主体通常指代民营银行中选择以纯互联网形式运营的银行。从设立目的而言，民营银行可被看做对当前银行体系建立的补充和完善。2014年，银监会批准了第一批民营银行成立开业，在获批成立的民营银行中，有部分银行选择以纯互联网的形式运营，包括网商银行、微众银行、中关村银行、苏宁银行和新网银行。这五家民营互联网银行在股东背景中皆有互联网公司或科技公司，且根据各自资源优势，侧重于不同的业务方向和用户客群，推出了一系列创新的银行产品，践行着全新的银行经营模式。

2. 互联网贷款

2020年6月，银保监会发文表示，鼓励政策性银行、商业银行加强与主要依靠互联网运营的民营银行的业务合作。银保监会发布的《商业银行互联网贷款管理暂行办法（征求意见稿）》（以下简称《办法》）也为主流商业银行与互联网银行贷款业务合作提供了依据。业内指出，同业合作将弥补互联网银行资本不足等缺陷，缓解资金瓶颈，提升抗风险能力，助力更多小微企业得到金融支持。

一是合理界定互联网贷款内涵及范围，明确互联网贷款应遵循小额、短期、高效和风险可控原则。二是明确风险管理要求。商业银行应当针对互联网贷款业务建立全面风险管理体系，在贷前、贷中、贷后全流程进行风险控制，加强风险数据和风险模型管理，同时防范和管控信息科技风险。三是规范合作机构管理。要求商业银行建立健全合作机构准入和退出机制，在内控制度、准入前评估、协议签署、信息披露、持续管理等方面加强管理、压实责任。对与合作机构共同出资发放贷款的，《办法》提出加强限额管理和集中度管理等要求。四是强化消费者保护。明确商业银行应当建立互联网借款人权益保护机制，对借款人数据来源、使用、保管等问题提出明确要求。《办法》还规定，商业银行应当加强信息披露，不得委托有违法违规记录的合作机构进行清收。五是加强事中事后监管。《办法》对商业银行提交互联网贷款业务情况报告、自评估、重大事项报告等提出监管要求。监管机构实施监督检查，对违法违规行为依法追究法律责任。

3. 金融科技

2019年9月6日，中央银行官方正式发布了《金融科技（FinTech）发展规划（2019—2021年）》（以下简称《规划》）。《规划》开宗明义地指出，持牌金融机构在依法合规的前提下发展金融科技，有利于提升金融服务质量和效率，优化金融发展方式，筑牢金融安全防线，进一步增强金融核心竞争力。

《规划》提出的目标是，到2021年，建立健全我国金融科技发展的"四梁八柱"，进一步增强金融业科技应用能力，实现金融与科技深度融合、协调发展，明显增强人民群众对数字化、网络化、智能化金融产品和服务的满意度，使我国金融科技发展居于国际领先水平。

《规划》提出的重点任务包括六个方面，即加强金融科技战略部署、强化金融科技合理应用、赋能金融服务提质增效、增强金融风险技防能力、加大金融审慎监管力度、夯实金融科技基础支撑。

2019年10月30日，中国人民银行上海总部向辖内金融机构印发《关于促进金融科技发展　支持上海建设金融科技中心的指导意见》（银总部发〔2019〕67号，以下简称《指导意见》），从打造具有全球影响力的金融科技生态圈、深化金融科技成果应用、加大新兴技术研发、持续优化金融服务、加强长三角金融科技合作共享、提升金融科技风险管理水平、提升金融科技监管效能、加强人才培养和合作交流八个方面提出40项指导意见。《指导意见》提出，上海要打造具有全球影响力的金融科技生态圈，形成金融科技集聚效应。

4. 资管新规

2018年4月27日，中央银行、银保监会、证监会、外汇局联合发布《关于规范金融机构资产管理业务的指导意见》（以下简称资管新规），主要目的在于规范金融机构资产管理业务、统一同类资产管理产品监管标准、有效防范和控制金融风险、引导社会资金流向实体经济，更好地支持经济结构调整和转型升级。2019年7月3日，中国人民银行会同中国银行保险监督管理委员会、中国证券监督管理委员会、国家外汇管理局正式发布资管新规重磅配套细则《标准化债权类资产认定规则》（以下简称《认定规则》），自2020年8月3日起施行。

在国家积极推动金融科技创新的环境下，支持金融云发展的政策也相继出台，宏观政策环境持续利好。银监会2016年7月发布《中国银行业信息科技"十三五"发展规划监管指导意见（征求意见稿）》，提出到"十三五"末期，银行业面向互联网场景的重要信息系统全部迁移至云计算架构平台，其他系统迁移比例不低于60%。2018年3月，银监会牵头16家金融机构成立金融云公司，构建金融科技生态。同年中国人民银行出台了《云计算技术金融应用规范技术架构》《云计算技术金融应用规范安全技术要求》《云计算技术金融应用规范容灾》三项关于金融云的行业标准。随着政策的持续正向引导，云计算在金融行业应用中不断加速加深。

三、金融服务的创新路径和案例

(一) 新金融服务的发展方向和路径

随着产业数字化进程的加快，企业在新平台、新经济模式下呈现出云化、智能化、数字化的新特点，而金融服务转型的根源和未来的产品特征都必须去满足企业进化衍生的新需求，所有的新金融服务都要服务于实体经济。因此，金融服务将向金融云的模式演进。

金融云是指应用云计算等技术构建核心系统，基于场景将金融服务聚合，并将各金融机构及相关机构的数据中心互联互通，形成开放的连接器，以提高金融机构迅速发现并解决问题的能力，为客户提供便捷化、定制化的金融服务。

具体来看，金融云服务主要分为三层：基础架构即服务IaaS、平台即服务PaaS以及软件即服务SaaS。IaaS是金融云里最基础的一部分，客户不管理或控制底层的云基础架构，但是可以控制操作系统、存储、发布应用程序。PaaS是客户使用云供应商支持的开发语言和工具，开发出应用程序，并发布到云基础架构上。SaaS是客户所使用的服务商提供的运行在云基础设施上的应用程序。

其中，IaaS和PaaS强调技术服务输出，为客户搭建金融基础设施。例如，阿里金融云是阿里为新金融行业提供的量身定制的云计算服务，具备低成本、高弹性、高可用、安全合规的特性。它打破IaaS和PaaS的边界，目前主要通过将阿里云技术输出到银行自有机房或现有IT体系中，或在阿里金融云上为银行提供一些外围服务来支撑银行业互联网金融创新。腾讯金融云则融合自身15年的安全防护经验和社交大数据，致力于为金融业提供合规、安全、创新的云服务，将"生产力云化"落到具体的金融业务上，携手合作伙伴共建云上金融新生态。目前腾讯云服务的金融领域客户已经超过万家，其中既包含北京银行、光大银行、中信银行、华夏银行等商业银行，同时还包括数十家券商、保险，以及超过90%持牌消费金融和数量众多的泛金融企业。

而金融云的SaaS服务是金融交付的公共链接器，通常由持有金融牌照的机构提供。从银行系金融机构的发展来看，商业银行新金融服务的发展方向经历了从线上银行（E-bank）、直销银行（D-bank）到开放银行（O-bank），未来将迈向云银行（C-bank）（见图2-12）。

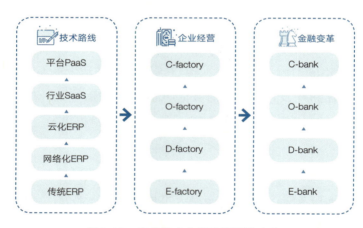

图2-12　产业数字化催生银行数字化

1. E-bank：线上银行，线上金融

线上银行是围绕全系统业务构建一个全行层面的数字化线上银行，在一个大平台上支持包括零售网金、公司网金、金融市场、网络支付和数据银行等在内的各类应用。其主要特点是服务线上化、金融信息化，产品功能解决海量、批量供给，能24小时推送产品和服务。

从企业视角来看线上银行，具体从数据开放程度、金融连接方式、服务对象范畴和业务渗透深度四个维度展开。首先，线上银行的数据是完全封闭的，不开放。其次，银行与企业之间属于完全割裂的两个主体，企业一般使用网上银行或者通过U盾与银行连接。再次，线上银行的服务对象主要面向企业客户。最后，线上银行的业务开展主要围绕企业经验管理过程中产生的金融需求（见图2-13）。

数据开放
数据完全封闭，不开放

金融连接
企业使用网上银行（U盾），银行与企业完全割裂

业务渗透
企业的管理经营过程中的金融需求

服务对象
服务面向企业

图2-13　E-bank四大特征

2. D-bank：直销银行，网络金融

直销银行实现了渠道服务的个性化，产品体系围绕"存、投、贷、付"来构建，对用户来说是一站式直达的全金融服务。

直销银行本质上是需要根据不同的渠道形成对应的自动化销售，如目前各家银行都在推出的智能厅堂、直销银行或微信银行，这些渠道都是为了实现敏捷直达的金融服务。同时，在这个过程中衍生出了金融云的应用机会。而直销银行目前大多已围绕"存、投、贷、付"初步建成了金融云，同时也将考虑企业的自金融需求，比如民生直销银行在行业内起步较早，发展相对也比较领先，在金融云的部署上，起步早，发展迅速。现已推出"BBC开放式综合性金融云服务"的概念，即其将成为各领域有金融需求企业的桥梁，通过金融、技术、数据、风控、营销等全方位开放支持，促使"自金融"服务触手可得。

总体而言，直销银行的数据开放性更大一些，可以开放给企业员工与客户，属于半开放。虽然银行与企业还是相对割裂、独立的，但银企之间已实现了直联，提高了金融连接的效率。此外，直销银行的服务对象可延伸至企业内部员工和客户，围绕员工福利、客户关系管理提供相应的服务（见图2-14）。

数据开放
数据开放给企业员工与客户，实现半开放

金融连接
实现银企直联，但银行与企业还是相对割裂、独立

业务渗透
企业内部员工福利、客户关系管理

服务对象
服务延伸至企业内部员工和客户

图2-14　D-bank四大特征

3. O-bank：开放银行，敏捷智慧

从开放银行的构建逻辑出发，其本质是"交易+金融"的服务。在新金融模式下，在开放银行平台中，银行的服务不是直接面向客户，而是一批APP开发者，他们会基于场景、应用、钱包、商城来进行不同生态的应用开发，形成ISV开发者生态。同时，银行原本具有的生活、理财、支付、网贷、风控，包括账户、客户和用户也都会形成流量，这两者互为流量和平台，促进"交易+金融"的融合，进而实现金融云服务。在这种经营服务模式下，如果将银行在企业和个人领域的线下标签和所有场景中汇集的线上标签全部打通，当这些标签集聚完成以后，将实现真正的AI服务。O-bank能够将流量范式真正地转化为经营模式，依托开放式金融云平台提供开放智慧的金融服务，也是近年来银行的主流发展方向（见图2-15）。

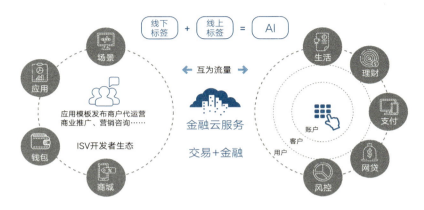

图2-15　敏捷智慧的开放银行

从企业视角来看，在开放银行模式下，数据更具开放性，将拓展到供应链、产业链上的合作伙伴；在金融连接上，银企之间通过API开放接口实现连接、共享；在业务渗透和服务上，已经延伸至供业链上下游以及产业链条上的企业（见图2-16）。

图2-16　O-bank四大特征

4. C-bank：云银行，生态系统

在新兴技术的驱动下，企业呈现出云化、智能化、数字化的新特点，而金融服务转型也将围绕着企业进化衍生的新需求而改变。因此，未来云银行将成为未来商业银行新金融服务的重要发展方向。

从底层的金融服务内容来看，云银行提供的还是原来的存款、贷款、投资、支付等传统服务，但是基于这些底层服务搭设了各种金融云，如财富云、网贷云、支付云、数据云。这些金融云与外部各个行业SaaS平台进行连接、协同发展，辐射至各个细分场景，从而赋能生态，由此构建了基于"行业云+金融云"的数字生态系统。

从企业视角来看，构建云银行需要具备的基础能力包括数据工厂能力、客户旅程能力、生态构建能力和技术应用能力。同时，在云银行模式下，数据完全开放给生态系统中的各个主体；在金融连接上，通过行业SaaS+金融云，实现生态内整个数据的连接，形成万物互联；金融服务提供面向生态系统中的合作伙伴；业务能够渗透至生态系统上的全产业链管理（见图2-17）。

图2-17　C-bank四大特征

（二）金融服务的数字化转型与创新

波士顿咨询公司的报告中曾指出，全球银行业继续复苏需要依赖数字化转型。确实，在过去10年里，以移动支付技术为代表的各种金融科技迅速发展，在给银行业带来不小冲击的同时，也促使银行业改变思维方式，加大科技创新，以期用更好的产品和服务满足客户需求。

当前，数字化转型成为未来银行发展的分水岭，金融科技的冲击推动传统银行经营发生颠覆性变化。一是经营模式的变化。"银行+科技"成为新的经营模式，传统银行必须与金融科技公司加强合作，共生共长，部分业务由金融科技公司提供技术支撑和服务，利用科技赋能，实现运营低成本、高效率、低风险，推动银行经营管理更加现代化、分散化、去中介化。二是服务理念的变化。银行从传统"以产品和渠道为中心"向"以客户为中心"转变，真正满足客户需求，金融服务以科技为媒介嵌入人们生活的方方面面，实现服务"零摩擦"，客户体验全面提升。三是运营渠道的变化。传统银行通过物理网点接触客户、提供服务，新一代年轻人更倾向于通过线上渠道获得更加高效的金融服务，2018年以来，银行网点的离柜率接近88%，未来银行网点会大幅减少，靠网点扩张业务的时代已成过去，获客手段和活客环境发生了新的变化。四是风控形势的变化。金融科技带来高效便捷服务的同时，对风险管控提出了更高的要求，高度虚拟化、网络化、数字化、移动性、分布式的金融科技系统，客观上造成了比传统银行风险更大的复杂性。

当前，商业银行以不同的方式拥抱金融科技，开启数字化转型的战略布局。

1. 中国银行：数字化转型围绕"1234—28"展开。"1"是指以"数字化"为主轴，把科技元素注入业务全流程、全领域，打造用户体验极致、场景生态丰富、线上线下协同、产品创新灵活、运营管理高效、风险控制智能的数字化银行，构建以体验为核心、以数据为基础、以技术为驱动的新银行业态。"2"是指构建企业级业务与技术两大架构，形成双螺旋驱动，在业务上实现全行价值链下的业务流程、数据、产品、体验组件化，在技术架构上形成众多独立的低耦合微服务，两大架构共同驱动中国银行数字化发展。

2. 招商银行：招银云创将招商银行IT系统30年稳定运行的经验和金融IT解决方案对金融同业开放。自身定义为"一个公有云，并且是一个符合监管的金融云"，全方位整合招银系金融领域的科技能力，并整合打包零售、交易银行、消费金融，直销银行（投融资）等领域的服务能力，以金融云的方式一并向招银系和金融同业输出。

3. 民生银行：民生科技借助民生银行沉淀多年的金融业务及技术经验，搭配成熟的产品组合为民生银行集团及合作伙伴提供全体系的数字智能化、数字人性化科技金融综合服务。在渠道端，通过远程银行、PaaS平台、API接口等方式提供渠道整合与能力共享；在产品端，通过分布式账户核心、信贷、支付等核心系统，客户管理、财富管理、大数据平台等产品，提供业务支撑服务；同时，民生科技在零售、对公、智能运营、风控等方面，利用沉淀多年的金融业务及技术经验搭配出成熟的产品组合，为客户提供最专业的解决方案。

4. 建设银行：按照"综合性、多功能、集约化、创新型、智慧型"方向推进数字化转型，致力于打造"以客户为中心"的最具"智慧"的银行，制定一系列凸显创新型银行、智慧型银行特色的数字化转型战略，建立数字化转型成就核心平台，建成国内金融行业规模最大的私有云，实现全流程的数据统一管理；引入人工智能技术，打造多渠道、全方位、智能化服务平台；创新应用大数据技术，在实现营业收入和净利润稳步增长的同时，完成了流程创新、业务创新、服务创新和精准营销。建设银行在2018年成立全资金融科技公司——建信金融科技有限责任公司，向建设银行集团及所属的子公司开展科技能力的外联输出。

5. 兴业银行：于2015年率先开创了银行系CFRM金融科技子公司成立的先河，设立了"兴业数金"，跳出为中小银行服务的局限。对于兴业数金来说，集团赋予其两大使命，兴业数金一方面要做兴业银行集团创新的试验田，打造开放银行平台，开展创新，成为"银行端"与"客户端"的连接器。另一方面，也要做强做大金融云、集团IT服务，在现有基础上稳健投入、提升金融科技服务输出能力，更好地为300多家合作银行提供优质的解决方案。

6. 平安集团：于2015年成立旗下金融科技公司壹账通。金融壹账通依托人工智能、大数据、区块链、云平台以及金融应用五大核心科技，建立起了智能银行云、智能保险云、智能投资云和开放平台，为金融机构提供科技驱动的业务解决方案。金融壹账通目前已搭建起国内前沿的直销银行云服务平台、中小微企业金融云服务平台、同业资产交易服务平台以及个人征信服务平台，拥有智能银行云、智能保险云、智能投资云和开放平台四大产品系列。平安金融壹账通依托平安金融云这样的轻量模式，把平安多年积累的技术整合成方案，输出给中小银行。平安云服务作为技术能力开放平台，上面集合了平安集团所有的技术积累，包括金融云、城市云、医疗健康云、政府云四个领域。平安科技提供大部分底层技术，其他业务子公司将各自能力分区打包，整合到云平台，灵活开放，有针对性地服务各个领域。

案例　　　　　　　　　　　**建设银行的数字化经营**[①]

　　企业级技术架构和大数据分析能力是基础。企业级技术架构是从企业的整体价值链视角，重构业务模型、数据模型、产品模型与用户体验模型，秉持"统一、协同、共享、敏捷"理念，在人工智能、云计算、区块链、物联网等前沿科技支撑下，以平台化、组件化、参数化、云化为标准搭建的基础架构体系，实现快速创新和敏捷交付。大数据分析能力是指汇聚内外部数据信息，构建统一数据视图，运用智能化算法和大规模算力，开展数据挖掘分析，预测宏观经济形势、洞察全行业经营状况，为数字化经营提供决策支撑。企业级技术架构和大数据分析能力是推进数字化经营的坚实基础和强大武器。

　　搭建业务、数据、技术三大中台是关键。我们全力打造"数字化工厂"，深入推进"数字力工程"，探索建立数据资产管理体系，搭建包括业务中台、数据中台和技术中台在内的中台体系。如果把数字化经营比作战机起飞，中台就是航空母舰，提供弹药补给、通信指挥、后勤保障等稳固坚实的平台支撑。一是打造业务中台。按照"用户—客户"进阶经营和端到端运营要求，提炼账户、支付、营销等可共享复用的业务能力，形成可快捷调取的通用服务模块，赋能前端场景的高效拓展和产品的敏捷创新。二是打造数据中台。构建数据智能中枢和全域数据供应网，强化数据获取、集成整合、挖掘分析、即时赋能等核心功能。三是打造技术中台。技术中台对应用研发、交付、运行所依赖的技术实行平台化、组件化设计，以云服务为主要交付方式，实现人工智能、云计算、区块链、物联网等技术基础能力快速供给，敏捷赋能业务发展。

　　围绕"生态、场景、用户"开展探索是核心。我们始终坚持"建生态、搭场景、扩用户"的数字化经营思路，积极打造彼此相连、同步迭代、实时互动、共创共享的生态圈，跨界连接多个客群、多类产业和多种生产要素，为生态圈内各方提供共同演进

---

① 刘桂平. 数字化经营：商业银行的选择［N］. 经济日报，2020-10-13（09）.

的机会和能力。针对个人用户，围绕公共服务、公交出行、生活缴费、商户消费、社区居家等生态场景，全面洞察、精准画像，实现生态数字化连接、产品综合化交付、服务多渠道触达。针对企业用户，我们搭建"惠懂你"普惠信贷服务平台、企业智能撮合平台、供应链金融平台等，致力打造企业全生命周期服务的开放共享生态。针对政府用户，我们围绕"优政、利民、兴企"目标，为云南、山西、重庆、山东等省份积极打造"一网通办"智慧政务模式，并与28个省级和130个地市级政府签订智慧政务合作协议，用金融力量助推政府治理体系和治理能力现代化。

强有力的组织领导是保障。在今年前三个季度的数字化经营实践中，建设银行在全行上下经历了统一思想、凝聚共识、循序渐进的过程。在经营理念上，开启了从以产品销售为中心到以客户体验为中心的转变，实现了"客户洞察、双向互动、精准触达、千人千面"；在营销模式上，经历了从单点推送营销到互联平台、构建场景、营造生态的革新，实现了"全链路、全渠道、全天候"的全域营销；在战略推进上，经历了从分兵作战到跨区域、跨条线、跨部门、跨层级的统筹协同。

数字技术正在重塑银行转型之路。在数字化经营道路上，唯有做到敞开胸襟、坚定探索、快速行动、稳步推进，才能掌握主动权、下好先手棋、打好主动仗。

四、"行业云+金融云"的智慧新模式

（一）"行业云+金融云"的特征机理

未来3~5年，随着行业SaaS的发展、各项技术手段的不断成熟，国内将开启"行业云+金融云"的商业新生态，通过以SaaS化的方式连接行业与金融，金融服务能够无缝嵌入到行业的各个交易场景中，实现真正的协作共赢、赋能生态。行业云和金融云的运行，是产业和金融在数字化层面的深入结合。其中，行业SaaS化是产业互联网的必经之路。在技术的发展与推动下，无论是零售、能源、制造、医药行业，还是旅游、社交等行业都将形成各类SaaS化服务，并且对生态进行整合。而金融云是帮助银行实现场景化、数字化、智能化和聚合化，完成数字银行转型过程的一块基石。金融云通过嵌入到行业SaaS平台，有助于银行金融服务实现高质量的"新服务"业态扩张，从而实现"人效"和"坪效"双升。

所谓的SaaS化升级的"新服务"，具体包括以下三点：

1. 流程标准化：通过SaaS软件实现线下工作的线上化、模糊的流程标准化；

2. 经营数据化：通过SaaS软件实现业务过程数据化、经营管理精细化；

3. 服务智能化：基于移动支付、物联网技术、大数据智能等手段实现的服务智能化。

因此，未来整个社会金融服务体系将通过"行业云＋金融云"的模式，将金融和行业在数字化平台上进行组合和连接，为企业乃至整个行业提供场景化、数字化、智能化和聚合化的金融服务。具体地说，金融云的构建具有以下四大特征（见图2-18）：

1. 产品创新和服务升级，为客户提供个性化、场景化、智能化的全面金融服务；

2. 获客模式转型，通过"如水般"无缝融合各项场景，实现跨平台客户资源的共享；

3. 摆脱现有的组织模式，建立独立化、敏捷化、轻型化的组织；

4. 最大化金融科技效能，向数字化直销银行转型。

图2-18　金融云的四大特征（图中"直销银行4.0"改"金融云"）

（二）"行业云＋金融云"的创新案例

1. 智慧新零售："零售云＋金融云"

以"零售云＋金融云"的方式，重塑零售业态结构与生态圈，打造零售行业的智慧新模式。典型的如阿里、京东、苏宁等。

（1）阿里零售云+蚂蚁金服

阿里云于2019年3月21日宣布全新升级零售云以聚石塔产品为基座，深度融合阿里巴巴数字经济体，包括数据能力、AI算法能力、商业能力、安全能力的四大核心能力，建立零售行业云平台，并向生态合作伙伴全面开放，共同服务零售行业数字化转型升级。零售云将成为阿里巴巴商业操作系统在新零售板块落地的载体，在IT基础设施云化的基础上，提供支持海量高并发的分布式架构、中台技术、新一代分布式数据库等互联网核心能力，提供包括服饰、快消、消费电子、美家、汽车、商超连锁、房地产、餐饮、旅游等场景解决方案。

蚂蚁金服为供应商和用户提供了一整套的解决方案，打造了一个包括用户及供应链金融服务在内的闭环生态平台。用户方面的布局主要在于其拥有上游公司用户、下游消费用户及背后的同业用户等主要的用户。对于数据的布局主要是其自建物流系统的差异化竞争，构建了一个以数据为基础的供应链金融系统，如为个人消费用户提供消费信用及分期服务产品，为合作商户提供增值理财及货款等金融服务。正是基于拥有消费用户及供应商的大量而精确的数据，蚂蚁金服供应链金融业务取得了突飞猛进的发展。其供应链金融体系包括花呗、理财投资、订单、应收账款及库存融资和担保、保险等业务形式和服务。

（2）苏宁零售云+苏宁金融

苏宁零售云以智慧零售大脑为核心，基于苏宁零售发展的线上及线下业务模式，利用零售科技能力进行O2O融合。针对企业发展的不同阶段，按业务发展重点进行门店数字化、会员营销及智慧零售系统等解决方案输出。零售云成为县镇中小商户的智慧零售转型利器，通过"共享仓库"和物流云，商户SKU大幅扩充，库存周转率大幅提升；同时商户还可以紧跟苏宁促销节奏，共享苏宁的促销政策和品牌影响力。

除了在运营、物流和品牌上的助力，苏宁以金融作为深入县镇市场的"润滑剂"和"加速器"。苏宁金融专为零售云加盟商量身定制了乐业贷产品，分为信用贷和抵押贷两种。其中，乐业贷信用贷是依托零售云平台的交易流、物流、资金流、数据流，精准定位加盟商的融资需求，为其提供样机采购、日常经营备货的资金支持，具有纯信用、低费率、随借随还等特点，无须固定资产抵押，最高可贷100万元；乐业贷抵押贷则是以零售云平台加盟店的法定代表人作为目标客群，以房产抵押为增信，为其提供资金支持，抵押贷额度高，最高可抵押3套房产，授信1500万元，最快3天下款，而且支持无手续费续贷。

（3）帝欧家居+直销银行

帝欧家居立足经销模式，共建"金融+技术+产业"新格局，其主营卫生洁具、建筑陶瓷，全国超过800个分销商。分销商主要通过转账的方式，付货款到帝欧家居集团对公账户，之后向帝欧家居集团下订单，存在对账麻烦、无头账多等情况。因此，国内某直销银行发挥自身的业务设计能力和金融科技能力，为其设计一体化解决方案，为其开发了专属管理后台及微信小程序，解决其在B2B2C分销场景下的全渠道货款收取、货款清算、查询对账、进销存管理等相关问题。同时，直销银行提供账户管理及支付方面的服务，为帝欧家居总账户下不同区域的经销商开立子账簿，与经销商间的资金往来全部通过子账簿进行记载，子账簿可作为经销商的回款账户，经销商也可以通过其专属二维码支付货款。这一方案以清晰的账户记录和便捷的支付途径，通过手机和电脑两大端口，助力A企业节省财务核对时间，提高财务管理效率。

2. 智慧新产业："能源云+金融云"

以"能源云+金融云"的方式，加速能源行业创新体系和发展模式的转变，构建能源行业的智慧新模式。典型的如国网、华能、上海石油天然气交易中心等。

（1）国家电网+直销银行：打造"金融+科技+产业"新服务

国家电网围绕公司建设和运营电网的核心业务，打造集"金融+科技+产业"的综合性服务平台——电e宝平台，是其自有的集公共事业交费、在线服务、金融交易服务于一体的民生服务云平台，累计服务客户20万，缴费金额100亿元。该服务平台与国内某直销银行达成战略合作，利用双方服务优势，为用户提供"缴费+服务+理财"的一站式移动交费服务。一方面，在直销银行APP上，用户在享受丰富金融服务的同时，可通过"生活服务"频道缴纳费用；另一方面，在该服务平台，用户在线缴纳费用的同时，也可享受理财服务，让闲散的沉淀资金"活"起来。

（2）云成金服+直销银行：凝聚"能源+互联网+金融"新力量

为进一步推进华能集团能源产业转型升级，2018年1月，华能资本旗下首家主要从事互联网金融业务的金融科技公司——北京云成金融信息服务有限公司（以下简称云成金服）应运而生。云成金服的战略定位是"一云两端"。"一云"是指金融科技平台，"两端"是指B端和C端，即通过构建大数据、物联网、云计算、移动互联网应用的金融科技平台，为供应链上下游企业用户（B端）和个人用户（C端）提供精准的金融和生活服务。无论是B端服务还是C端服务，其主要客户集群大多是华能集团内部企业和职工。未来也计划向其他央企拓展并输出业务和技术系统。基于这样的战略定位，云成金服形成了"工资宝""余额盈""财富宝""银行+""投资圈""好物""酒店""公益""煤e融""云企融"和"云链通"十一个频道，并不断打造企业金融服务、客户财富增长、用户品质生活、金融资源整合、机制体制创新"五位一体"的平台。

为了提升金融服务的能力，云成金服通过与金融机构合作创新，为客户提供更多样化的选择和更优质的服务。其中，直销银行作为新兴金融的一种形式，与云成金服搭建服务产业金融和普惠金融的科技平台的目标不谋而合。N直销银行基于其优秀的技术开发能力、安全合规的账户体系和其在直销领域的成熟经验，帮助云成金服开发出更多的创新金融产品，提供安全便捷的支付方式，充分满足客户的需求，更好地提升员工的体验。同时，N直销银行能够将产品进一步整合"云化"，从而自由且及时地贯通产业链上下游各个环节，满足B端、C端客户需求，形成真正的"金融生态链"。因此，云成金服与N银行在普惠金融、服务实体经济等方面有更广阔的合作空间。

3. 智慧新产业："通信云+金融云"

以"通信云+金融云"的方式，加快通信行业的数字化转型，构建通信行业的智慧新模式。典型的如中国电信、中国移动、中国联通、华为、小米等。

（1）甜橙金融+直销银行：重塑"通信+互联网+金融"新动能

中国电信的全资子公司——天翼电子商务有限公司（以下简称甜橙金融），凭借前沿的技术创新和优势资源禀赋，探索智慧金融的创新模式，以智慧金融推动金融普惠。作为中国电信"互联网金融生态圈"的核心承载，甜橙金融全面布局支付、保险、财富管理、供应链融资、消费金融和技术创新等互联网金融的关键业务。具体来看，甜橙金融旗下拥有翼支付、甜橙保险、甜橙信用、甜橙保理、甜橙财富、橙分期、甜橙科技等业务板块。

甜橙金融借助与A直销银行的深度合作，金融机构，延展支付服务，并开创性地探索出"支付+通信+理财"相结合的服务模式，提供更加丰富的产品、更智能化的金融服务。一是打造简单、普惠的"财富云"。A直销银行为企业客户提供纯线上理财和投资交易服务。比如，A直销银行的某货币基金产品，为甜橙金融的客户提供余额增值服务，使翼支付账户余额从消费用途拓展了生息场景，用户只需登录甜橙金融旗下的翼支付账号便可进行签约购买，轻松享受生活、赚钱两不误的互联网金融服务；同时在客户体验上，此产品从互联网用户的操作习惯出发，客户在线上即可简单实现实时开户、申购、赎回、查看收益，流程简单、操作便捷。二是提供多元化的服务。甜橙金融囊括支付、保险、征信、供应链融资、财富、消费金融、技术创新多项业务，针对不同的业务场景、客户存在不同的服务需求。A直销银行除了在投资理财上极大地提升甜橙金融的客户服务体验外，还提供多样化的支付方式、合适的资金支持产品以及金融科技服务支撑等，全方位地服务甜橙金融及其客户。

未来，双方将进一步展开合作，以通信行业产业链为依托，将金融服务植入整个供应链场景中，全面满足甜橙金融自身的发展和消费者的需求，重构"通信+互联网+金融"的新生态。

（2）小米金融+直销银行：开启"科技+数据+金融"新模式

小米金融成立于2015年6月，同年9月正式上线，隶属于小米公司。小米金融平台主要业务为个人贷款、消费分期贷款，采取无担保线上交易模式，根据大数据建模及征信信息授信，基于移动互联网线上平台，以手机为载体，为全国用户提供小额贷款服务。小米贷款现有的产品是以数据驱动的，没有人工的干预。在小米金融和民生银行的合作过程当中，在数据方面也进行了深度合作。在确保用户隐私的前提下，小米有对用户行为数据的了解，而民生银行则在金融领域提供更多的信息，包括交易信息、中央银行征信数据等，这样结合在一起之后能够达到非常有效、快速、有区分性的效果，再加上合作利用大数据建模产生各种不同类型的模型，形成了一套征信和风险政策的框架结构体系，这样铸就了有效的秒级决策、秒级风控过程。

在与民生银行的合作过程当中，小米金融尤为看重民生银行的风控技术和能力。传统金融机构对于客户的金融属性的数据有着丰富的积累，其可以到央行去查询客户的征信信息。小米的产品覆盖到了大量互联网人群，其产品所能提供的用户数据和行为数据是央行征信覆盖的3亿多人群的有力补充。此外，小米的用户大多是年轻人，能够给金融体系输送更多的新鲜的血液。民生银行和小米金融合作，传统征信数据和最新用户行为数据相结合，将能够为金融体系提供更多帮助。从数据的角度、用户群的角度，民生银行能够给予小米金融更深刻的关于风险管理以及金融等方面的教育和交流，从互联网金融的角度和从传统的金融的角度产生思维的碰撞，从而形成一个更为健康有效、更高速率的金融产品和产业。

小米金融着力深化与金融机构的合作，充分利用小米支付（MI Pay）等移动支付前沿技术，围绕线上线下开展产品和服务创新，不断丰富移动支付、小额贷款应用场景，进一步服务用户的信贷生活。

4. 智慧新生态："平台云+金融云"

以"平台云+金融云"的方式，构建平台发展的智慧新生态。典型的如美团点评、宇通集团、车置宝、大搜车等。

（1）美团点评+直销银行：打造"账户+场景+平台"新生态

长期耕耘于生活服务类的美团点评，目前每日订单数超3 000万。基于高频订单量，美团点评持续和用户保持着紧密联系。美团点评具有重场景微金融的特点，随着用户需求的多元化，美团点评开始借力外部金融资源丰富自身金融产品服务，提升金融专业能力。

美团点评的用户画像是年龄偏轻、资产相对少、对理财有刚需且有成长性的群体。这类群体的理财主要有两个诉求：一是财富的保值增值；二是未来理财资金的消费，具体表现为偏好期限稍短、中低风险、有一定流动性，在此基础上合理提升收益率的理财产品。M直销银行货币市场基金的引入，完美契合美团点评用户的理财诉求。但是从整个市场来看，用户的理财需求是波动性、周期性的，金融市场的理财需求已从货币市场基金逐渐转向定期固收类产品。因此，美团点评目前开始着手引入M直销银行的固收类产品，为用户提供更丰富的选择。此外，M直销银行的生活服务类的功能在未来也可通过Ⅱ类、Ⅲ类账户快速进入美团点评场景，带给美团点评用户全面立体化的产品服务。

（2）宇通集团+直销银行：重构"生活+服务+金融"新生态

宇通集团现有员工4万余人，每年工资发放总额达到20余亿元，每月工资卡中有大量的沉淀资金。在搭建整体员工服务体系的过程中，集团打造智能厂区，开启了由传统制造到智慧制造的新篇章。为促进平台和整个厂区资金流的灵活运营，集团与某直销银行合作，开展基于"电子账户+基金理财+支付结算"功能，定制化企业钱包服务。集团向员工推行"工资宝"产品，为集团员工的工资余额进行理财。同时，关联电子账户与集团一卡通服务，帮助员工在公司园区或者合作企业进行小额生活服务类的支付结算，实现厂区的无卡支付。

第三章

新物种快速出现——数字生态场景催生云银行服务新模式

第一节　数字场景期待银行新物种

一、数字生态系统下的银行新物种

（一）构建未来的数字生态系统

以云计算和移动互联网为首的新技术正在推动国内行业SaaS的快速形成。艾瑞咨询发布的《2019年中国企业级SaaS行业研究报告》显示，2018年中国行业垂直型SaaS市场规模达到103.3亿元。其中，零售电商SaaS市场规模最大，约占整体行业SaaS市场规模的26%（见图3-1）。随着SaaS市场的进一步发展，行业SaaS在汽车、金融科技、能源、航空、物流、工业、旅游、教育、餐饮、通信、房地产、医疗等众多垂直型行业兴起，例如零售行业的京东、百世店加，车商行业的车置宝、大搜车、瓜子，旅游行业的驴妈妈、途牛等。领先的行业性企业已经打造出具有代表性的SaaS，通过搭建平台，输出技术，整合行业上下游以延伸服务链条，并携手生态合作伙伴，形成行业云服务方案，解决客户的需求。例如，车商行业的大搜车从2013年开始深耕汽车流通领域，通过SaaS系统产品帮助汽车流通领域实现"人、货、场"的数字化。通过SaaS系统，大搜车为全行业汽车流通环节的中间渠道，即经销商，提供各类数字化服务，促进了客户资源、货源（库存）和交易场景信息的高效流转。

图3-1　2018年中国行业垂直型SaaS市场结构

（资料来源：艾瑞咨询）

　　行业SaaS的背后对应着应用软件的云化。这一模式帮助行业性企业实现商业模式和服务方式的迭代，提升行业的数字化水平，从而带动行业整体服务效率的提升。行业SaaS主要从以下三方面赋能企业的转型：第一是流程重塑，实现线下流程线上化，模糊流程标准化；第二是数字经营，实现业务经营过程的数据化和精细化；第三是智能服务，基于云计算、物联网、大数据等技术实现服务的智能化。

　　企业和行业的SaaS化变革带动金融服务的云化转型。未来，直销银行以云银行模式为基点，创新产品与服务，借助"移动互联网+物联网"等数字技术，建立业务与数字相融合的金融云开放平台，并向外连接、协同行业SaaS和生态各方，整合金融+产业的优势资源，构建开放共享、敏捷智慧的数字生态系统。

　　从数字生态系统的构成来看，最内层是银行的传统金融产品与服务，如存款、贷款、转账、理财、投资、支付、结算、风控等；新技术赋能云银行整合这些传统服务，将其重构为中间层的创新金融云服务，包括财富云、网贷云、支付云、数据云等。基于这些金融云平台，商业银行与外层各个行业SaaS平台进行交互与连接，触达行业内的核心企业和上下游各个环节，形成良好的合作生态，并将银行的创新服务辐射至各个细分场景，从而构建"以客户为中心"的场景化服务，满足客户的实际需求。

作为数字生态系统的中心，云银行不断推进与行业SaaS平台的连接广度与深度，形成行业数据协作网。这些行业数据协作网，为金融机构提供具有高转化率的行业场景和真实的交易信息，促进金融和产业的高度融合。随着数字生态系统的不断演变进化，一个行业的金融服务模式也将发生改变，起决定性作用的不再仅仅是"金融机构"，还需要参考行业数字化转型的成熟度，比如商用车BOS系统，可以对司机的行为进行量化并建模分析，提升货车司机运营行为透明度，便于银行分析其行为数据以提供配套的金融服务。银行服务将被重新定义，云银行可以突破传统金融行业的壁垒，为客户提供成本更低、范围更广的服务和体验，资源也将更多地集中于客户需求领域，围绕客户不断创造价值，达到"金融云化，服务无限；万物互联，即想即用"。

（二）银行新物种价值主张

在银行业向云银行等新物种不断探索和发展的过程中，形成新的价值主张，具体表现如下。

1. 线上虚拟网点

银行网点作为商业银行的传统客户触点和经营基础渠道，其利润和价值创造能力不断受到数字化浪潮的冲击和挑战，传统的物理网点受限于地域覆盖面窄、交易低频、金融服务非场景化、人工效率低下等因素，特别是移动互联网的兴起，导致大规模的业务线上化及支付移动化的变革，银行网点正逐渐被边缘化，客流量在减少，成本却不断提高。在日益收窄的利润空间和日趋激烈的竞争形势面前，银行网点急切需要寻找新的商业定位。

随着银行新物种与数字技术融合程度的加深，银行传统的线下作业模式将受到挑战。银行网点将从实体网点向虚拟网点、云触点转型，为客户提供无缝的连接能力。客户通过物联网可真正感受到城市服务带来的快捷体验，各种生活场景、定制化的服务将"触手可及"。

2. 智能场景营销

银行传统的营销模式相对粗放，并以直接销售费用驱动，营销生态相对"封闭"。比如常见的产品推广的常见形式以客户主动上门、大众营销、客户经理拜访为主。这些营销方式在实际执行中面临着渠道受限、客户洞察不足、营销转化率低等问题。

银行新物种将改变客户经理传统的销售模式，从基于业务条线、人海战术的营销方式，转变为套餐式、AI式的模式。以数字化手段对接客户需求，基于庞大的客户行为数据，通过机器学习、客户画像、关联分析等举措，进行客户细分，划分不同群体。根据群体的属性制定差异化营销策略，推送定制化服务信息，从而达到"千人千面"展示方式，以低成本促进营销转化率提升，从普众营销过渡到精准营销，演化为场景营销，最终实现智能营销。这种模式从触点转向客户旅程，不断提升客户体验；从交易思维转向价值伙伴，不断提升价值创造和服务边界；从集中转向开放，重新定义金融服务方式。

3. 立体综合服务

传统商业银行服务渠道多、管理杂，客户资源局限于单一客群部门内，限制了对客户的综合化、立体化深度开发与经营，导致不同客群部门对同一客户或分头重复营销，推高客户经营维护成本。同时，个人客群与公司客群的客户资源相互隔离、联动困难，也难以将全行的产品服务进行打包推广、交叉销售。

新物种下，银行改变服务的条线化管理，拥抱云计算，开放API和其他关键技术，秉承"开放、共享、合作、共赢"的生态思维和平台理念，构建金融生态、延伸金融服务触点，将金融服务嵌入或输入合作伙伴的生态中，同时也将合作伙伴的服务引进来，产融结合，共同构建生态体系。

4. 数据就是资产

原来银行认为的资产，只能是一些固定实物，而现在更多演化到比如数据资产，信用资产等创新领域。其中，数据成为银行业未来制胜的核心"资产"和竞争力。银行业属于典型的数据驱动行业，经过多年的积累，银行业金融机构积累了大量的客户数据、交易数据、外部数据。通过提高数据的管理与治理能力、强化数据资产理念、可以构建数字化经营能力，盘活数据所具有巨大的潜在价值。但这也对银行产品和科技管理形成了挑战。

商业银行通过以组件方式进行业务创新，类似乐高和积木，以重构业务模式。这是指将传统支持银行服务的单体应用进行微服务化改造，通过对领域模型的拆分、划分，并以微服务的方式进行迭代与研发，在银行中台搭建起模块化、组件化、共享化的敏捷服务中心，借助多元化、精细化的业务服务组件，银行前端业务部门可以像搭积木一样调用中台上的业务组件来编排业务模块，创新业务就可以"乐高式"地搭建起来，进而实现业务敏捷的核心目的。

二、云银行的市场与客户定位

（一）传统银行的市场与客户定位"困境"

银行作为一个企业，其立身之本是市场、技术、资源、流程、文化。在成立之初，其资源和技术，支撑其谋求一个细分市场，满足这个细分市场中的客户需求。企业的主要利润，必然维系于某一个细分市场客群或某几个细分市场客群，其业务、产品、技术也必然聚焦于这些客群，倾听他们的意见，与客户一起成长。

但同时我们也应该看到，银行也就与这些客群捆绑了，业务和产品由衣食父母决定，流程也得配合衣食父母的节奏，甚至你的文化、价值观都要与衣食父母相合。这种被动化和无差异化的业务模式不能真正做到"以客户为中心"，长此以往，将使银行损失重点客群以外的客户群体和消费流量，慢慢使银行处于被动的局面。

目前我们正处在"破坏性技术"频现的时代。随着行业信息化和数字化的深入，传统银行的市场与客户定位出现"困境"，已无法满足时代的要求。银行开始向传统银行难以触达的业务领域发展，银行的客群模式也得以颠覆。

例如，随着行业的数字化升级，传统银行下的某些高风险行业演变为云银行的优质客户，风险资产也变为优质资产。行业的数字化、SaaS化加速了银行的创新，金融服务跨行业层度越来越深，基于大数据的"以客户为中心"的金融服务模式已不再空洞。

因此，面对无法预知的"破坏性技术"，正如工行原董事长姜建清曾言，银行不是短跑，是马拉松，我们欣赏的是马拉松冠军。现代银行诞生了有近400年，短短八九年算不了什么，银行业必然长期存在，但每一代银行从业都有其时代使命，我们这一代银行从业所面临的，就是数字化冲击之下的兴衰。

（二）云银行的市场与客户定位

随着技术进步与客户行为的不断变化，银行形成"以客户为中心"的市场定位，即围绕客户提供定制化的产品和服务，以满足客户个性化的需求。在数字化环境中，银行为了保持主动局面，需要针对客户的消费习惯进行跟踪、分析，深度挖掘客户的真实需求，与客户产生更紧密的连接。

基于"以客户为中心"的市场定位，云银行的服务方式和业务场景正在发生革新性的变化，核心诉求正在不断升级。

1. 管好账

目前各行业企业加速数字化，传统的账户、支付、清结算体系难以满足他们的诉求。基于传统线下的企业户、个人银行卡的体系受到地域、营业时间等诸多限制，流程手续复杂，效率较低。对于复杂账务，资金流、信息流管理依赖线下，出错率高，依赖人工。尤其新冠疫情以来，电子账户和线上的账务管理需求激增。因此，银行业务的线上化是客户数字化需求下的必然趋势。

2. 融到资

近年来，融资需求旺盛，尤其民营企业在银行信贷融资方面存在门槛高、环节多、周期长等问题。随着业务信息流、资金流交易线上化，基于大数据的互联网线上贷款发展迅速。针对客户的融资需求，银行提供面向特定行业、特定企业，包括优质企业员工的线上贷款，解决传统模式下融资难的问题。

3.发福利

随着"衣食住行"各互联网场景的普及，企业将越来越多的福利场景线上化，给予会员、员工、经销商更自由的选择和更便捷的体验。而银行作为一个居间服务机构，既能保证资金的安全性，又能实现信息流、资金流清晰可见，并通过一套统一的通兑体系实现场景打通和价值流动，为企业提供金融产品服务和非金服务的双重福利叠加。

（三）云银行的服务发展优势

顺应数字时代下市场与客户的变化，云银行重塑了传统银行的经营模式，形成基于云端架构、实现云端服务的发展优势。

1.开放技术架构下的金融基础设施构建

云银行采用开放技术架构，以银行二类账户为账户基础，通过联合登录体系，支撑各垂直场景ISV的开放接入。基于银行二类电子账户的线上账户体系和支付、清结算、账务管理、资金存管等服务，为企业构建金融基础设施，打造合规性、规范化的业务基础。

2.企业零开发的垂直场景服务能力打造

云银行打造工资代发、员工福利、分销易、积分支付等多个创新业务体系和核心场景，深挖垂直场景，解决垂直场景中的痛点，帮助企业解决复杂业务场景下的难题，通过场景占领客户心智。产品采用嵌入企业场景的模式，以H5的方式嵌入企业的移动OA、办公软件、公众号、网站、微信社群等，企业无须开发，零成本快速接入，并支持LOGO、主视觉等的配置化快速定制。

3.基于SaaS云服务中台的一站式高效输出金融服务

SaaS云服务中台包括基础能力提供和生态支撑系统。基础能力提供包括银行的一些基础服务，Ⅱ类户代发、代收付、清结算管理、支付、在线开户、线上财富产品、线上贷款产品输出等。生态支撑系统包括千企千面的页面配置化能力、垂直场景快速接入、可追溯可管理的数据分析、可视化的渠道管理、To C的营销/运营能力输出等中台强大的支撑功能。

通过云服务平台和零成本接入，云银行将财富产品、贷款产品等一站式输出到场景中，借助场景高频次、有效触达、高效转化的特点，实现开放银行无处不在的全新模式，一站式解决B端、C端、小B端的金融需求。为企业，企业员工/会员/经销商提供低息贷款服务，基于大数据模型，提升贷款通过率，解决企业/个人融资难题。

4. 标准化接口对接并持续回报生态合作伙伴

对于垂直领域生态合作伙伴，云银行提供开放标准化接口，包括联合登录体系、Ⅱ类户专户、账户查询与管理、支付、财富/贷款产品、代收付、直销账簿、福利加油站等一系列产品服务的API标准接口，赋能合作伙伴，共同做大市场规模，深耕垂直领域，迅速批量复制。

此外，通过B2B2C模式帮助合作生态低成本规模化获客，基于银行个人财富/贷款、供应链融资等高价值业务的盈利能力，为合作企业、ISV生态合作伙伴拓宽盈利模式，带来持续稳定的高价值回报。

第二节　云银行的发展全景图

一、云银行的特征能力

（一）云银行的四大特征表现

金融云是帮助银行实现场景化、数字化、智能化、聚合化，完成数字银行转型过程的一块基石。在迈向未来云银行的过程中，商业银行通过升级核心基础技术，打造强大的云平台，重塑运营、产品、风控等流程，并形成开放金融的生态连接，以"金融云+行业云"的模式，构建协作共赢的数字生态系统。具体来看，云银行主要有以下四大特征（见图3-2）。

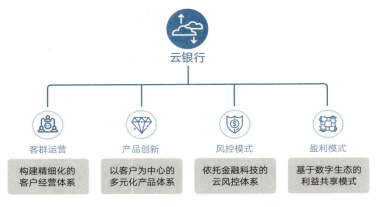

图3-2　云银行的四大特征

1.客群运营：构建精细化的客户经营体系

与传统银行相比，云银行可以发挥互联网与物联网在客户经营方面的优势，具有高效率、低成本、易推广等特点，通过对客户资源和银行服务渠道的有效整合，精细化经营客户，形成一体化、立体化、无缝化的客户经营体系。

首先，云银行的技术布局可以替代传统客户经理的人海战术，快速拓展服务的广度和深度，推进金融服务触达更广范围的客户群体，挖掘客户更深层次的金融服务需求。其次，云银行具备规模效应的特点，可以开发被传统银行忽略的"长尾客户"的潜力，并凭借边际成本递减的优势，批量经营客户，降低获客、提客、留客成本。最后，云银行有效整合传统的金融产品与服务，破除不同部门之间的藩篱，搭建标准化、可复制的创新产品体系，并快速与行业SaaS平台等对接，形成协作共赢的生态，围绕客户需求共同经营客户。

未来，云银行需要从三方面加强客户经营体系的精细化程度。

（1）建立用户标签，基于用户标签进行用户分层，实现深度的用户洞察。在打通所有原始数据收集通道的基础上，云银行对原始数据进行身份识别和数据清洗，从中提取对业务有帮助的特征数据，从而更好地构建用户画像。

（2）根据用户分层标准，建立客群运营策略。经过用户分层之后，云银行进一步梳理与重构现有产品与服务，识别具体的业务场景，制订细化的客群运营策略，实现与各类客群的精准匹配。同时，整合和再造客户关系管理、产品管理、渠道管理、条线管理和风险管理等方面的服务流程，建设与客户协同互动、高效便捷的服务。

（3）用户全生命周期的自动化管理和交叉引流。根据客户对于云银行的使用历史和使用习惯，有针对性地挖掘与培育客户新需求，并加强线上与线下渠道的融合，进行交叉引流，打造全方位的银行服务和银行外部生态体验渠道。

2. 产品创新：以客户为中心的多元化产品体系

在未来万物互联的时代，云银行将依托新技术驱动商业银行底层架构转变为分布式、网络化的结构，并构建以市场化驱动的多元化产品服务体系。

（1）云银行改变了商业银行的产品设计模式，通过云计算、大数据技术，主动挖掘用户需求、分析用户偏好，从而设计相应的产品，制定精准营销体系。未来，云银行更加强调以客户为中心，为客户输出定制化、一体化的金融服务。例如，云支付（Cloud Pay）基于云计算架构，以SDK和HTTPS等接口，集成至客户的系统，为客户提供以安全支付为基础的个性化解决方案。

（2）云银行的金融服务都布局在云端，通过万物互联，金融服务唾手可得，随想随用、即开即用。对用户来说，云端的银行服务变得像水和电一样唾手可得，且是无缝嵌入在各个生活和工作场景中，不需要跑网点，也不需要登录网银，在交易行为中自然而然地享受无感的金融服务。而且云银行服务模式下，金融服务供给主体向所有合作生态及其服务渠道延伸，"先开户再使用"的传统服务模式也将被"用户即客户"的开放理念取代。银行不再是客户要去的一个场所，而是一种服务。客户在哪里，金融服务就在哪里。

3. 风控模式：依托金融科技的云风控体系

银行的本质是经营风险，因此风控是商业银行经营的根本，也是未来云银行经营的重点。基于常年积累的风控技术和能力，云银行引入大数据、云计算、人工智能等技术，构建全新的云风控体系，从而重塑商业银行的核心能力。

对于云银行来说，云风控将有效提升银行传统风控算法和模型的效率和精度，建立全新的风险管控模式，真正实现大数据风险管控。

（1）依托数字生态系统内的平台，积累、搜集、整合众多真实的交易数据、经营数据和财务数据，巩固风控的根基，大幅度降低金融服务中的信息获取成本和风险控制成本，提高客户调查、反欺诈识别、贷款审批、贷中批量监控等环节的效率。

（2）通过人的业务感知、规划以及针对性措施将智能化分析和自动化运营相结合，共同推动云风控走向美好的未来。如搭建知识图谱风控，使用结构化和非结构化数据治理工具，高效治理和整合全维度数据，构造知识图谱数据模型，并通过智能分析与计算，实现更加有效的风险评估。

4. 盈利模式：基于数字生态的利益共享模式

云银行身处于数字生态系统中，连接了各个行业SaaS平台，形成协作共赢的生态关系。未来，商业银行竞争不再只是单一银行之间的肉搏，而是生态圈之间的竞争，因此需要从以下两方面进行盈利模式的创新。

（1）着眼跨界融合，打造云生态圈。从生态系统的角度来看，云银行需要利用云化技术和理念，对传统的银行的产品和业务服务模式进行全方位的创新和变革，打破银行之间、企业之间的信息壁垒，构建与同业、科技公司、政府、核心企业及上下游之间的全链条、全平台，并基于真实场景实现金融业务的线上实时交易，为客户提供一站式金融解决方案。

（2）秉持"痛点"思维，实现利益共享。在迈向开放共享的趋势下，传统银行凭借利差来获取盈利的模式已不可持续。未来，云银行需要从"利己"的思维转向"利益共享"，感知客户的"痛点"，通过云化方式将资源进行共享，让客户低成本并易于获取金融服务，在利他的过程中，形成银行良性的盈利模式，实现银企的共同成长。为打造面向未来的云银行，银行需要构建自身的四大核心能力：数据运营能力、IT建设能力、敏捷响应能力和生态协同能力。

（二）云银行的核心能力构建

面向未来，云银行需要遵循一定的技术路线和方法，从各个环节入手，实现数据的高效运营、IT能力的稳步培养、组织的敏捷发展和生态的合作共赢（见图3-3）。

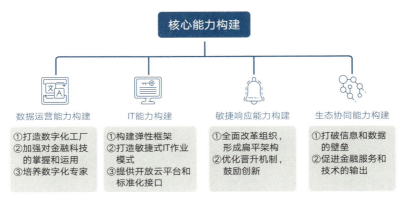

图3-3　云银行核心能力构建

1.数据运营能力构建

（1）打造数字化工厂。数字化工厂是由数字化模型、方法和工具构成的综合网络，通过数字化工厂的打造，云银行可以充分发挥数据在全流程的价值，通过数据透视和分析，实现商业洞察。具体地说，银行可以建立"数据湖"或数据中台，将所有数据均以非结构化的形式存储在"数据湖"中，既能避免数据库合并的高昂成本，也保留了数据的细节和充分性；同时，银行可以创建高级分析"卓越中心"，打造由中央数据团队统筹指导，业务部门内嵌数据团队的"中央枢纽辐射部门"的模式，从而理顺数据组织模式和治理架构，充分发挥数据价值。

（2）加强对金融科技的掌握和运用。云银行进行数字化运营需要具备的核心能力是技术能力，即对人工智能、云计算、机器人流程自动化（RPA）以及区块链等技术的运用。例如，机器学习可以识别和分析大数据集，将直销银行的业务数据、用户数据转化为机器可以理解的语言，从而帮助银行在交易监控、风险控制等流程做出自动化、智能化决策，如通过算法快速识别信用卡诈骗。

（3）培养数字化专家。云银行由于对数据运营能力的较高需求，需要培养一支由数字化专家组成的人才团队。同时，为了吸引和挽留新进人才，银行可以学习科技公司的做法，设立管理和专家的"双轨"职业路径，鼓励数字专家型人才快速晋升，确保体制内职业发展的灵活性和云银行核心战略的匹配性。

2.IT能力构建

（1）构建弹性架构。弹性的分布式IT架构可以为云银行实现降本增效和技术开放夯实基础。例如，某银行将IT底层架构部署在百度云上，得益于云计算弹性资源分布的特点，该银行可以根据实际的业务需求租用计算资源，实现计算资源的最优配置，并且实现了微服务的治理框架。同时，领先国际银行开始打造"双速IT"的开发模式，即以客户为核心的快速迭代的前台开发系统，以及以交易为核心的后台系统同时运行。实践证明，双速IT模式可以使产品上线时间缩短40%~60%，使开发错误率减少60%。

（2）打造敏捷式IT作业模式。云银行的IT作业模式也要根据其弹性架构进行调整，由传统银行的瀑布式转化为敏捷式，即推动IT人员走向前台，打破开发、测试、架构、运营和业务团队之间相对独立的关系，构建小规模的跨职能团队。如此一来，团队可以集中资源和人力、降低项目成本和沟通成本、实现快速迭代和持续交付。

（3）提供开放云平台和标准化接口。云银行需要通过"开放云平台+标准产品开发"的模式，塑造自身的持续运营能力。开放的云平台以标准化接口的模式，将日志接口、安全接口、监控接口等共享给云产品的开发人员和其他合作伙伴，使开发人员可以基于既定的标准自主开发产品，从而将产品快速融入云银行，与平台无缝集成。同时，各类SaaS产品也可以快速发布和上架，促进平台的迭代能力和运营效率。

3.敏捷响应能力构建

（1）全面改革组织，形成扁平架构。对比传统的层级众多、手续复杂的组织架构，轻型和扁平的组织架构更适合云银行的发展。银行可以从各个业务部门抽调相关人员，形成项目制的灵活"部落"，实施较为扁平化的快速决策机制。例如，某国际银行通过组织改革，将原有的6个层级、30多个独立部门和将近3 500名员工压缩成3个层级、13个"部落"和2 500名员工，实现了资源的整合、层级的优化。在焕然一新的组织模式下，产品上线周期大幅缩短、员工效率平均提高三成以上，客户参与度也有所上升。

（2）优化晋升机制，鼓励创新。杰出的敏捷响应能力需要创新能力的支持。因此，云银行应建立市场化的考核机制，建立创新激励策略，鼓励创新型人才的晋升。在创新驱动的引领下，云银行将获得持续迭代和演进的能力，能够灵活应对时代的变化。例如，某领先银行每年都会举办创新训练营大赛，表现优异者可以参与为期半年的银行创新孵化器"创新工场"的研发机会。

4. 生态协同能力构建

（1）打破信息和数据的壁垒。为了打造开放、共享的云平台，实现和行业SaaS、合作伙伴和其他生态之间的并联，云银行首先要做的就是打破信息和数据的壁垒。为此，云银行需要加强对区块链、云计算等技术的应用，将不同主体、不同类型的数据以统一的口径和高效的集成模式聚集到云平台上。同时，云银行要打造开放式、分布式的系统架构和业务框架，快速实现与其他生态主体的连接。

（2）促进金融服务和技术的输出。在具有一定的技术能力和服务能力后，云银行可以通过开放API接口、进行技术指导等方式将自身技术与方法论通过组件、开发工具等形式输出给其他金融机构和企业，从而带动整个金融行业乃至其他行业的发展。例如，某银行与百度云共同建设分布式的云端架构，使开放、共享的金融IT系统成为可能。未来一旦技术成熟，便能够将这一套操作系统输出给同业，推动更多云银行的建立。

二、云银行的发展范式

（一）智能商业的定位逻辑

随着整个经济快速向智能生态的方向演化，智能商业成为时代选择。其中，"生态"是智能商业的核心概念。在新型的生态中，包括银行在内的企业在生态系统中的定位，直接决定了它的发展轨迹。对此，阿里集团学术委员会主席曾鸣提出"点、线、面、体"的全新的战略定位思考逻辑。

"点、线、面、体"构成一个完整的生态系统，各个角色相互依存，共同演化。四者共荣互利，在真正的数字生态中缺一不可。"点"是每一位服务参与者，"线"是产品与服务的提供者，"面"是聚合不同角色的平台，"体"是由"面"扩张融合而生。"面"的核心价值是网络效应和协同机制，让"线"找到"点"，促成合作。这样的支撑使得"线"的效率优于传统打法。"线"凭借"点"和"面"提供的能力和支持，对传统供应链管理体系进行降维打击。当"点"与"点"相连成"线"，"面"也逐渐繁盛。"面"一方面支撑了"点"的繁荣，并给"点"赋能；另一方面，当"面"与"面"引起化学反应时，或许也会交织成负载更多商机的"体"，其势能往往足以冲击传统行业。

"点、线、面、体"指明未来竞争真正的核心是网络效应。怎么利用好网络效应，快速地扩张网络，把网络协同做到极致是非常重要的。传统行业中，几家巨头的生产力，就决定了一个产业的整体供给和效率。巨头的封闭供应链形成了强大的结构壁垒。但随着向数字化的进一步发展，这些行业都会很快向"点、线、面、体"的协同网络演化。

未来的商业竞争，将是商业"体"之间生态意义上的竞争。假如"面"不能提供足够丰富的基础设施，让"点"发挥最大的活力并不断创新，刺激新的"点"和"线"出现，更有活力的"面"就可能会吸引这些"点"而去，并对过去的"面"取而代之。此时，原来的"面"将慢慢萎缩，成为"新面"中的"线"和"点"，甚至烟消云散。

（二）云银行新范式的搭建

云银行依托"分布式+大数据+金融云"三大科技基础的金融云平台聚合能力，构建纯线上化的"点、线、面、体"的数字化经营模式，即"聚合流量、聚合服务、聚合数据、沉浸链接"的新范式（见图3-4），具体我们将在第二篇进行详细阐述。

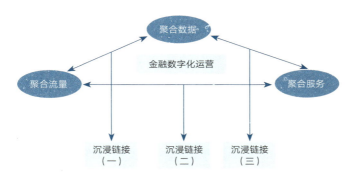

图3-4　云银行数字化经营模式

其中，"点"是"聚合流量"，通过与开放平台合作、对接行业云、嵌入各类场景等方式，多渠道导流，全面触达C端和小B客户。"线"是"聚合服务"，云银行将存贷款、理财基金、非金融服务等各种产品与服务有机地结合在一起，提供给客户，从而满足客户泛在化和一体化的需求，并为客户创造额外价值。"面"是"聚合数据"，云银行积累、整合银行核心交易数据、人民银行二代征信数据、客户金融数据、APP应用数据和场景行为数据等，更好地将数据资产化，释放数据价值。"体"是"聚合链接"，通过流量、服务、数据之间的相互组合链接，形成面向集团员工生态场景、集团会员生态场景、集团采购生态场景和集团分销生态场景的生态服务（见图3-6）。

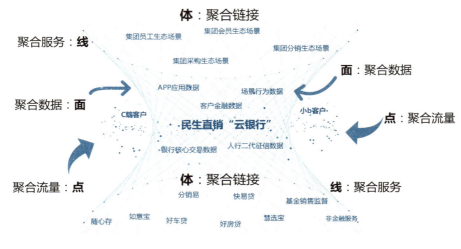

图3-5　云银行"点、线、面、体"

（三）云银行的盈利模式

在"点、线、面、体"的数字化经营模式的基础上，云银行重塑金融基础服务，连接客户生态，根据自身优势和客户定位形成新的盈利模式。

1.金融基础服务创利

云银行为合作ISV生态提供的账户、支付、代收付、清结算、工资代发等标准服务，按照各业务的准入条件和收费方式进行收费。生态越大，客户越多，资金规模越大，创利空间越大。

2.金融产品输出创利

在云钱包生态下，通过B2B2C的模式，将金融产品输出嵌入企业员工、会员、经销商三大体系，形成低成本获客和高频客户触达，有效进行金融业务转化。创利领域包括财富产品、贷款产品，尤其是贷款产品，包括个人贷款和企业贷款，是云钱包重点的创利业务场景。

3.用户生态创利

云钱包携ISV生态合作伙伴，深耕场景，占领场景下的用户心智，通过核心场景，达到千万级、亿级用户覆盖，构建B2B2C规模化发展的用户增长体系，构建开放银行创新盈利模式。

第二篇
经营新模式

在数字经济时代下，互联网金融的发展和数字技术的升级，使企业和行业呈现出向SaaS化升级的趋势，由此带动金融服务的云化转型。金融云是帮助银行实现场景化、数字化、智能化、聚合化，完成数字银行转型的基础。在迈向未来云银行的过程中，商业银行通过商业模式的升级以及基础技术的应用，构建协作共赢的数字生态系统。

本篇阐述了云银行商业模式的基本逻辑与核心竞争力。指出云银行的三大基础商业模式（聚合流量、聚合服务和聚合数据）组合并进化为商业新范式（沉浸链接）时，并不是简单的加总关系，而是乘法效应：获得超越单一行业平台边界的无限流量、丰富的C2M的产品服务、跨界多维的以信用为核心的立体数据，并通过AI、大数据&云计算技术，更加智慧、高效、无感化地实现资金融通，发挥金融机构在数字经济中的资源配置作用。此外，金融数据非常适合标准化并进行数据挖掘，因此其商业范式更有潜力在数字经济中实现连接器的价值。

第四章围绕云银行的经营内核——沉浸链接。以四大定律和三大效应分别解析云银行的生存逻辑、生态扩张效应，并指出云银行的数据价值与财务价值。

第五章介绍云银行的起点和基石——聚合流量。云银行向云客提供极致化的云客体验，提升云客满意度，并最终与云客形成强韧的纽带关系，在确保核心高价值云客的低流失率的同时，利用极致的云客体验借助社交网络获得高价值新云客。

第六章阐述聚合服务如何经营云客。围绕金融服务的供给，以客户为中心，以科技金融为基础，云银行的服务矩阵可以分为财富管理、消费贷款、交易支付、资产管理四大方面。

第七章聚焦云数据的挖掘和应用，即如何建立数据标准、加强数据治理和形成数据资产。基于大数据和金融科技赋能，云银行将云场景中产生的数据不断地解析、衍生、应用，借助数据技术实现个性化的产品创新服务，提高云客体验，提升云服务质量。

第四章

沉浸链接：云银行的经营内核

第一节　四大定律：云银行的生存逻辑

金融科技是信息技术和金融的深层融合，是数字革命的典型代表。以人工智能、大数据、云计算、区块链等为代表的前沿科技，通过与金融业态的深度融合，衍生出智能风控、智能营销、量化交易、智能客服、征信反欺诈、风险定价等众多应用，成为支撑银行数字化转型发展的核心引擎，并将银行带入新的4.0时代。通过数字化变革，商业银行从需求、用途或期望的角度重新思考与用户及合作伙伴的整个业务生态系统的关系。

金融科技的进步为云银行提供了诞生环境，在金融科技大发展的环境下，云银行不断蜕变。《2019中国直销银行白皮书》提出商业银行新金融服务发展有四个阶段：线上银行（E-bank）、直销银行（D-bank）、开放银行（O-bank）、云银行（C-bank）。云银行的生存必然受到金融科技整体规律的制约，云银行数据工程、客户旅程、生态构建、技术应用等能力的发展也必然延循着金融科技整体规律指定的方向。

一、摩尔定律：数据处理能力是云银行生存基石

（一）摩尔定律改变了金融系统

摩尔定律是由英特尔（Intel）创始人之一戈登·摩尔（Gordon Moore）提出来的。其内容为：当价格不变时，集成电路上可容纳的元器件的数目每隔18~24个月便会增加1倍，性能也将提升1倍。换言之，每1美元所能买到的电脑性能，将每隔18~24个月翻1倍以上。这一定律揭示了信息技术进步的速度。

摩尔定律从早期的IBM用集成电路设计出电脑计算单元，到以Intel为代表的IDM半导体公司成立，再到以联华电子和台积电为代表的Foundry厂商崛起，最终截至目前以台积电为代表的晶圆制造作为核心的全产业链服务平台的建立，其不断实现的过程也是产业链持续进化的结果。

摩尔定律正在方方面面影响着现代生活，对金融行业的影响同样明显。随着计算变得更快，多任务自动化进展更顺利，金融机构得以大大增加其服务的规模和复杂专业性。自动算法交易、网上交易、手机银行、加密货币（如比特币）、众筹、机器人顾问等的出现都是摩尔定律的结果。

事实上，技术创新与金融创新一直紧密相连。摩尔定律和计算能力的指数增长已经彻底改变了金融系统（Kirilenko & Lo，2013）。依靠准确信息的快速收集，市场集体智慧通过电信、计算能力和数据存储的进步得以大大扩充。随之而来的是金融服务更易获取，转变了现代消费者生活方式的方方面面，从日常消费享受全球电子支付网络的便利，到投资多样化、个性化的金融产品以服务未来生活。

（二）海量、多维数据处理：云银行的算力应用

摩尔定律推动了各个生活场景的数字化，也直接导致了数据大爆炸，为云银行提供了更为丰富的认知客户的数据途径。以客户填写信息为例，传统银行线下业务，银行只能收集到客户填写的身份证、工作单位、住址等基础要素信息。当客户通过手机等移动设备办理线上业务时，借助埋点技术，银行能够收集到详尽的行为数据：填写过程中设备电量、传感器、平衡器的变

化，客户填写的速度，客户是否复制、黏合和修改等，可以作为客户是否涉及黑产欺诈的重要判断依据。类似的埋点数据在获客、活客方面也有巨大的价值。由于埋点数据以较高频次获取客户行为和状态，当前手机设备性能足以支持一分钟内获取数百次不同类型埋点数据，会产生传统业务难以想象的海量数据，对云银行的计算能力提出了极高的要求。例如，招商银行于2019年搭建了监测与管理用户体验的"风铃"系统，将行内20多个系统打通，从客户视角出发，集中3万余个埋点数据、1 200余项体验指标，形成了完善的"零售客户体验监测仪表盘"。工商银行构建的智慧化个金营销服务整合平台——智慧大脑则涉及了千亿级埋点数据建设。

除了海量数据，摩尔定律促成了数据的多维化。很多人认为摩尔定律就是一件事——晶体管变小，但表面之下有几千个不同的创新，每一个单一的技术创新路径，都有自己的指数增长然后回报递减的曲线——s-curve（见图4-1）。从s-curve中可以看到，单一技术的创新路径在5~10年会走到增长的尽头，随后新的一波技术浪潮就会继续出现。由于新技术的不断更迭，推动生活不同方面的数据化，也会促使数据更加多维化，银行可以从更多的维度完整认知客户。对于云银行来说，需要具备处理多维数据的能力，尤其是在流数据、非结构化数据方面。

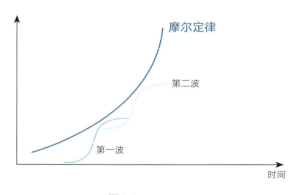

图4-1　s-curve

流数据是随着时间的推进连续产生数据，比如客户的行为数据、账户的流水数据等。例如客户用手机APP购买理财产品，从开户绑卡—理财产品选购—付款确认等一系列点击操作，会产生一连串的后台数据。与单一时点数据相比，流数据包含更为完整的客户行为逻辑，具备更高的分析价值。流数据要求云银行具备实时采集、实时汇集、实时计算、实时应用的能力，尤其体现在反欺诈方面。例如百信银行的流数据计算平台aiStream提供实时数据总线和实时数据计算的核心能力，用于消费信贷风险监控。

非结构化数据包括图结构数据、自然语言数据等有别于传统"条目式"的结构化数据。例如，客户之间的社交网络、知识图谱构成了图结构数据，客户的语言、文字构成了自然语言数据。如快易贷中，腾讯以账号为顶点，利用社交关系、同WiFi、同地址形成关联关系，构建关联图谱，通过计算关联人程度，分析黑产圈团风险。苏宁金融科技利用知识图谱打造"千言"智能客服机器人，理解客户的自然语言，为提供无人值守的24小时客服咨询服务。非结构化数据为云银行提供了更为广阔、符合客户生活的发展方向，要求云银行具备特定的非结构化数据引擎，成为金融科技重要的发展方向。

二、反摩尔定律：追求客户边际成本趋零是云银行生存目标

（一）严酷的利润增长要求

反摩尔定律由Google前CEO、Alphabet公司（Google 母公司）前执行董事长埃里克·施密特（Eric Emerson Schmidt）提出：反过来看摩尔定律，一个IT公司如果今天和18个月前卖掉同样多的、同样的产品，它的营业额就要降一半。

反摩尔定律揭示了硬件公司必须追赶上摩尔定律，否则公司业绩将一落千丈，因为同样的劳动成本，利润却只有以前的一半。

反摩尔定律意味着纯硬件公司面临极大压力，必须注入轻的东西，在硬件平台上拓展软件和提供服务，让公司软化。反摩尔定律促成科技领域质的进步，并为新兴公司提供生存和发展的可能。

任何一个技术发展比不上摩尔定律要求的公司，用不了几年就会被淘汰。大公司们除了要保持很高的研发投入，还要时刻注意周围和自己相关的

新技术的发展，经常收购有革命性新技术的小公司，甚至主动投资一些有希望的小公司。在这方面，最典型的代表是思科公司，它在过去的二十年中，买回了很多自己投资的小公司。

金融领域的科技进步同样日益加快，领先商业银行在网络化、数字化、智能化等战略的引导下，积极发展金融科技、加快数字化转型、提升服务客户的效能。例如招商银行融合大数据技术，搭建数据驱动的互联网智能获客系统，将获客和活客业务下沉到长尾客群。同理，平安银行深化"金融+科技"双轮驱动模式，在客户运营、支持、促进等方面运用了各项金融科技，为客户提供综合化、场景化、智能化、个性化的金融服务。对比客户经理服务10个左右客户的传统模式，平安银行通过优化运营技术，将服务能力提升至50~100人。

国内商业银行都在纷纷加大科技力量的投入。中国工商银行2019年科技投入为163.74亿元，占营收的1.91%，全行科技人员达到3.48万人，占全行员工总数的7.8%。建设银行科技投入以176.33亿元为最高，投入占营收的比例为2.5%。中国银行和中国农业银行也都在大举进行科技投入，占营收的比例都超过了2%。兴业银行信息科技投入35.65亿元，同比增长24.66%，占营收比为1.97%。投入比例最高的是招商银行，2018年占总营收达到2.8%，2019年进一步增长到3.72%。平安银行2018年IT资本性支出及费用投入同比增长35.85%，科技人员（含外包）超过7 500人。而从各家银行的市净率来看，招商银行和平安银行表现相对突出，其次是建设银行、兴业银行和工商银行（见表4-1），这在很大程度上依托于两家银行对金融科技的重视。在反摩尔定律的影响下，那些不重视技术创新的银行将很可能逐渐落后于主流商业银行。

表4-1　　　各大银行市净率统计（截至2020年10月21日，列举）

工商银行	0.65
建设银行	0.7
农业银行	0.53
中国银行	0.49
招商银行	1.63
交通银行	0.42

续表

兴业银行	0.67
浦发银行	0.5
中信银行	0.48
民生银行	0.44
平安银行	0.97

（二）边际成本趋零：抵消反摩尔定律

云银行做的仍然是传统的银行业务，在当前监管趋严的情况下，云银行很难获得超常的利润空间。以互联网贷款为例，在2020年正式实施的《商业银行互联网贷款管理暂行办法》中，严格限定用于消费的个人信用贷款授信额度应当不超过人民币20万元、到期一次性还本的，授信期限不超过一年。2020年7月28日，人民银行向商业银行下发《关于开展线上联合消费贷款调查的紧急通知》，调查的内容主要包括联合消费贷款规模、利率以及不良率。但是受疫情影响，互联网贷款反而加速了发展进程，依据相关研究预测，互联网贷款市场空间将于2023年超过20万亿元的庞大规模。

在这种严监管和大市场的反差下，云银行必须借助互联网流量带来的规模效应和大数据精准客户画像的技术优势，推动单客的获客边际成本和经营边际成本迅速下降，直至趋近于零，以此扩大利润空间，抵消反摩尔定律的影响。以互联网头部机构乐信为例，切入了手机、电商、腾讯、美团等多个线上生态，销售及市场推广费用由2019年第一季度的1.95亿元，增长24.9%，至2020年第一季度的2.44亿元。随着渠道规模扩张，乐信的获客成本却远低于2018年第四季度峰值。360金融则反其道而行之，为应对疫情影响，利用挖掘存量客户价值和精准营销的方式，2020年第一季度整体营销费用降至2.23亿元，同比下降67.7%，单位获客成本从去年200元以上降至159元。

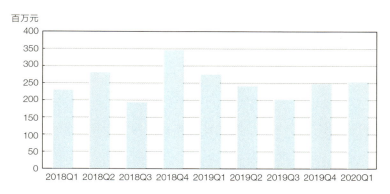

图4-2 乐信季度获客成本

三、安迪—比尔定律：多元化服务是云银行生存手段

（一）被软件吞噬的硬件性能

虽然处理器的速度，内存和硬盘的容量遵循摩尔定律不断增长时，我们发现一些新的软件，或者新的系统虽然功能比几年前的相差不多，但所占的空间，所消耗的资源比以前大得多。这就是所谓的*What Andy gives, Bill takes away*——安迪—比尔定律（Andy and Bill's Law）。

安迪指的是Intel的创始人之一Andy Grove，比尔是微软的创始人之一Bill Gates。安迪—比尔定律的意思是，Intel不断地提高CPU的计算能力，而微软就用新的操作系统来吃掉它。大而化之，就是硬件性能的提高总会迅速被新的软件消耗掉。安迪—比尔定律是对IT产业中软件和硬件升级换代关系的一个概括。

安迪—比尔定律中，被软件消耗的硬件性能，体现在用户享受到了更为丰富的服务。当有了富余的硬件性能后，客户对精细化、定制化服务的持续迭代需求，直接推动软件开发厂商开发更为多样化的产品功能。例如手机存储从之前的8G逐步演变为当前主流的512G，同时手机拍照功能也从简单拍摄到多模式、AI智能优化、专业摄影的多样化服务，在iPhone12Pro的ProRAW模式下，单张照片就可以达到25MB，迅速消耗了新增的存储空间。

（二）SaaS化的云银行多元智能服务

随着生活方方面面逐步数字化，用户也要求线上金融服务更加个性和精准，能够以最直接的方式响应和满足客户随时随地发生的支付、理财、借贷、存储等金融需求。客户感受到的"简单服务"，意味着云银行需要将不断提升的计算能力用于构建多元智能服务体系，将金融服务嵌入大量生活服务中去，做到千人千面、准确识别客户个性化金融需求，低感知甚至无感知的满足客户需求。多元智能服务，是云银行实现活客、黏客的核心手段。例如招商银行在社区营销和推荐中，利用自有客户的大数据引入用户的风险偏好和资产状况，加上对客户在APP使用过程中点击和搜索的内容分析提取客户兴趣点，智能匹配最适合客户的金融产品和服务[1]。

同时，SaaS技术也成为云银行打破硬件桎梏、充分使用硬件资源的关键技术。从美国Salesforce等全球技术型企业的发展路径来看，科技经历了从传统ERP、网络化ERP到云化ERP、行业SaaS，再向平台PaaS的演进，而每一次的技术变革，都将促进企业商业模式发生质的改变。数字化时代，云化ERP、行业SaaS和平台PaaS可以真正地实现产业协同，促使采购、仓储或物流、销售等环节的扁平化、移动化，所有环节的数据被动态监控，实现可视化、可感知与可跟踪。在这种扁平化的商业模式下，可形成智能化、可溯源的大数据，而基于多维度的大数据学习，企业管理也将逐渐进入管理云化和行业SaaS化。

企业和行业的SaaS化带动金融服务的云转型。未来，直销银行借助数字技术，建立业务与数字相融合的金融云开放平台，并向外连接、协同行业SaaS和生态各方，整合金融+产业的优势资源，构建开放共享、敏捷智慧的数字生态系统。我国主要商业银行已经进入了SaaS建设阶段，例如光大银行结合业务特色，建设了云缴费服务、现金管理云服务、托管云服务，将缴费场景和SaaS服务整合输出，截至2018年11月，实现近4 000余个缴费项目，300多家合作机构，服务终端客户超2亿人次[2]。

---

[1] 我国主要商业银行网络金融发展状况及我行数字化转型对策建议，民生智库，23页。
[2] 我国主要商业银行网络金融发展状况及我行数字化转型对策建议，民生智库，23页。

四、熵增定律：开放系统是云银行生存形态

（一）独立系统必然的熵增趋势

"熵"理论（热力学第二定律）源于物理学，克劳修斯表述为：热量不能自发地从低温物体转移到高温物体。开尔文表述为：不可能从单一热源取热使之完全转换为有用的功而不产生其他影响。现常被用于计算系统的混乱程度，进而可用于度量大至宇宙、自然界、国家社会，小至组织、生命个体的盛衰（见表4-2）。

表4-2　　　　　　　　　　　熵理论与实例说明

熵理论	理论解释	企业组织实例
熵增	混乱无效的增加，导致组织体系功能减弱或丧失	企业组织运营效率、效益的下降、组织的滞怠，企业的倒闭和消亡
熵减	混乱无效的减少，导致组织体系功能增强或效率提高	通过改革创新、激励等措施增强企业组织的盈利、竞争能力，表现为企业组织生命周期的延长
负熵	组织体系外部或内部带来熵减效应的活性因子	外部经营环境的挑战或变革动力，组织内部引入新战略、新机制、新成员等

1. 熵增

熵增就是功能减弱，人的衰老，组织的懈怠等，这些都反映出功能的丧失。在自然过程中，一个孤立系统的总混乱度（即"熵"）不会减小。

2. 熵减

熵减指功能增强，比如人通过摄入食物，组织通过建立秩序等实现熵减，功能增强。

3. 负熵

负熵是指能带来熵减的活性因子，比如物质、能量、信息这些都是人的负熵，新的成员、新的知识、简化管理这些就是组织的负熵。比如说公司倡导的日落法，每增加一个新的流程环节要减少两个老的流程环节，这些简化管理的动作，也是一种负熵。汲取负熵，可以简单地理解为从外界吸收了物质或者能量之后，使系统的熵降低，变得更加有序。

（二）以开放对抗熵增的云银行生态系统

1. 新物种的熵增对抗

云银行的诞生，是商业银行对抗熵增的结果。商业银行以数字化技术及创新思维，打破银行业的传统服务框架，以开放模式来对抗熵增。

从外部原因看，商业银行基础的支付中介功能在大数据支持下被第三方支付机构削弱，基数庞大的个体消费者优先于企业享受到来自金融机构以外的零售业务交易方式和服务方式，商业银行与个人客户间的业务紧密度受到较大冲击、零售业务首先遭遇危机。从内部原因看，零售业务客户基数庞大和每天产生海量的交易数据，更容易受大数据影响并被大数据所赋能和改变。

以云银行的方式建立起银行与用户之间的无感联系，聚合流量、数据和服务，构建开放平台，从而形成熵减效应。

2. 生态系统的熵减

封闭系统内部的热量一定是从高温流到低温，水一定从高处流到低处，如果这个系统封闭起来，没有任何外在力量，就不可能再重新产生温差，也没有风，也没有水蒸气蒸发与流动；水流到低处不能再回流，那是零降雨量，那么这个世界全部是超级沙漠，最后就会死亡，这就是热力学提到的"熵死"。生命的发展就是一部负熵的历史。当我们从无机生命到有机生命那一刻起，就注定了这会是一部艰辛与精彩共存的史诗。

我们的始祖是一种"蛋白质+RNA"的聚合体，科学家将她命名为LUCA。LUCA通过吸收能量来大量复制，但是宇宙的熵总的来说是增加的，所以LUCA的减熵会导致环境的急剧熵增。环境恶化，LUCA无奈只能进化，变得更高级以适应环境的变化，于是DNA聚合体诞生了。

DNA比RNA更稳定，也更加智能。但是这样一来，消耗的能量更大，吸收的物质更多，导致环境的熵增比以往更大。所以DNA聚合体被逼着向单细胞演化，同样，环境的熵增再次增加，于是单细胞又向更高级的多细胞进化，因此寒武纪生命大爆发诞生了。

又因为孤立系统无法获取足够的能量，所以多细胞开始移动，并且产生了感知能力，比如视觉、嗅觉、听觉等。从此，生命走上了智能的进化之路。

3. 聚合数据的熵减

大数据是在一定时间内无法用传统数据库软件工具对其进行抓取管理和处理的数据集合。目前普遍认为大数据具有数据量大（Volume）、数据处理速度快（Velocity）、数据多样性（Variety）和价值密度低（Value）四个显著的特征。

从技术本质看，大数据信息记录完整性的不断提高，通过连续地全面存储、分析、挖掘，能够发现和产生局部数据不能表现的关联性，关联会导致新的有价值的事件出现；从实践角度看，各国、各行业都对大数据的影响力和价值给予了高度关注，《大数据时代》的作者在书中指出：大数据将带来巨大的变革，改变我们的生活、工作和思维方式，改变我们的商业模式，影响我们的政治、经济、科技和社会等多个层面。可见，大数据在特定行业和企业组织的应用会在不同程度上引发内部熵的变化，且从目前实践看，熵减的效应更为明显，因此大数据具有"负熵"的特征，对于打破原有平衡状态、带来变革和创新具有强大的推动作用。

金融行业作为传统的数据密集型行业，在多年的经营发展中积累了海量数据，因此对于大数据技术带来的变革更为敏锐。依托大数据兴起的互联网金融企业在发展战略、盈利模式、运营模式方面的创新突破，更是打破了传统商业银行的垄断地位。从熵理论视角看，引入大数据"负熵"因子重塑竞争力成为必然选择。

4. 开放组织的熵减

一个企业正常的生命规律是从创业、萌发，然后到成长、成熟、衰退，最后死亡这样一个过程。企业在发展过程中，熵增是一个必然的趋势。从它的内部，由于经营规模扩大以后，管理的复杂度也变大了，历史沿革出的冗余的东西，不创造价值的东西会越来越多，边际效益也在递减；再加上外部的技术进步、新商业模式层出不穷、产业周期规律等因素，就会不断地对企业构成种种威胁，最后就表现为企业创造价值的功能失效。

比利时物理化学家普利高津基于熵理论提出了耗散结构理论，耗散结构两个最主要的特征是开放和打破平衡，开放强调系统内部和外部建立物质和能量交换，不孤立和封闭系统，熵减就成为可能；打破平衡强调形成运动张力和流动活力。

因此要在组织中通过构建耗散结构，开放引入负熵流，远离平衡态，产生张力，通过活性因子等元素的构建，最后产生系统熵减，又能够重新有效地创造价值。

任正非和华为思想研究院的员工经过多次座谈、修正，形成了华为活力引擎模型（见图4-3）。这个模型最重要也最基础的一点就是开放。它上面的入口吸收宇宙能量，下面的出口是扬弃糟粕。模型右边列的是企业和个人的自然走向，是熵增的，是让企业失去发展动力的。模型左边列的是远离平衡和开放的耗散结构，是熵减的。华为这台活力引擎的轴心就是客户，是否为客户创造价值是用来判断有序无序、熵增熵减的标准和方向。

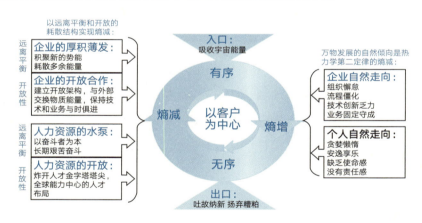

图4-3 华为的活力引擎模型

亚马逊的创始人杰夫·贝索斯用自己的管理经历，提供了三条抵抗熵增定律的经验：

第一，抵制形式主义。随着公司发展壮大，很容易出现形式主义，即工作流程没有为结果服务，只是走走过场。所以贝索斯一直坚持"以客户为中心"的原则，积极适应外部趋势的变化，快速做出决策。

第二，两个比萨原则。亚马逊有60多万名员工，但是大多数团队都非常小，一般不多于10个人，两个比萨就能解决伙食问题。

因为贝索斯认为，过大的团队会限制个体发挥，导致创新停滞。而小团队能够让每个员工的创意不被流程和庞大的架构所扼杀，公司就能拥有高度适应力，可以根据市场和用户的情况随时作出反应。

第三，建立开放系统。亚马逊会把现金流源源不断地投入到一些全新的领域，比如AWS云服务、FBA物流体系等。贝索斯认为，如果亚马逊只是停留在原来的主营业务上，企业最终会走向死亡。而进入新的领域，新的挑战将会激发团队的战斗性和创新能力。

在过去的十多年里，亚马逊的反熵增策略一共帮助它完成了三轮颠覆。

第一轮颠覆了书店，亚马逊市值超过所有线下书店市值之和；第二轮颠覆了沃尔玛，亚马逊市值超过了美国前十大零售店的市值总和；第三轮颠覆了云计算行业，IBM、惠普、戴尔等计算机巨头的市值总和，加起来都不及一家亚马逊。

事实上，无论是社会、企业还是个人，其发展壮大的过程都是反熵增的过程。首先要放弃自己原有的旧思想、旧架构，把自己置身于一个变化的大环境中。然后与外界交换能量，源源不断地注入活力，使自己从无序走向有序。

第二节　三大效应：云银行的生态扩张

四大金融科技定律决定了云银行的经营模式：在客群运营上构建精细化的客户经营体系，在产品创新上构建以客户为中心的多元化产品体系，在风控模式上构建依托金融科技的云风控体系，在盈利模式上，构建基于数字生态的利益共享模式。云银行的这四大特征代表了未来商业银行转型的方向，树立起银行转型的新范式。

但是从底层的金融服务内容来看，云银行提供的还是原来的存款、贷款、投资、支付等传统服务。但是基于这些底层服务，云银行搭设了各个金融云，如财富云、网贷云、支付云、数据云等。这些金融云与外部各个行业SaaS平台进行连接、协同发展，辐射至各个细分场景，从而赋能生态，由此构建了基于"行业云+金融云"的数字生态系统。在云银行模式下，数据完全开放给生态系统中的各个主体；在金融链接上，通过行业SaaS+金融云，实现生态内整个数据的连接，形成万物互联；金融服务提供面向生态系统中的合作伙伴；业务能够渗透至生态系统上的全产业链管理。云银行通过流量、服务、数据上的生态环境，打造了生态扩张之路。

一、网络效应（Network Effects）：构筑"护城河"

网络效应是指一个产品或服务的用户越多，价值越大。网络效应能够帮助建立一个更好的、发展更快的、价值更高的产品，是许多互联网公司关键动力所在。在当下，当品牌、监管、供应链规模和专利，这些可以构筑自己业务"护城河"的因素在不断受到威胁时，随着软件持续地"吃掉这个世界"，网络效应对面向竞争对手构筑业务"壁垒"变得愈加的重要。

（一）连接器与网络效应

1. 网络效应的拓扑结构

拓扑实质是球面线性无关向量场个数问题。计算机网络的拓扑结构是引用拓扑学中研究与大小，形状无关的点、线关系的方法。把网络中的计算机和通信设备抽象为一个点，把传输介质抽象为一条线，由点和线组成的几何图形就是计算机网络的拓扑结构。网络的拓扑结构反映出网中各实体的结构关系，是建设计算机网络的第一步，是实现各种网络协议的基础，它对网络的性能，系统的可靠性与通信费用都有重大影响。计算机网络中的拓扑结构大体上可以分为星形拓扑结构、总线拓扑结构、环形拓扑网络、树形拓扑结构、网形拓扑结构和混合式拓扑结构。

拓扑学在经济领域的应用重点在于经济均衡性，指导如何构建网点以使用更低的成本获取更高的利润，以更少的结点带动更多的业务。比如美团构建强大的中台体系，包括配送员的调度系统。商户的供应链服务和地推员的管理系统等。这些系统相互之间并不是独立的，它们之间会形成很深入和多元的联系。根据每个城市进行微调才能应用，在整体上和美团前端的吃喝玩乐出行等一整套产品一起去服务用户。比如，不同城市的BD在地推系统配合下拓展完周边餐厅后，可以继续拓展同一条街上的酒店和其他商店。同样的配送员在每日的正餐送完后，根据调度系统的指挥可以在下午配送水果生鲜。

2. 互联网银行的本质是网络效应

在数字时代，网络效应是仅剩的四大防御能力之一，其他三个分别是品牌、植入以及规模。在这四种能力当中，网络效应是到目前为止防御性最强的一种。

网络效应中的网络是指节点间的业务互动（买卖、社交等），效应是指需求侧规模经济，是边际收益递增，是网络外部性（不增加成本就能享有的收益）。网络的价值对一个潜在用户的效用随着规模而提升，因为更可能吸引该潜在用户加入网络。

互联网银行打破了网点的限制，将各渠道客户的行为、数据聚合起来，当数据集合达到一定量级，就会形成规模效应，可以为银行的产品创新、服务创新提供更多的可能，从而打造出更坚固的护城河。

3. 云银行的连接器范式与新增长

形成网络效应的关键在于持续拓展连接。通过金融、技术、数据、风控、营销等领域的全方位开放，云银行搭建起与ISV之间的"连接器"，向ISV服务商提供丰富的API接口，全覆盖账户类、产品类、支付类、数据类等场景，彻底改变传统的系统对接开发模式，实现从点到线、再到云的创新升级，从而形成各类商户与金融平台的裂变式快速接入。

云银行的连接器范式促使"自金融"服务触手可得。除了覆盖C端客户、产业链上下游B端客户之外，云银行还通过链接大B客户，不断引入小B以及C端客户，聚合流量、聚合服务、聚合数据，发挥网络效应，促使服务客群不断扩大，形成滚雪球式的增长规模。

（二）基于连接器的生态平台

1. 以客户为中心聚合服务

商业银行必须以客户为中心，实现IT系统与数据的整合，在全面汇聚不同渠道产生的交易资料与客户数据后，结合第三方数据，精准勾勒客户360度全景画像，为客户提供跨渠道的一致性体验（见图4-4）。

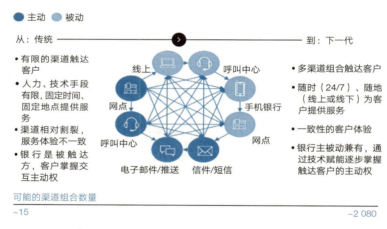

图4-4　以客户为中心聚合服务，提供一致性的客户体验

（资料来源：麦肯锡）

在传统银行模式下，银行服务以自身产品和服务渠道为基础，直接面向个人客户或者公司客户，提供标准化、流程化的产品与服务。在当前环境下，为适应和满足企业多样化的金融需求，商业银行需要着手打造开放式金融云平台，从场景生态化入手，以数据与技术生态化为改革方向，整合银行内部资源，提供一体化综合服务。未来银行的基本业务可以像乐高积木一样模块化，金融服务可以按需求"拼凑"业务模块，增强服务的弹性和多样性。

银行将成为高度开放共享的金融服务平台（见图4-5）。金融科技公司和银行的关系也由竞争转为竞合，协同构成了共生共存的金融生态圈，携手推动金融服务质量和效能的进一步提升。

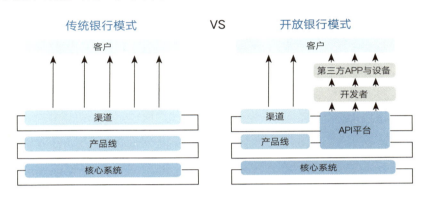

图4-5　传统银行与开放银行对比

银行不仅需要获取来自非金融生态圈业务，以及金融科技合作伙伴的外部数据，还需要对此进行分析整合，通过建设不同维度的客户高价值标签，深入理解客户行为和偏好。通过夯实银行的大中台能力，创新大数据技术和IT架构，通过不断地引入服务、聚合服务、输出服务，持续赋能前端业务，实现规模化增长。

在国内，民生银行率先做出了探索尝试，其金融云服务平台具有技术扩展开放能力：通过与行业系统服务商合作，将服务商开发的行业应用软件、解决方案等部署在民生银行具有金融能力的云服务器上，共同为行业客户提供更优质的一体化综合多样服务。云平台与服务商互为流量入口，一方面行业系统服务商可将自身商户资源引流至平台；另一方面其他商户也可直接在平台上了解行业解决方案，并通过金融云服务平台接入，从而获取行业系统服务商的服务。

2. 以数据能力打造金融生态平台

考虑到客户在不同生态赛道上的金融需求日趋个性化与多样化，国际领先银行纷纷推行开放银行模式，以从容应对互联网巨头与金融科技涌现而带来的"客户脱媒"窘境。开放银行是一种平台合作模式，它利用开放API等技术实现银行与第三方机构间的数据共享，从而提升客户体验。开放银行将改变现有银行服务客户的方式，打破银行与客户之间的封闭关系，让客户能够通过第三方平台在非金融场景下获得金融服务。商业银行在开放自身服务和数据的同时，也能通过数据聚合、产品创新等方式与合作伙伴一起获取新客户、增加客户触点、打造创新业务和提升客户体验。

根据麦肯锡分析，国际领先银行在推行开放银行的过程中已探索出三大具体战略发展模式。

● 业务驱动的生态圈模式。以客户为中心，通过开放API让金融服务嵌入客户的衣、食、住、行等生活场景，通过提供综合性服务来获取更多客户、提高客户黏性、增加与客户在生活中的触点、积累数据资产，并解决银行客户脱媒问题。

● 金融科技创新模式。零售银行可以通过开放API与创新科技合作，提升自身技术创新能力和效率。人工智能和物联网等领先技术可以降低银行运营成本、扩大数据积累、提升客户体验，并以科技为驱动解决客户痛点。

● 金融业务服务平台化模式。通过API和微服务等技术，零售银行能够重构内部系统，打造服务和数据的开放平台，对内对外提升协同效率。

而民生银行在直销银行的探索实践中，不再仅仅立足自身去思考如何扩大服务，而是构建了一个网金生态圈，利用民生银行自身优势，如资金实力、科技人才等优势，为一部分迫切想发展直销银行业务但又受限于自身网点限制和技术力量薄弱的城商行和农商行，灵活快速地输出民生的强大科技开发力量、齐全的金融产品库，以此帮助这类城商行和农商行满足客户日益增长的新兴消费需求，协助其更好地应对互联网下的激烈竞争，并通过与这类金融机构合作、优势互补，打造一个共享、开放、协作的互联网金融生态圈，共同服务各类客户群，改变以往的客户分流局面，从而扎扎实实实现普惠金融。

二、乘数效应（Multiplier Effect）：爆发式成长

（一）"聚变"带来的乘数效应

1. 沉浸链接的聚变

聚变，即轻原子核（如氘和氚）结合成较重原子核（如氦）时放出巨大能量。云银行的运行便是以生态平台的方式来开展，通过沉浸式链接聚合了各个生态平台上的流量、服务以及数据，生成合力，最终爆发巨大的经济能量。

云银行产生的流量，这些流量会来自各个行业云平台上的企业，包括大B和小B，还有这些企业的上下游、终端客户、员工等，通过BBC的方式辐射至大众客群。同时，云银行以开放的形式与各个行业云连接，流量在不断地快速激增中。云银行模式下的服务，不止于单个银行的服务，它建立了与ISV（其他银行、其他金融机构和非金融机构）之间的"连接器"，向ISV服务商提供丰富的API接口，覆盖账户类、产品类、支付类、数据类等全场景，彻底改变传统的系统对接开发模式，促进各类商户与金融平台的裂变式快速接入，形成以客户为中心的聚合服务。云银行模式下的数据，除了有基础的财务数据、金融数据以外，还有客户的交易数据、行为数据等，随着平台的运行和交易的不断产生，积累的数据量将以不可估量的速度得以激增并形成巨大的聚合力，这些数据能够从多个维度反映客户的不同方面，通过模型算法能够综合精准地分析客户画像，从而为客户提供更好的服务奠定基础，也为金融服务的创新指导方向。

2. 乘数效应与指数级增长

根据迈特卡夫定律（Metcalfe's Law），网络的价值等于其节点数的平方，即网络的价值与网络使用者数量的平方成正比，也就是说网络上联网的计算机越多，每台电脑的价值就越大，"增值"以指数关系不断变大，这说明网络产生和带来的效益将随着网络用户的增加而呈指数形式增长。数字经济时代，云银行的价值与行业云平台上使用者数量的平方成正比，两者之间的深度互联互通使双方的相互导流成为一种必然趋势，进而带来了数字生态系统

规模的扩大，而数字经济模式下的网状组织模式更是带动了数字规模的迅速扩张，这将大大提升云银行所带来的经济价值。而里德定律（Reed's Law）中随着联网人数的增长，旨在创建群体的网络价值呈指数级增加（见图4-6）。凭借网络的外部性，每个用户从使用某产品中得到的效用与用户的总数量有关。因此，用户人数越多，每个用户得到的效用就会越高。对数字经济而言，云银行与行业云平台和数字生态系统与数字生态系统之间的相互连接形成了社群经济，由此带来的经济效率将呈现出指数级提升。

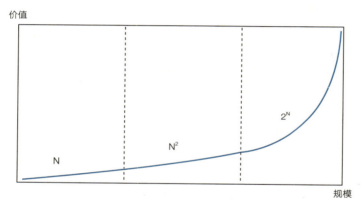

图4-6　里德定律的指数级增长效应

　　云银行之所以能迅速扩展经济规模和提升社会经济效益，主要是源于平台互联互通下所形成的乘数效应和指数级增长。在数字经济时代下，云银行与行业云平台之间的互联互通可实现业态创新、商业模式创新，不断强化跨界融合，有效满足用户的多元化需求。同时，这种互联互通可放大平台的交易媒介功能、信息服务功能、产业组织功能和利益协调功能等微观功能，以及推动产业生态的持续创新，由此产生的乘数效应使社会运行效率大幅提升，社会经济呈现出指数级增长。

（二）云银行的双层乘数效应

1. 风险、成本、价值的组合逻辑

　　云银行的经营，其本质离不开风险、成本、价值这三个关键词。

　　管控风险，这是银行经营和管理的核心思想。所有银行在战略上将合规经营和风控管理作为立行之本，严守不发生系统性、全行性风险的底线，坚持依法合规经营的原则，将风险管理能力视为核心价值，全面管理各类风险，做到准确识别、审慎评估、合理授信、及时预警、有效处置。因此，对于云银行来讲，也要严防这一原则，将管控风险作为第一要务。

　　降低成本，这是银行提高经济效益的重要途径。银行经营的对象是货币和各项金融资产，这就决定了其经营管理的特殊性，从本质上来说，银行为了实现既定的经营目标而发生的或者应该发生的价值牺牲构成了银行的经营成本。银行的成本主要包括资金成本、运营成本、风险成本和资本成本。对于云银行来说，要通过合理地降低成本费用，降低成本规模和优化成本结构来增强盈利能力。

　　创造价值，这是银行经营的终极目标，也是其承担和履行社会责任的体现。云银行的价值创造与商业银行类似，主要体现在两个层面，一是云银行为用户带来的价值创造，云银行的生存、发展完全依赖于客户，必须充分认识和挖掘客户对金融服务需求的新变化，发现客户真正关心的价值增长点，为客户提供专业、一流的综合金融服务，实现客户价值的不断增长。二是云银行自身的价值创造，云银行实现客户满意后获得的销售收入和利润，才能进一步发展壮大。

2. 流量、服务、数据的乘数效应

　　云银行通过沉浸式链接到各个行业云平台，实现流量、服务、数据的乘数效应。从流量的角度来看，云银行的流量会随着行业云平台的接入数量而不断地增长，借助网络连接的价值将呈现乘数效应，同时，每个用户从使用云银行产品和服务所获得的效用也是越来越高。从服务的角度来看，云银行的服务其实聚合了各个ISV的产品，随着ISV数量的增加，金融产品的品种会更丰富，可以满足各类用户在各个场景下的金融需求，且针对性和契合度也更强。同时，用户得到的使用体验和满意程度也将如指数般增长。从数据的角度来看，随着平台用户的增加和金融服务的增加，云银行的数据量越来越

大，以指数级爆发式增长。同时，随着数据量的不断增长，通过数据分析得出的用户画像精准度越高，产品创新带来的用户体验将越来越好。

三、飞轮效应（Flywheel Effect）：循环自生的进阶生态

飞轮效应指为了使静止的飞轮转动起来，一开始你必须使很大的力气，一圈一圈反复地推，每转一圈都很费力，但是每一圈的努力都不会白费，飞轮会转动得越来越快。当达到一个很高的速度后飞轮所具有的动量和动能就会很大，使其短时间内停下来所需的外力便会很大，便能够克服较大的阻力维持原有运动。在机械结构中一般用于通过运动机构中的死点。

例如，在亚马逊的商业模式中，就成功地套用了飞轮效应。亚马逊有会员服务、第三方卖家平台和云服务三大业务板块，当这些业务连接在一起可以形成一个完整的逻辑：会员服务留住买家；云、物流这些基础设施留住商家；商家多了，能进一步留住买家；买家买得越多，商家就越离不开；反过来，再让基础服务变得更有竞争力。低价、无限选择和卓越的用户体验这三个齿轮相互咬合，互相拉动，创造了亚马逊的持续指数级增长，最后形成一个拥有整个生态圈的商业帝国。

（一）多场景与飞轮效应

1. 基于场景的大众客群

随着抢占流量高地、培养用户黏性成为最重要的商业目标，银行需要围绕大众客群需求，不断拓宽其金融与生活服务半径，将更多的场景融合起来，形成飞轮效应，使场景和场景之间相互引流、相互赋能，构造一种生态模式，构造相互价值提升的循环。

民生银行云钱包一站式金融云服务平台，致力于运用金融产品和互联网科技，通过SaaS服务的模式，助力企业服务员工、会员、经销商三大体系。该平台采用互联网化开放技术架构、ISV垂直行业生态合作模式，打通场景化低成本获客，并一站式输出银行存贷汇基础服务，以获得持续稳定的价值回

报。云钱包三大核心功能"钱包账户+场景结算+数据贷款"，构成三个齿轮，形成场景化、数字化、智能化、聚合化的互联网银行新生态。

根据不同应用场景，云钱包分为集团员工钱包、集团会员钱包、供应链生态金融钱包。

集团员工钱包服务于集团企业和企业员工，通过B2B2C的整体解决方案，提升企业后台人事、财务的工作效能。其中员工账户功能支持工资卡开户、工资代发和工资理财等；福利账户为企业提供立体化、一站式的员工福利服务；商旅账户提供统一发票、审批、核销等综合商旅服务；消贷账户为优质企业提供专属员工消费贷款。

集团会员钱包包括会员账户（专户）、积分账户和白条账户。会员账户为企业会员提供专户解决方案，各企业间账户隔离，极大地保障会员用户数据安全；积分账户支持积分账户管理，会员积分可在多场景进行积分支付，为会员提供更丰富的会员权益场景；白条账户，是基于Ⅱ类户的信贷账户体系，可为企业会员提供消费信贷额度。

供应链生态金融钱包分为对上游的"供应链钱包"和对下游的"分销钱包"。供应链钱包是将核心企业信用在支付环节中的充分变现，使之具备可以落地的金融属性。分销钱包是针对分销场景中的众多分销商，通过各种强弱程度不同的核心企业信用延伸，在提供分销易等结算服务获得采购数据沉淀的基础上，遵循"整体开发、行业优选、品牌准入、风险定价"的原则，定制可行的数据模型刻画用户画像，并针对不同层级的用户差异化定价，推出的简单易行的专属线上贷款产品。

2. 客户旅程与飞轮效应

在上述亚马逊的"飞轮效应"框架中，可以看出用户数量、客户体验以及客户期望价值的增长是整个理论的核心，这也就意味着每个飞轮实质上都是以客户为中心，每个飞轮之间的递进关系则体现了客户旅程。对云银行来说，需要重点重塑客户体验管理价值链的各个节点，开始端到端的体验优化和能力转型，推动飞轮的高效运转。以客户为中心可以构建三个"飞轮"：

第一个飞轮，也是最核心的飞轮，即平台驱动的用户数量增长。注重发挥金融科技力量，把支付、线上财富、供应链、消费贷等单个业务全部集中在一个平台上，通过整合内外部产品服务资源，服务更广泛的客户。

第二个飞轮，即生态驱动的裂变式获客。通过开放金融云服务，利用生态中的各种场景分割或整合自身的金融产品与服务，做"你的场景，我的金融"之间的合作，从而创造更多的应用场景，拓展更多的用户。

第三个飞轮，即数据驱动的客户体验升级。从客户的根本利益出发，不仅要增加服务的弹性和多样化，还要采取数字化手段，使得精准获客、量化风控、智能服务成为可能，为客户创造超出预期的愉悦体验，拉近客户关系，加深客户黏性。

吸引更多的客户和更多的潜在客户拓展金融服务的广度，再围绕客户旅程进一步拓展金融服务的深度，这两点相辅相成就可以形成"飞轮效应"，开启加速增长的旅途。

（二）云银行的飞轮模型

1. 云银行的业务特性与布局

云银行运用"平台合作""流量经营""公私联动"和"平台裂变"四大网络金融生态范式，通过开放金融云服务，以B2B2C模式实现平台裂变式获客，为客户提供敏捷直达的一站式金融服务。

在业务模式上，云银行主要有以下特性：一是多元化的产品生态，打造场景化、个性化的金融产品服务生态圈；二是实现个人和企业客户的全覆盖，形成公司和零售协同发展、相互促进的良性循环；三是场景化的批量获客模式，实现以双轮驱动的市场拓展，构建"场景+金融"的新生态；四是输出平台范式，以标准化、可复制、高效能输出的方式为传统企业提供金融科技支撑，助推传统企业转型升级、实体经济快速发展。云银行的业务布局主要分为"财富云""网贷云""支付云"和"数据云"，为长尾用户提供普惠金融服务，实现向"以客户为中心"的服务理念转变和增长模式转型，进一步拓展金融服务的广度和深度，更好地服务实体经济。

一是"线上购买+普惠便捷"财富云。提供更开放式的注册和纯线上理财、投资交易服务，特别是基于电子账户的交易服务，集多种产品于一体的多样化产品组合，兼顾收益和流动性，创新资产保值增值服务手段。并且，实现自有平台和第三方平台的自由连接输出，通过标准化的三方输出接口向企业输出产品，帮助企业为其员工、客户、客户的客户提供财富服务，与企业、客户共同打造金融生态共赢局面。

二是"可获取性+资金支持"网贷云。结合客户"衣、食、住、行、游、购、娱、医疗、教育、缴费"等一系列场景，以相关系列贷款产品为切入点，在合适的时间和场景，服务合适的客户，以更高的可获性与覆盖性，兼具多维度、自动化客户评价和风险检测体系，以互联网大数据为决策基础，提供网络化融资服务，构建消费金融生态圈。

三是"智慧便捷+生活场景"支付云。紧贴客户日常生活和场景，以结算账户和电子账户为基础，面向开放的全网用户，提供多种账户和介质以及多样化的支付方式，以多种支付通道为载体，与企业开展底层账户对接，帮助企业打造自己的互联网支付通道，通过输出理财产品为电子账户中存量资金提供收益，帮助客户持续创造价值。

四是"可靠风控+智能服务"数据云。依托高质量的大数据和金融科技，秉持以客户为中心的理念，借鉴"银团"服务理念，输出自身特有的双因素智能风控能力；生成智能、可靠的反欺诈SDK云，并开展优势智能数据托管、行业APP服务、交易资金托管云、交易金融监控云对外应用输出，释放数据产品平台服务效能。

2. 案例：民生银行的飞轮效应

2014年，中国民生银行领先推出了国内首家直销银行——民生直销银行，第一次在业内喊出了"简单的银行"口号。2015年，启动"凤凰计划"，提出了"再造一个数字化的线上民生银行"，开启真正意义上的新技术引领新金融。

2018年，民生银行进行了直销银行的事业部改革，并且在夯实行业多个第一的基础上，将"简单的银行"进化与升华，推出直销银行2.0模式，让简单不止于简单，踏上了转型落地的新征程。民生银行致力于打造行业第一直销银行品牌，成功实现了直销银行1.0向2.0的全面升级，积极探索了全新的商业模式，构建了"4朵云"＋"1范式"的生态模式，打造了客户综合开发的统一平台。

民生直销银行3.0则在财富云、网贷云、支付云以及数据云四朵云的基础上，建立与ISV（独立软件开发商）的"连接器"，全面覆盖账户类、财富类、支付类、数据类等场景，并通过开放的场景切入客户需求，为客户提供开放、个性、敏捷、高效的综合金融解决方案。

2019年末，民生直销银行再次创新升级，基于3.0开放式综合金融云服务平台，推出了"集团钱包生态系统"。"集团钱包生态系统"将为全行业的集团客户、核心企业、独角兽公司提供稳定敏捷的生态金融线上开发功能，进一步将企业综合服务、客户场景深挖、生态系统经营等科技金融服务向实、准、稳推进，未来将涵盖零售、医疗、能源、教育、商旅等领域，开启互联网运作新模式。

第三节 云银行的两大价值

一、云银行的数据价值

（一）数据成为新要素和通用性资产

1. 数据成为新生产要素和战略性资源

数字经济时代催生了以大数据为代表的新型生产要素。从农业经济到工业经济，生产要素经历了由土地、劳动力向资本、技术及管理等的演进。随着工业互联网和各项信息技术的发展，数据的流动性大大增强，企业的经营管理也逐渐离不开海量数据的支撑。相较于传统生产要素的有限增长和供给，数据具有可复制、可共享、无限增长和供给的特性，可以通过连接物理世界和数字世界，驱动企业向数字化转型升级，进而实现持续增长和创新发展。因此，数据逐渐成为生产要素的重要组成部分，《关于构建更加完善的要素市场化配置体制机制的意见》也明确了数据作为一种新型生产要素的重要地位。

那么数据作为生产要素如何去创造价值？之前讨论风电、光伏发电是很好的例证，数据通过与算法的结合，对未来发多少度电进行精准预测，解决弃风弃电问题，从而创造价值。当有新的基础设施平台，每一个企业都可以把自己的算法贡献出来，形成算法市场。企业可以选择算法市场里最优异的算法模型，把自己的数据输送到算法模型，通过更及时、全面、准确的数据与算法结合，对未来情况做精准预测。数字化转型的本质，就是在数据+算法定义的世界中，以数据的自动流动化解复杂系统的不确定性，最终的目的在于提高资源配置的效率，获得更多的商业价值和社会价值。

工具革命和决策革命使数据成为企业战略性资源。从技术角度看，数字化转型本质上颠覆了传统产业几百年来赖以生存的"传统工具+经验决策"的发展模式，给企业带来两场深层次的革命：工具革命和决策革命。工具革命通过自动化提高组织和个人的工作效率。决策革命以人工智能等手段优化提高决策的科学性、及时性和精准性。也就是说，企业在面对各种决策的时候，系统能把正确的数据在正确的时间以正确的方式传递给正确的人和机器，从而为企业的生产经营提质增效，俨然成为企业的战略性资源。

尽管已经认识到数字化转型的重要性，但在很多企业，数字化转型依然是重要但不紧急的事情，从战略层面驱动转型更需要耗费大量的时间和精力，往往进展速度慢、执行力不强。通常而言，越贴近最终消费者的行业，其所面临的竞争环境变化越快，更新迭代频繁，数字化转型更可能直接关系到企业的生死存亡。《中国两化融合发展数据地图（2018）》数据显示，服务业在两化融合发展水平上领先工业，农业、建筑业整体相对落后。进入2020年，在"新基建"、新冠疫情等外部因素的催化下，众多行业受到冲击，加速开展线上业务，数字化转型正对越来越多的行业而言变得重要且紧急。

2. 云银行的聚合数据和释放数据力量

云银行所依托的云架构、云服务令数据更加开放。在新的经济结构中，新的生产要素和新的基础设施产生了天翻地覆的影响。数据作为生产要素和基础设施密切相关。没有以云、网、端为核心的基础设施，是无法谈数据以及数据作为新的生产要素的。新基建就是以互联网为核心的，包括云、网和各种各样的智能终端。国家发改委、中央网信办公布的"上云用数赋智"行动计划，提出"通用性资产"概念，包括中台、通用软件、数字孪生的解决方案、数字化生产资料等数据要素，并指出其特征在于"通过平台一次性固定资产投资，中小企业多次复用"。在这样的背景下，云银行所蕴含的云架构、云服务恰好为数据资产提供了更开放的共享空间，使数据能够在平台上自由流动、触达万物。

云银行释放数据力量，为金融服务提质增效。云银行不依赖物理网点，突破网点辐射范围限制，让偏远地区的用户也可以获得金融服务，实现普惠金融，同时大幅降低网点和人工成本。同时，云银行通过融合内外部数据，形成数据资产池，极大地提升了金融服务的效能。举例来说，云平台上积累的海量金融数据、交易数据可以帮助商业银行利用数据模型识别和评估借款人的借款风险；也可以通过数据挖掘与分析实现智能营销、精细化运营和风控管理。

（二）云银行的数据价值体现

1. 识别和串联价值：云银行通过识别账号、IP地址、设备号等数据，可以实现账号与用户、设备与用户、APP与设备之间的串联。举例来说，账号和Cookie可以帮助后台在全站锁定同一用户，避免恶意注册、盗刷等风险行为的产生。

2. 时间价值：在云平台运营过程中，必然积累海量的历史数据和即时数据。有了历史数据，云银行可以通过挖掘分析和机器学习，对历史行为进行分析，从而得到用户在各项场景下的偏好。依托即时数据，云银行可以进行秒数级的实时监控，也可以打造实时竞价的广告推荐系统，带来更广阔的盈利空间。

3. 预测价值：基于用户数据，云银行可以评估用户的偏好、需求，并有针对性地提供金融产品与服务。同时，根据用户的登录时间、浏览频率，云银行能够进行用户行为分析，在用户流失前进行及时的维稳和预警；通过统计用户新增、留存和活跃的情况，云银行可以判别和预测公司的经营状况，为接下来的决策提供依据。

4. 风控价值：平台产生的金融与非金融数据，交易与行为数据，以及企业的各项资金与财务数据，都能够成为云银行搭建风控模型的基础。举例来说，当企业的资金流出现收紧的情况，或是企业的上下游交易存在异常时，云银行会自动提示风险预警并下降企业的信用评分，提前降低异常企业的违约风险。

5. 数据资产：云银行可以通过基础数据和强大的数据加工能力，以及模型构建经验，为下游应用提供基础数据服务，最终形成各种数据服务产品，服务于内外部机构的不同业务应用场景，提升数据资产的价值。举例来说，云银行可以基于各项数据搭建金融的征信评分模型，为贷款融资等环节提供参考依据。

二、云银行的财务价值

（一）云催生新型分工体系和生产关系

新制度经济学家威廉姆森把专用技术看做专用性资产，是工业资本主义经济制度基础的组成。从制度的角度讲，云具有独特的价值，可以促进专业分工体系的形成，催生新型生产关系。

1. 专业分工体系的形成

以前交易过程都是链式的，从生产商到零售商以及众多的中间商都是串行处理，效率受到制约。但是在数字时代，很多中间商没了，但同时有很多新出现的服务商在为交易服务着，他们是并行处理。所以，经济结构的显著变化，是从串行到并行，从横向分工到纵向共享。

工业时代的经济体系强调分工，通过分工提高效率。这导致现在产业化体系的划分，是以分工为核心的，再基于边际效应，在既有的分工网络体系下考虑怎么优化。然而，如今的现代服务业很难说是属于哪个产业，工业时代以分工为核心的产业化体系开始失效。现在产业划分更关注的不是处于分工链条中哪个环节，更关心产业在经济体系里能够提供或依托多少共享支撑。在这个体系下，超边际效应发挥作用，在比较各个角点解的局部最大值的基础上，从中产生整体最优解。

超边际效应促进新的分工体系出现。可以说，每一种新的专业化分工体系的出现依赖于两个条件，一是交易成本降低，二是市场规模的扩大，而云恰好在这两个方面都产生了极大的推动力，既降低了交易成本，又拓展了整个市场，所以使原来不能够实现的分工得以实现。

2. 新型生态平台的构建

云计算不单是技术，云作为生产力，可以转变生产关系，因为生产关系是通过云服务和云模式体现的。

工业时代对所有权敏感而对使用权不敏感。云的模式特征和工业资本主义非常不一样。云架构下的制度，所有权归属不再敏感，但是使用权变得敏感了，把使用权租出去、收回来使用费，才是决胜的关键。所以在这种情况下，云计算的共享更为开放，从而影响整个体系发生变化。过去工业化是以生产者为中心的体系，现在变成是以消费者为中心的体系。

目前，数字经济时代最重要的一个变化是构建工业互联网、产业互联网等生态平台。其中，知识、经验、方法、模型，变成APP和算法，可以放到数字基础设施平台上的算法市场去交易，可以直接作为一种商品需求，大大缩短了知识产品的生长周期。未来像这样的基于知识分工的产品会越来越多，这是数字经济时代跟工业经济时代最重要的一个区别。

（二）云银行的财务价值体现

在新型分工体系和生产关系下，云银行的财务价值主要体现在提升业绩、创造营收和提升效率、降低成本两个方面。

1. 提升业绩，创造营收

云银行形成了指数级增长的数据价值曲线和经济增长曲线。价值曲线评价方法，是确定行业内顾客感知服务质量的关键要素，以及评价顾客总体感知服务质量的工具。这种方法不仅要求顾客作出评价，还要求内部员工和管理人员作出评价，最终目标是发现使顾客感知服务质量产生质的飞跃的关键要素。而云银行可以充分挖掘数据价值，感知客户需求，用数据做好经营管理的决策支持和客户体验的提升，发挥规模效应从而带来价值的指数级增长，并提升业绩，创造营收，大幅提高经济效益。

2. 提升效率，降低成本

云银行形成了递减的客户成本曲线和高效、精准、个性化的客户定价曲线。银行的每个业务板块都可以借助大数据来更快、更深入地了解客户，减少企业为吸引客户，向客户销售、服务客户及保留客户而花费的各类资源，降低成本；并提升服务效率，推动以客户为中心的个性化获客和活客策略、搭配产品创新和客户旅程优化，实现客户深度经营，为其制定更具针对性的价值主张；在零售与公司业务中实现个性化定价和交叉销售，进行客户细分以及预见客户流失，及时推出增值业务，提升客户忠诚度。

第五章

聚合流量：云银行的起点和基石

随着我国互联网用户数不断攀升，企业和政府的数字化进程不断加速，中国的数字云时代已经到来。云银行的获客战场也随之转移到云上。云银行的获客模式架构在反摩尔定律之上，通过高效的触达、黏客、活客，实现聚合流程的边际成本接近为0，以此保证云银行的利润拓展空间。区别于过去物理网点或云客经理的传统线下获客方式，云时代"云客"的互联网属性，也使云银行能够充分利用网络效应，通过无感云触点和优化感知旅程，迅速建立起自身忠实的云客群体，打造保障自身生存的"护城河"。因此，聚合流量是云银行生存的基石和发展的起点。

第一节 以客户为中心，优化"云客"体验

客户是银行经营之基、发展之本、利润之源。客户工程作为一项基础战略工程，出现在诸多商业银行的发展规划之中，并逐渐占据主导战略地位。"以客户为中心"的发展理念，成为当下诸多商业银行的共同选择。在新时期、新形势下，银行同业间产品趋同乃至战略趋同、市场竞争日趋白热化，互联网金融企业凭其更灵活的机制和更极致的体验强势来袭，云银行成为银行的一个新物

种，如何更好地理解和提升客户价值，成为摆在云银行面前的重大课题。

一、云时代催生新的客户形态

从C端来看，截至2018年底，我国手机网民规模达8.17亿，较2017年底增加手机网民6 433万人，其中网民使用手机上网的比例由2017年底的97.5%提升至2018年底的98.6%。

从B端来看，根据国家网信办2018年发布的《数字中国建设发展报告》显示：2018年我国数字经济规模已经达到31.3万亿元，占GDP比重的34.8%。信息化改造提升传统动能的作用日益显现，数据资源成为驱动数字经济发展的核心要素。企业上云是信息技术发展和服务模式创新的集中体现，也是信息化发展的必然趋势。支持企业上云，有利于推动企业加快数字化、网络化、智能化转型，提高创新能力、业务实力和发展水平；还有利于促进互联网、大数据、人工智能与实体经济深度融合，提升经济发展质量。

同时，产业互联网和企业级技术应用的发展普及，也驱动了产业数字化时代企业管理云化和行业SaaS化。据艾瑞咨询统计，中国消费级和企业级服务市场的规模达到14亿人，其中2018年中国企业级SaaS市场规模为243.5亿元，较上年增长47.9%。预计未来三年内中国企业级SaaS市场将保持39.0%的年复合增长率，到2021年整体市场规模将达到654.2亿元。

从G端来看，2018年中国各级政府的云上服务也不断加速发展，在全国334个地级行政区中，有14个地级行政区属于创新领先类，其中深圳市、成都市、广州市持续领跑全国；203个地级行政区属于积极追赶类。创新领先类和积极追赶类的地级行政区增幅较大，政府互联网服务能力整体提升明显。

此外，随着我国互联网基础设施的建设，截至2018年底，我国4G基站总规模超过370万个，继续保持全球最大4G网络，网络覆盖率已超98%的全国人口。自2018年下半年起，运营商主导的5G产品研发试验启动，在产业链主要环节基本满足商用需求的条件下，我国将启动5G商用服务。在商用初期，我国将重点在中频频段（2.6~6GHz）开展5G网络部署，在实现良好覆盖的同时，可有效支持智慧城市、车联网、工业互联网等垂直行业应用。

云时代的来临伴随着五大发展趋势[①]，这五大趋势也催生了"云客"这一新的客户形态。

趋势一：新一代智能技术提供了"原动力"。在技术端，包括云计算、5G、人工智能等新一代智能技术的成熟和开发成本的降低，使"云课堂""云办公"等大规模、高频应用的体验更加流畅和便利，极大地提高了人们在家学习、购物、工作的频次和效率。这也为云客规模的壮大提供了"基础设施"。

趋势二：传统零售业态加速数字化转型。近年来，供给端，超市、小卖部、菜场、饭店、甜品店等传统业态的外卖和配送服务覆盖度显著提升、服务效率优化明显。因此，传统线下零售店也可以通过电商平台、外卖平台，骑手等渠道触达C端消费者，从而加速传统零售业态的数字化转型进程。

趋势三："云到家"成为服务新范式。在疫情的影响下，"无接触配送"正成为主流交付形式，主流竞争厂商正加速布局"无接触配送"的硬件、渠道与资源，力求实现商品、服务的"云到家"。未来，"云到家"的服务品类将会不断扩充，服务时长不断延展，服务半径不断扩大，相应的设施、人员需求也将大幅增长。

趋势四：互联网用户加速向末端延伸。疫情加速中国互联网用户"爆发式增长"，同时也大大延长了用户的在线时长。特别是"50后"人群，"线上服务"接受度显著提升。由此可见，未来会有更多的长尾客群被纳入"云客"的范畴内，"云客"的互联网黏性也将进一步加深。

趋势五：消费者为"便利"埋单的意愿增强。到家、上门服务和线上购物的便利性体验，培养了用户为服务付费的意识。因此，未来的用户，将更加注重对服务"便利性"的评价。对传统银行而言，除了加速数字化转型以外，如何提升线上服务的便利性，为"云客"带来专业、贴心、无感化的体验也成为服务升级的关键。

---

① "宅经济"报告——经济迈向"云时代". 阿里研究院，2020.

二、云客：数字场景下的"用户即客户"

云客是云银行通过云服务与客户建立的一种关系。从客户的角度来看，随着云服务将金融服务嵌入到"衣食住行"各个生活场景中，云客的角色逐渐从"明确的金融客户"转变为"通用的服务用户"。云银行获取和经营云客的思维模式，也相应转变为"用户即客户"。云客大致上经历了三个发展阶段[①]：

1.0传统商业银行：线下渠道为主，专注于服务高净值客群。这一阶段，专业的金融服务作为相对稀缺的资源，处于卖方市场。因此，商业银行在提供各项产品和服务时，具备较高的主动权和选择权。大多数商业银行在获客、创收等环节都遵循"二八定律"，即专注于开拓高净值客户。其产品和服务的设计、运营的机制、销售的流程也都围绕高端客户开展。为尽可能地挖掘和筛选此类客群，这一阶段的商业银行往往以渠道为王，数以万计的线下网点成为当时商业银行的核心竞争优势。

2.0互联网银行：线上+线下渠道并行，开始挖掘大众客群与长尾客群。随着移动互联网和信息化的发展，BAT崛起，互联网金融公司凭借平台效应、流量效应逐渐积累客户和数据，给传统的金融业带来巨大的冲击。金融脱媒、存款资金流失、竞争加剧的现实倒逼商业银行开始数字化转型，除了传统网点外，开拓线上和移动渠道，从而更好地触达互联网时代下的大众客群和长尾客群。

3.0云银行：生态融合，全渠道服务云客。数字时代的到来，使企业、行业的概念趋向模糊化，原先的金融服务竞争关系也逐步转化为竞合关系，并推动各个生态的融合。这一阶段，客户广泛存在于无处不在的金融场景中，客户关系不再拘泥于基于既定事实的服务关系，转而延伸至潜在服务关系、未来服务关系等范畴，用户即是客户。在获取用户的层面，随着C端消费的进入门槛的上升和SaaS的蓬勃发展，BBC链式数字转型将成为新的市场机遇，企

---

① 互联网时代商业银行客户战略再思考［J］．银行家，2019-08-26.

业财务、人事、办公、商旅、采购、供应链等方面的协同会为传统银行带来更多获客机会。与此同时，银行金融服务开始从被动的需求满足型转向主动的痛点解决型，主动应用金融服务手段解决问题成为未来竞争的制胜法宝。云银行的客户关系也不再是简单的供需关系，而是转变为生活中、工作中、场景中，不可或缺、共赢共进的合作伙伴关系。

三、"以客户为中心"成为关键理念

云客发展模式，除了不简单依赖网点与客户经理获客模式不同，还有一个更深层改变是"以客户为中心"。主要表现为：（1）云客在哪里，金融服务就在哪里嵌入，即用场景化的金融服务无缝触达到客户端，从而与客户产生更紧密的连接；（2）针对客户需求，为客户提供定制化的金融服务，即在不同的场景生态中，金融服务会针对云客的偏好和需求进行不同的配置；（3）为云客与云客平台创造价值，即所提供的服务不仅限于传统金融服务，而是包含了更广阔意义上的增值服务与配套服务，从而为客户带来更高的价值。在"以客户为中心"理念的支撑下，云客发展模式有利于增强平台的客户黏性，提升价值空间。

云客发展模式下的客户是银行客户下沉后的银行大众客群，其一般具有两大特征：首先，云客既是银行业务用户，也是生态平台用户；其次，正是基于云客的双重性质，其并不局限于银行网点、APP、小程序等渠道，而是广阔地分布在行业云、SaaS等各大客户应用平台。以当前火爆的视频直播为例，用了满足"用户即客户"的需求，视频直播也成为银行重要的内容运营方式，至2020年8月，33%的国有大行手机银行、25%的股份制银行手机银行提供视频直播服务。中国银行直播间通过直播支持手机银行获客、获客，带动手机银行业务发展，提升品牌形象，截至2019年3月直播112场，场均观看客户9万，直播互动人数超160万，触达用户超1000万次。交通银行将直播和销售紧密结合，助力提升金融产品销售转化，截至2019年4月，交行直播间共播出319期，累计观看超800万人，互动弹幕超750万条。[1]

---

① 民生智库，《我国主要商业银行网络金融发展状况及我行数字化转型对策建议》，20页.

第二节　依托云触点，提升云银行获客效能

一、云触点：触达"云客"的连接器

云触点指云银行触达云客，并将云银行的服务传递给云客的节点，是银行与"云客"的连接器。云触点是聚合流量的基础，只有借助更有效、更广泛触达客户的手段，才能迅速构建获客渠道的成本，推动获客边际成本趋近于0。在银行的不同发展阶段，银行与客户的接触点的趋势变化主要分为以下四个阶段[①]。

阶段一：经典银行。经典银行是银行连接客户的起点。这一阶段的连接器主要以网点、柜台等线下渠道为主，银行获客主要依赖于客户经理、销售人员。此时IT技术发展正处于初步阶段，往往简单支撑银行内部系统的运营。

阶段二：互联网银行。互联网银行是传统银行目前主要所处的阶段。为更好地满足线上客户的需求，商业银行开始线上化转型，通过平台和移动端的方式进行获客，以及提供相应的线上化产品与服务。这在一定程度上摆脱了对网点的依赖，降低成本的同时，提升了获客效率和客户满意度。

阶段三：开放银行（有感云触点）。随着API/SDK等技术的发展，商业银行和各类服务商得以用模块化、碎片化的方式提供标准化组件，从而能够打造更开放的金融服务平台。在此阶段，银行在产品开发、产品定价、客户营销等层面更具个性化、智能化的效果，从而为服务好平台客户打下坚实的基础；银行打造的开放平台聚合了流量、服务和数据，能够实现生态内各价值环节点的资源对接和整合。

[①] 未来银行-DT时代中国银行业发展的新起点. 毕马威官网，2019-07.

阶段四：泛生态（无感云触点）。此阶段下，金融服务开始摆脱对固有平台的依赖，以更灵活模式嵌入到产业、行业的各个经营环节，以BBC的模式下沉。此时机构、行业、企业的边界开始模糊，云触点从依托于平台的有感化体验向嵌套于各个场景中的无感化体验进阶。

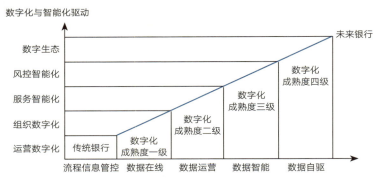

图5-1 银行数字化转型不同阶段

（资料来源：《新一代数字化转型》，阿里云研究中心）

二、有感云触点+平台：提供高质量会员服务

有感云触点指将云银行的服务嵌入三方合作平台，在合作方平台实现开户、支付、购买财富产品等线上服务，输出方式为API对接或H5快速接入。此类合作给合作方带来的价值在于流量商业化变现，快速构建金融业务板块。而其优势是快速将云银行具有突出优势的拳头产品提供给合作方的用户，突出云银行的金融属性优势。

在这一模式下，金融服务主要依托BPC（Business-Platform-Customer）的方式触达客户。在开放银行平台上，商业银行的金融产品与企业、商家的电子商务相结合，提供会员钱包，为平台会员提供电子账户、支付结算、消费贷款、理财等方面的服务。此时，平台获利主要依靠会员复购，为会员提供更高价值、更好的服务成为平台运营的关键。这一创新服务，也可以帮助银行与合作企业建立双方信任关系，为之后的良好合作奠定基础。

举例来说，A银行打造的云银行与国家电网集团合作，为其员工打造定制化理财功能，即国家电网集团的员工可以在平台上选取符合自身需求的理财产品。此类理财产品往往期限适中、收益良好，其面向的会员用户也有国家电网集团的信用作为保障，因此反响良好，在开放申购期间创下10分钟秒杀过亿的纪录。

三、无感云触点＋生态：赋能场景化获客

有感云触点指云银行通过提供SaaS服务实现配置化的快速输出，输出方式为小程序对接或H5快速接入。此类合作由场景驱动，旨在解决用户痛点，满足C端和B端的需求，同时通过ISV生态建设共同挖掘垂直场景。合作重点在于关注需求最小可行性单元，通过链式钱包的模式，为核心企业、产业链上下游提供包括代发工资、员工贷款、场景金融（如有线宝、视频会员）、员工福利和其他非金融服务等。

无感云触点主要依托企业管理数字化及开放战略，旨在打通企业自金融生态。与有感云触点不同的是，无感云触点摆脱了对平台的依赖性，直接通过BBC或BBB模式嵌入到企业的经营场景中，帮助合作企业解决特定场景资金往来相关的痛点，从而提升企业经营效率。对行业场景中的难点，商业银行可以与ISV体系进行合作开发，实现共同获客；对开发周期的难点，可通过开放平台、标准组件来解决。

案例　　　深入企业经营场景与员工生活场景，提供高价值服务

A直销银行的核心战略是通过与核心企业合作，解决企业及其员工在具体场景下的潜在痛点，从而实现低成本的快速获客。在B端，A直销银行提供云钱包企业云服务；在C端，A直销银行为企业员工提供配套的云钱包。其产品和服务工带来的价值体现在以下三个方面：

一是触手可及的发薪服务。云钱包解决方案可快速嵌入到企业的移动OA、公众号、APP等平台，员工触手可及。新员工入职无须另外办理云银行卡，通过线上即可开通A直销银行电子账户，支持快速提现到绑定卡，绑定卡可以为支持云银行列表中的任意一家。老员工也可以通过线上快速更换发薪账户。支持员工在线查询工资流水，更换绑定卡等，一目了然，方便快捷。

二是专属的财富和贷款产品。通过企业云钱包平台即可快速掌握最新最优的贷款、理财信息，享受专业金融团队的服务。财富产品资产配置比例灵活、回撤可控、定向服务、参与感、盈利体验较好；贷款产品为企业员工及提供便捷消费贷款，满足云客多样的资金需求。纯线上申请，体验便捷，一分钟提款；客群多样，覆盖面广；多种还款方式，支持提前还款，更低利率，节省云客资金使用成本。

三是贴心服务和双重权益。云钱包平台提供基于二类户通户的资产持仓管理，并提供一些便捷的小工具，深受线上用户喜爱。信用卡还款功能支持免手续费还款，工资理财支持定期自动转入等场景化的工具，让员工感受到贴心、便捷的线上金融服务。同时，通过合作福利加油站业务板块，可以接入丰富的营销活动，奖品丰富多彩，企业权益和云银行权益双重享受。

第三节　聚焦云旅程，用"极致体验" 发挥"极致价值"

在云客战略方面，云银行云客战略的核心在于重构云客关系，包括每一次交互，云客与云银行彼此感知的重构。云银行应当以云客的"用户旅程"为中心，以在线化、智能化为基础，提供全渠道、无缝式、定制化的数字服务，能满足云客快速变化且不断提高的预期。云银行将比云客更了解云客自身，以无感、无界、无限的方式深度融入云客生活，颠覆云客对云银行商业形态的认知。新型的云客战略也将永久改变云银行围绕利润传递构筑的传统价值链，让云客体验成为贯穿云银行价值链脉络的血液。

云银行的建设关键，都是为了向云客提供极致化的云客体验，提升云客满意度，并最终与云客形成强韧的纽带关系，在确保核心高价值云客的低流失率的同时，利用极致的云客体验借助社交网络获得高价值新云客。云触点实现了客户整体流量的迅速增长，云旅程则黏住了高价值客户流量，云银行借助这两点的乘数效应，进一步降低了单客获客和经营的边际成本，也是云银行抵消反摩尔定律影响的关键手段。

总体来看云客感知会逐渐走上三个旅程。

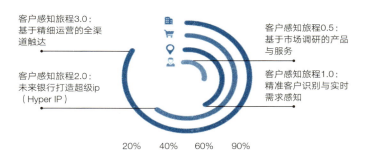

图5-2 客户感知旅程：从0.5到3.0

一、云客感知旅程1.0：精准识别与感知

在云客的生活旅程中，云银行期望提供的金融服务是"无感知金融"，即当云客需要金融服务时，金融产品、服务和金融机构就在"身边"，云客能够在无形中感知云银行及合作伙伴生态在不同场景下提供的便捷金融服务。这意味着云银行必须通过全渠道云触点，全维度地收集及沉淀云客数据，从而积累出海量的基于云客身份、行为、需求、习惯、关系乃至社交网络的数据，并以此构建出包括云客特征和云客需求在内的云客画像。

需要指出的是，云银行对云客的认知不仅需要全渠道联合分析，进行微粒化结构，认知云客行为和需求逻辑、云客关系流转，更需要引入动态时间线和环境影响的维度。动态时间线是预测和引导云客操作场景变化的关键，也预示了云客的需求场景。云客所处的环境（包括物理环境和拟环境，如移动互联网）对云客的需求（粗颗粒度需求和细颗粒度需求）正在起着显著的影响。例如，浦发银行提供的海外旅游一站式服务，用户打开旅游APP登录，订购旅游产品，直接提交财产证明、签证、酒店、外币现钞需求，只需3分钟，无需重复输入目的地或者货币种类，无需开通手机银行，即可轻松享受银行的场景化服务。（民生智库，《我国主要商业银行网络金融发展状况及我行数

字化转型对策建议》，11页）

　　在生态平台的模式下，智能技术被更多地运用在各项流程中，全渠道优化客户体验的同时促进平台的精细化运营。一方面，人工智能、VR、AR、生物识别、语音识别等技术能够提供自动化、智能化的营销，例如通过AI优化产品定价，通过精准刻画客户画像进行个性化产品投放与智能投顾服务，从而更精准地获客、活客和留客。另一方面，云计算、物联网、区块链、高级分析、RPA等作为金融基础设施的底层建筑，将加快生态平台的数字化流程改造，实现智能平台的智能风控与高效运营。例如，通过精确捕捉和分析客户的财务数据、交易数据，可以360度刻画客户的信用模型，从而预防欺诈风险、把控信用风险，甚至在其他智能技术的辅助下实现客户分群的高效催收与自动化智能催收。

二、云客感知旅程2.0：打造超级IP

　　随着数字化银行、数字货币、金融科技公司以及大型机企业自金融服务等新晋市场参与者的加入，金融产品及相关金融服务的行业属性正在逐渐消融和模糊，金融机构、产品与服务及云客需求的融合不断创造出符合云客需求的新物种，并以"超级IP"形式强化云客认知，形成影响心智甚至行为的云客感知。超级IP打造，能够让云银行在以下三个方面获得成功：深度、可信的云客认知，从"无感知金融"走向"因为超级IP产生的无感知金融"；在超级IP下，发掘云客需求的外延，触达和激发云客在云银行生态圈的需求；为云客感知旅程3.0做好充分准备，实现基于精细运营的全渠道触达。云客感知旅程2.0的阶段，云客将通过清晰表达自己的"超级ID"，享受超级IP下多元化、个性化、便捷化的云客体验。当前各大商业银行非常重视网络金融品牌建设，其中工商银行网络金融品牌布局相对成熟，早在2015年，该行就发布"e-ICBC"互联网金融品牌，主要包括"融e购"电商平台、"融e联"即时通讯平台和"融e行"直销银行平台三大平台，覆盖了支付、融资和投资理财三大产线，目前已经步入到"e-ICBC"3.0阶段。

具体实施路径为搭建服务及会员体系。以往对于如何将用户进行留存与促活方面，往往没有明确的方向，而会员体系可将用户进行区分，为各类用户提供不同的产品、权益或服务，做精细化运营，提升留存与活跃、促进拉新，让用户从中获得利益、优越感和归属感。充分利用人类的心理动机与情感来诱导用户，将用户一步步培养为忠实粉，同时也能实现企业的商业价值，从而实现企业与用户双赢。

1. 积分模式

积分模式分为两种，一种是会员等级式，另一种是虚拟货币式。会员等级式积分体系是指：在用户完成指定行为后，产品将给予用户一定的积分，积分累计后，用户会得到相应的等级或勋章类的荣誉奖励，并伴随着一定的特权奖励。虚拟货币式积分体系是指：在用户完成指定行为后，给予云客的一定虚拟货币激励，同时产品还需要配套的虚拟货币的获取、消耗机制，形成一个流动的闭环。积分模式比较适用于稳定的用户行为激励，适用于高频产品。

2. 付费模式

在积分模式上，付费模式最大的特点是会员不是免费加入的，而是必须支付费用，进而换取企业提供的权益服务。比如，高端信用卡的年费；视频类产品的月度/年度会员等；付费模式看起来是收费的，但本质上是为用户提供更优质的服务或更实惠的福利，重要的是企业的承诺与兑现，如果各类型的承诺越来越缩水，服务的质量越来越下降，付费的模式不但不盈利，更可能适得其反，营销非付费会员的企业的忠诚度。

3. 云客企业共享模式

企业共享模式，就是打造企业的共同体，转而为三方企业的会员用户提供服务。针对不同的企业群体需求，可配置会员权益、定制专属产品、配备优惠体系与开展用户营销活动等。举例来说，C直销银行针对B端企业，打造三大产品模式，为企业用户和会员创造更大的价值。

（1）"电子钱包"底层账户模式：这种模式适用于任何一家有会员体系的

企业。银行将Ⅱ类户作为会员体系的底层账户，为企业的会员提供财富产品与额外特殊权益。该银行与东方航空合作，除了余额理财底层账户服务外，还提供现金+东航积分混合支付的多功能电子账户，实现会员账户与钱包业务、云银行账户间的绑定，包括机票、酒店、保险等各类在线订单，都可以使用东航积分进行部分或全部抵扣支付，让用户消费、理财两不误。

（2）"易保"产品模式：这种模式为消费者提供中间机构进行担保，确保消费者的权益的同时实现云客类保证金锁定和解锁支付。如培训机构、房屋中介、会员储值等场景，通过易保账户既保证云客资金安全，又保证商户收款，有效解决云客与商户间信用问题。

（3）"会员储值"模式：该模式通过企业端合作+云客储值的模式，为云客针对性地提供各项优惠服务。例如C直销银行与广汽丰田开展会员储值消费合作，用户储值后获得厂家优惠补贴，储值金额也可直接用于4S店售后消费，同时还为储值金额配备"如意宝"余额类理财增值服务。

三、云客感知旅程3.0：全渠道价值主张

随着在云客感知旅程1.0和2.0取得成功，云银行既具备了精细化运营的能力，又具有了"超级IP"，这意味着在分级分权、激励核心云客的基础上，云银行已经沉淀了相当规模的样本云客库，可以基于样本云客推而广之的形成对全渠道云客的认知。

结合精细运营、超级IP以及样本云客库的建立，云银行将构建一套完整的全渠道价值主张，丰富云客能够获得的产品、服务，达成全渠道的极致云客体验，实现云客高度认可并接受的全渠道触达。

举例来说，直销银行可以采用H5、APP植入等方式，提供全渠道、全流程的用户陪伴服务，围绕开户、首次入金、用户活跃、产品签约、资产提升等客户生命周期，建立个性化、人性化的营销体系，从而陪伴用户成长、提升用户转化、提存和活跃度。F直销云银行搭建的用户福利平台，就是通过H5对接、植入合作方APP的方式，快速提升金融业务销量、延长产品销售周期、

提升流量商业价值。该平台从用户的开户、首单、复购等流程入手，汇集专业团队搭建丰富的营销活动，从而提升云客的促活、流失召回的效率。

未来，云银行将构建智能运营大中台，构建触达云客全生命周期的、智能化的线上经营体系。具体来说，纵向围绕用户生命周期，进行获客、激活、活跃、收入、传播等关键环节，落地智能化策略；横向基于用户人口属性、行为数据、账务数据、模型标签等，进行有效的云客分层和精细化运营。技术成熟后，商业银行也可通过SaaS平台输出云客经营能力，提升智能运营的价值。

第六章

聚合服务：云供应下的新型销售模式

第一节　云时代下的金融服务聚合

一、聚合服务的内涵：秉承"客户成功"的一站式创新服务

（一）客户成功的服务宗旨

依据安迪-比尔定律，硬件技术的迅速迭代发展，也推动了客户金融服务需求的升级。客户不仅有金融服务便利性、个性化等常规需求，还希望金融服务能够为自身成功创造充足的价值。在客户需求转变的推动下，云银行以客户成功为宗旨，力求提供综合化、场景化、无感化的金融服务。对于客户来说，银行不再是简单的销售金融产品，所有销售的产品都包含服务，而且这种服务是在客户成功的理念下进行聚合与实施。

聚合服务下的云银行可以将管理理念、技术能力、金融服务能力落实到产品中，然后把能力输出给客户，使客户能够共享资源，从而获得企业经营的成功。在这种服务体系下，银行不再仅仅担任传统的金融服务中介，而是紧密的合作伙伴。为了更好地提供聚合服务，银行首先要对客户有一个清晰

的定位，并了解客户的目标、客户成功的标准；其次，思考在引入银行服务之后，怎样使客户个人或团队变得更好，怎样传递最佳实践使企业客户更好地成长；再次，要保持主动性，持续地关怀每一位客户。在客户经历不同发展阶段时，持续迭代服务，保证金融服务与企业客户的适配性。

（二）具有互联网基因的金融产品创新

金融业从传统行业逐渐迈入互联网的大门里，它的改变并不是简单的"互联网"与"银行"相加，而是用互联网的思维在金融领域进行创新。大数据、云计算和区块链等技术的介入加速解决了传统金融在客户获取、信用评级和决策投资等方面的行业痛点，促使银行以互联网的方式解决客户的金融需求，如支付、投资理财、融资和风险管理等。

目前，金融业已出现多种具有互联网基因的金融产品。例如，在互联网账户领域的电子账户、会员账户、多级智能账户，在互联网支付领域的份额支付、积分支付，在互联网理财领域的余额宝、余额＋、智能存款、微黄金，在互联网贷款领域的微粒贷、微业贷等。技术赋能下，这些产品较易形成历史交易数据的积累，有利于银行了解客户的偏好习惯，提供场景化的金融服务。

（三）以客户为中心的一站式平台

通过打造以客户为中心的一站式平台，云银行将自身所能提供的多种面向客户的功能，以及所能连接的金融机构的不同产品整合在一起。聚合多元化金融服务，打通金融服务机构、营销人员和客户，提供丰富的匹配资源，切实提升金融的便捷性和易获取性。然后把线上积累的客户资源向线下导流，盘活银行网点资源，形成线上线下一体化的综合服务体系。

一站式平台不仅可以独立运作，云银行也可以为客户按需订制适合他们的标准流程；同时开放各个模块，能够对接或集成到其他业务系统，并根据客户的实际情况，对各个功能模块进行组合搭配，实现综合性管理和个性化需求的有机统一，从而更好地满足客户多元化、定制化的需求。

二、聚合服务的基础：SaaS化的服务模式

（一）架构在SaaS化上的金融科技

金融服务具有数量庞大的用户群体，但是这些用户群体不但具有地域分散的特点，更会随着现有市场需求，金融服务逐渐下沉。在新一轮科技革命和产业变革的背景下，新技术与金融的深度融合，深刻改变着金融服务的运作方式，也为金融服务的供给改革创造了新的契机。数字技术成为金融服务创新与发展的核心动力，促进聚合服务的发展。

在服务销售方面，大数据可以完善客户画像，辅助精准营销。在服务设计方面，金融机构利用技术不断拓展场景，为不同的客户群体量身定制差异化产品，优化客户体验，同时提高客户粘性。在服务效率上，技术打破了时间、空间的限制，满足长尾客户金融需求的同时，也为金融机构提供新的市场空间和新的盈利点。在风险控制方面，大数据、人工智能等技术为金融机构提供新的风险判定和决策手段。（图6-1）

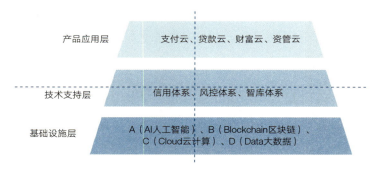

图6-1　技术与金融服务的架构体系

在安迪-比尔定律的支配下，云银行必须充分榨取每一滴硬件性能用在优化客户服务上。在云时代下，表现为创新金融科技服务服务需要能够得到开放、灵活的架构支持，以满足服务大量金融客户需要，云时代下，创新金融科技服务服务需要能够得到开放、灵活的架构支持，以满足服务大量金融客户需要，因此SaaS化是金融行业应用金融科技的趋势所在。从银行服务SaaS化

的层次而言，主要包括：系统底层架构和核心系统的云化，产品流程和服务方式的SaaS化，以及前端的场景和营销层面的SaaS化。在这个过程中，银行的服务从后端、中端到前端实现"前中后"整体系统和业务的技术升级。

具体来看，商业银行重新组合后台的系统和架构，并将它们布置在云端；重构银行的服务方式，将金融服务集成和聚合，通过开放云平台、标准化接口和SDK等方式，实现产品的快速上云，从而连接终端用户、同业机构、互联网公司等主体；基于云平台上积累庞大的用户交易和行为数据，对银行的业务进行场景服务、渠道服务的创新；最终形成弹性资源、实时计算、分布式存储以及聚焦前台、聚合中台、赋能后台的服务模式。

（二）SaaS化的聚合服务体系

目前，各大金融机构正在加快技术的布局，依靠自身科技建设，或者与拥有先发优势的科技企业和金融科技公司合作，推出的以远程化、数字化、云化为基础的聚合服务体系。

以民生电商为例，在服务金融机构的过程中，民生电商应用科技创新模式，协同金融机构升级金融产品，完善提升金融业务，以科技赋能金融机构数据增效、规模降本。此外，凭借定制化开发的SaaS等场景营销科技系统，以及超3000家品牌商的供应链体系，可快速为合作的金融机构构建多元化营销场景，并提供从系统平台搭建、频道定制、营销策划及后期运营等一系列精准营销服务。

在合作过程中，银行机构作为聚合服务的需求方，主要扮演三大角色：一是平台方，民生电商提供的企业福利内购场景嵌入银行APP或者是开放银行的云钱包等平台中；二是账户和支付服务的提供方，民生电商的福利内购仅仅是银行平台内的一个场景，但客户信息和支付敏感数据均由银行统一管理，确保客户数据保密和安全；三是增值服务方，结合民生电商提供的福利内购场景，银行可以基于客户的行为数据，为他们提供增值的金融服务。例如，为企业员工在理财和消费贷等方面，提供贵宾客户的待遇。

其中，手机银行和直销银行是民生电商和金融机构的重要合作方式。手机银行使得以科技为支撑、互联网为依托的民生电商得以发挥特长，聚焦场景化服务，实现金融服务创新及推动金融企业产业转型升级。

直销银行是互联网银行的重要探索模式。它充分利用新兴互联网平台的现代信息技术，借助互联网开展业务，连接各种不同的商业生态，为客户提供各类符合场景需要的金融产品与服务，从而形成开放、共享、协作的服务模式。低成本、轻资产和平台化运营成为直销银行发展的主流趋势。

民生电商凭借对互联网用户的充分理解，为H银行直销银行提供生活服务场景、精准营销和企业专属员工内购场景等服务。以H银行直销银行"集团钱包生态系统"的"云钱包"为例，民生电商通过SaaS服务模式，将提供的服务内嵌在"云钱包"中，作为"云钱包"的一项功能；并与其他金融场景聚合在一起，为企业客户、企业员工提供一站式金融服务，包括员工弹性福利、分销易、二类户代发、年节定制等丰富的场景服务，充分满足企业客户、员工的多重需求。除了与"云钱包"的合作，民生电商的服务同样内嵌在H银行直销银行的App中，可以从多个渠道触达客户。

三、聚合服务的模式：行业云＋金融云的闭环生态

为了对抗熵增定律，保持利润的持续发展和客户价值的持续发掘，云银行必须向生态系统内持续引入新的要素，并借助多场景协同的飞轮效应，形成可以循环自生的金融生态。云银行的经营理念就是云与金融的联结发展出"开放、平等、协作、共享"，未来整个社会金融服务体系将通过行业云＋金融云的模式，形成闭环生态，相互协同，相互赋能。

在这个闭环生态圈内，零售、能源、制造、医药、旅游、社交等不同行业都将形成各类SaaS化服务；银行也将聚合金融服务，成为高度开放共享的金融服务平台；银行与不同行业的客户互为平台，互为流量，价值共享。这种生态闭环模式将不同参与者的闲置资源盘活，用户数据也得以有效链接，并依据价值共享的盈利模式持续不断吸引新的参与者。在开放、共享的良性合作关系下，整个闭环生态实现健康可持续发展。

随着聚合服务的进一步发展，开放和共享成为金融机构的核心理念之一，生态平台成为服务聚合的重要路径和载体。银行不仅可以以自身为主体构建生态平台，吸引其他合作伙伴进来；也可以与企业、政府、金融科技公司等其他主体共建生态；同时还可以将金融服务嵌入或输出到合作伙伴的生态平台中。

银行自身具有海量的客群、低成本资金、强风控能力、金融牌照、商业信誉等优势，具备搭建特色生态平台的良好基础。同时，平台经济下产生的大量独角兽平台，具有场景基础、流量资源和数据资源。因此，除了银行搭建自金融生态平台以外，也出现一批银行与平台企业、ISV合作建立生态。这个生态注重发挥金融科技力量，把支付、线上财富、供应链、消费等集中在某一平台上，通过设计合理的分润机制，实现平台企业流量、数据的商业化，金融服务的聚合化、场景化。

大树科技作为蔷薇控股旗下全资子公司，是蔷薇控股集团整体业务布局中的科技板块，聚焦于供应链金融领域，通过对科技的深度运用，帮助供应链中的中小微企业获取到优质金融资源支持，也是蔷薇控股实现供应链金融Fintech平台的建设落地主体。

大树科技以科技为载体，融入供应链场景生态，为B端中小微客户提供借贷性服务。大树科技走出了传统的依托核心企业开展供应链金融服务的困境，改变了供应链金融的"1+N"、"1+M"模式，借助数字技术实现供应链核心数据闭环，将供应链上下游的经营活动全部数字化，从而凝聚出小微企业的信用，使供应链的核心企业与上下游小微企业互相独立，小微企业只需凭借自身的经营情况就可以获得相应的信用融资服务。

大树科技CEO杨善征介绍：目前，大树科技构建了5类金融生态平台，包括B2B SaaS平台、B2B支付平台、B2B服务平台、B2B交易平台和针对园区、商场等特殊群体的平台。商业银行成为平台的资金方，平台通过与银行进行API链接，提供获客、运营、风控等服务。其中，运营是平台日常最重要的工作之一，而风控已经实现了与银行80%的同步率，即平台向银行推送的客户及相

关额度核准占银行最终核准授信的客户及额度的80%。

"百煤云"智慧化煤炭供应链平台是大树科技自建的B2B交易平台，主要为客户提供线上交易、结算、物流、集中采购、仓储智能化监管、质检、大数据服务、价格保险、运费保险、供应链金融服务等组合解决方案。杨善征介绍，百煤云是把煤炭交易的各个节点落地为交易流程。中小企业只需要做好生产，顺利将货物交给百煤云，后续的发货、物流运输、交货等环节都由百煤云负责。"中小微企业只需做好业务，资金方面就由蔷薇解决"杨善征如是说。

杨善征认为在新的数字环境和新的生态下，需要新的思维创新，但也是需要大家协作，任何人只能做好一件事，无法一统天下，专业化分工才是未来的趋势。在开放的金融生态中，大树科技作为一个合作伙伴，需要与商业银行等其他机构或组织对接起来。无论是自建平台还是嵌入其他头部流量平台，大树科技凭借自身供应链和科技的两个强大基因，致力于供应链金融资产的科技化生成，建立科学的数字风控模型，以供应链金融思维找准风控点，实现供应链的数字闭环，从而更好地服务小微长尾客户，实现数字供应链金融与供金普惠的结合。

第二节　云银行聚合服务的四朵云

一、聚合服务之支付云

（一）产业互联网模式：基于全产业链的支付服务

支付是最底层的经济活动，是各行业商业活动的基础。每一次产业格局的调整、技术形态的升级都首先在支付领域产生变革。从现金支付到刷卡支付，再到移动支付，支付酝酿并且见证了一场又一场重大的消费升级。

随着产业互联网如火如荼的发展，传统企业升级业务模式，分别从供给侧、需求侧重构业务，打通产业链上生产、流通和消费多个流程，去除不增值冗余环节，建立新模式下的产业价值网络连接。在这个过程中，银行的支付服务不仅仅局限在支付，而是通过支付能力、账户能力与科技能力，协同产业互联网平台的业务发展。

对于银行来说，产业互联网模式下的支付服务立足于产业互联网平台上积累的数据、信息和场景，以整体产业生态为核心设计金融服务，连接所有平台参与方。其重点提供以企业支付为中心及由此衍生出来的其他相关金融服务，通过构筑更快捷、更安全、更高效的支付体系来夯实产业互联网平台的基础设施（见图6-2）。同时，为避免由于账户体系的条块化与垂直化引起数据和信息的碎片化与单一化，聚合支付成为银行的创新支付模式。银行可以聚合各类支付通道，如网上银行、手机银行、第三方支付等，通过统一渠道支付路由保证企业支付的最快捷和最低成本，形成全场景、深度嵌入以及开放生态的支付服务。

1. 全场景支付服务。银行可以通过聚合支付能力，完成产业互联网下全支付场景的覆盖。并通过场景衔接，将商流、信息流，物流，资金流合一，积累沉淀海量精确的支付数据，为其他金融服务奠定基础。

2. 服务深度嵌入。银行在提供支付服务的过程中，能够深入嵌入企业的供应链、服务链、金融链，以及消费者决策和交易过程，从而提升客户黏性，提供更多服务创造出新的商业模式。

3. 开放的产业生态。产业互联网模式下呈现出参与者的开放性和资金流的封闭性、自偿性的运营特征，形成产业与金融的生态化。

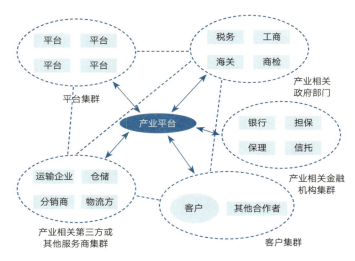

图6-2 基于全产业链的支付服务

（二）SaaS+模式：基于行业SaaS的支付云服务

随着5G时代的到来，云已经成了5G时代的基础设施，2019年中国公有云市场规模为668.3亿元，预计至2020年可达到949.6亿元，中国企业服务SaaS市场稳步增长，云端商业SaaS企业发展加快。2020年中国小程序用户规模将达到8.3亿人，此外直播电商及短视频市场规模分别预计达到9 610亿元和410.2亿元[①]。新兴渠道的兴起改变了很多企业的商业模式。其中，SaaS是一种以互联网为基础提供软件服务的模式，具备简化管理、快速迭代、灵活付费和持续服务等优势，越来越受到企业客户的青睐。企业开始与提供全链路全场景服务的云端商业SaaS服务商合作，进行产业化转型。在金融领域，SaaS被业内广泛认为是支付云发展的新赛道。

企业的SaaS化、平台化赋能银行将支付服务拓展为一种企业服务能力。支付不仅仅涉及普通资金往来，也涉及票据、数字货币等金融工具，而且涉及企业内部的财务系统、业务系统以及外部的银企系统等多种内外部系统。同时，支付也是一切交易数据的入口，只有支付才能带来数据和信息，才能

---

① 艾媒咨询．2020H1中国企业服务SaaS行业发展研究报告．

源源不断地为大数据提供资源，为接下来的大数据决策提供真实的依据。因此，银行在提供支付服务时，可以以SaaS服务模式，从狭义的支付服务拓展为更完整的资金处理服务能力。

在"支付+SaaS"的商业模式下，银行切入支付场景，以其为综合金融服务体系的入口，将自研的SaaS产品以及与ISV合作的SaaS产品进行整合，为不同类型的客户打造综合化、定制化的场景解决方案。简而言之，银行将聚合支付的能力整合，并打包成一整套的营销支付解决方案以提供行业SaaS服务，触达行业链条上的B端、b端和C端客户，构建面向企业的到端服务能力。[①]

面向未来，行业SaaS+支付已成为云银行的主流选择路径，在这一主流路径基础上，进一步又可细分为三条路径，分别是云银行自建行业SaaS服务平台、云银行与SaaS服务商进行战略合作、云银行投资或并购SaaS服务商和云银行补齐自身SaaS服务能力。银行立足于"订单+支付"的场景，叠加行业SaaS产品并由此衍生出新的场景支付。一方面，为B端客户构建"千户千面"的定制化解决方案能力；另一方面，帮助B端商户更好地服务底端的C端客户，最终形成规模广、黏性高的C端用户流量和B端商业场景，与客户深度绑定、数据产品化、管理云化的商业模式（见图6-3）。

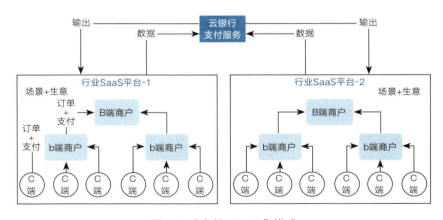

图6-3　"支付+SaaS"模式

---

① 新浪财经."支付+SaaS"业务模式演进，能否支撑汇付天下，2020–09.

二、聚合服务之贷款云

（一）互联网贷款模式：银行自主风控的线上贷款服务

随着大数据、人工智能等技术的发展，科技与金融的融合、渗透的力度日益增强，金融科技公司具有的场景、流量优势与银行等金融机构的资金、牌照优势形成了良性互补。在此背景下，以"银行自主风控的线上信贷业务"为代表的互联网金融业务应运而生。

目前，部分商业银行开始主动识别存量客群或潜在客群的金融需求，自主设计、开发相关产品与场景，并主导风控流程。同时，监管机构也在积极引导商业银行开展自主风控、自担风险的线上消费贷款业务。虽然在本阶段银行也会借助外部流量来获客，但流量平台的作用主要是纯导流，贷款客户的申请、风险识别、放款以及贷后操作均由银行自主进行。

开展自主风控的线上信贷业务需要商业银行具备三方面能力，一是提高KYC能力和产品设计能力，这就要求银行从客户挖掘出发，主导金融产品的开发，并与现有产品、营销、组织形成合力；二是需要具备完善的自主风控能力，包括客户选择、贷前审查审批、授信定额定价、签约、放款、支付、贷中监控和贷后管理全流程；三是需要具备线上贷款的运营能力，从客户的获取、留存以及促活方面进行全流程的管控。

目前国内典型的自主风控消费贷款产品有微众银行的"微粒贷"、招商银行的"闪电贷"和建设银行的"快贷"产品。从自主风控的数据维度来说，互联网银行在用户互联网行为、交易数据获取上具有较大的优势，针对互联网客群的画像更加充分；传统银行自主风控的产品数据维度更多的还是以代发工资、公积金等数据为基础，面向的客群也多以本行客户以及部分他行优质客户为主。

Z银行在金融科技领域推行ABCD战略，分别是AI（人工智能）、Blockchain（区块链）、Cloud Computing（云计算）和Data（大数据）。与传统银行不同的是，Z银行的科技投入不仅仅是降本增效，更能直接进行商业输出，为公司带来实实在在的收入。

1. AI（人工智能）

基于人工智能技术，Z银行开发的应用包括"微金小云"智能客服机器人；基于人脸识别的KYC（Know Your Customer）、Aurora Guard（极光守卫）服务等（见图6-4）。

"微金小云"的开发有微信模式识别团队参与，基于微信千亿级的数据量，使用深度学习模型训练而成。可以为用户提供7×24小时、高效、精准、个性化的在线咨询服务。智能客服节约大量人力成本。通过机器人客服加上8个人工客服，Z银行就能处理日均90万的消息量。

KYC服务由Z银行联合腾讯云安全全天御、腾讯有图而开发出以人脸识别为核心的金融级多因子身份验证服务程序。KYC包含身份证OCR及验证，银行卡OCR及三或四要素验证，并支持SDK、微信公众号、小程序等多种渠道接入。

在KYC基础上，Z银行于2017年11月推出光线活体检测技术Aurora Guard。Aurora Guard与普通的人脸识别技术相比主要有两大优势，一是刷脸验证时不再要求用户做任何动作，保持静止即可；二是适用范围更广，硬件要求更低，支持所有移动设备和机器使用。

图6-4 Z银行基于人工智能开发的应用

2. Blockchain（区块链）

在传统的清算模式中，交易和资金结算分开，双方各自记账，当交易完成后，双方需要花费大量的人力对账。因为数据由对手记录，双方都无法确认数据的真实性。

区块链技术拥有去中心化、开放性、自治性、不可篡改、匿名等特征，Z银行将区块链技术运用于联合贷的备付金管理与对账平台。引入区块链技术后，由于所有信息都记录在区块链网络上，并且无法篡改，交易过程可以并行清算——这就做到了实时清算，合作银行原来"T+1"才能拿到的数据，现在可以进行实时调阅和核对。在联合贷款的模式下，Z银行和数十家合作方银行之间的资金清算比传统银行频率高出许多（见图6-5）。

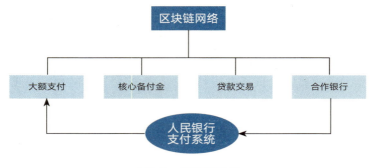

图6-5　区块链网络

3. Cloud Computing（云计算）

Z银行开启行业先河，其IT架构是全分布式的去IOE开源架构，将整个IT体系搭建在云计算基础之上，自身业务系统已经全部上云。

传统银行IT成本为20~100元/账户/年，而该银行在完成去IOE架构之后，其IT成本不到行业平均10%。同时，Z银行还把自身云计算产品做了整体封装，对外进行商业输出，直接满足金融同业客户需求。目前已经有多家银行使用Z银行的智能云客服服务，这套智能云客服系统可以通过腾讯云快捷、安全、零成本进行接入，解决金融企业客服人力成本高，服务效率低等问题（见图6-6）。

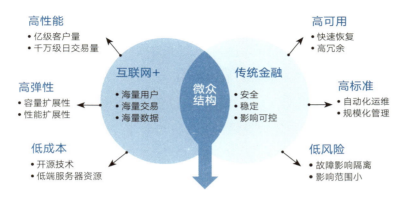

图6-6 自主可控的全分布式架构

4. Data（大数据）

Z银行的大数据技术应用主要在于构建其大风控体系，一是借助传统征信数据源+腾讯特色数据源，构建自身专有的征信数据源；二是在专有数据源基础上，开发一系列带有"互联网风控"特色的模型对客户进行全面信用评估，实行贷前、贷中、贷后全流程风险管控。

高质量数据来源奠定高风控水平的基础，在Z银行专有数据源体系中，包含微信、QQ、财付通、TC安全平台（国内最丰富的反欺诈数据平台之一）等深度的社交、生活财务数据。

Z银行基于传统信用数据和腾讯专有数据两大数据源，运用大数据技术，建立了风险计量等一系列模型，广泛用于贷前、贷中、贷后的白名单筛选，以及反欺诈等日常风险控制工作（见图6-7）。

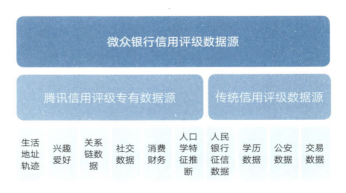

图6-7 Z银行信用评级数据源

（二）开放银行云模式：客户数据安全共享的贷款服务

2018年，开放银行（Open Banking）概念开始兴起，开放银行意味着一种全新的银行业态，促使银行回归以客户为中心，开放银行与"十三五"规划中"开放、共享"理念不谋而合，对普惠金融的推进有重大意义。

开放银行是一种用户无须提供密钥即可与其账户所在机构之外第三方分享和掌控自身金融数据的新方式，即基于数据的安全共享，用户可通过第三方管理自己的银行账户，选择更好的金融产品和服务。倡导者认为这将促进金融领域的竞争，有利于为用户提供更好的服务。

开放银行基于API等技术实现银行与第三方之间数据共享，从而提升客户体验的平台合作模式，其中开放API技术是其最主要的实现形式。三类参与者构成了一个完整的开放银行生态：后端是把数据开放出去的银行；中间层是期望共享数据的第三方机构、开发者等；前端是千业万态的商业生态系统。三类参与者的角色相辅相成，缺一不可。在贷款业务领域，银行不再像以往那样直接将产品和服务传达给客户，而是将由信贷产生的客户数据通过开放API技术对第三方机构共享，通过第三方机构开发各种商业生态，间接为客户提供金融服务，本质上体现出"场景在前、金融在后"的思想。

2018年7月，X银行发布了"API Bank无界开放银行"，引发国内开放银行建设的浪潮。X银行的"API Bank无界开放银行"是连接底层基础金融服务和上层商业行业场景的"接口"，负责将底层的账户管理、支付、融资等基础金融服务进行组装，方便上层商业行业场景的随时调用。除此之外，API Bank也可在底层金融服务中融入大数据、区块链、人工智能、机器学习等新技术，用科技赋能金融服务；还可联结科技公司、政府机构、企业等不同行业主体，为其开放API金融服务接口，提供模块化、定制化的金融服务。

在场景上，X银行围绕To B、To C和To G，整合行内资源链接生态场景，打造开放共享的数字化信贷商业模式。

一是在C端，手机银行是重要的触客平台。2019年，X银行推出手机智能APP10.0，建立开放用户体系，吸引行外客户。其在获客方面颇显成效：截至

2019年底，个人手机银行客户4 259.57万户，较上年末增长22.89%；互联网支付绑卡个人客户3 828.92万户，较上年末增长26.06%。

在平台基础上，X银行与多种场景对接，构建开放式零售信贷APP体系。比如，X银行基于其客户账户分类和升级体系，与京东、苏宁、本来生活等平台通过API方式进行服务输出、整合，实现了在线服务和平台权益共享；同时，X银行推出"浦惠到家"服务，截至2019年底，注册用户突破100万户，通过构建场景化营销获客、厅堂联动引流、存量客户回馈三大功能，初步形成了"场景化、线上化、生态圈"的零售数字生态雏形。

二是在B端，X银行也在API Bank的基础上对接场景。2019年12月3日，X银行发布《小企业"1+N"线上整体解决方案1.0》（以下简称《方案》），通过API Bank将贷款服务嵌入政府平台、产业互联网平台、供应链平台、大数据平台、电商平台、核心企业平台等场景，形成"1+N"的供应链金融生态圈。小企业可以直接在线预约开立企业结算账户、在线申请贷款、在线还款，金融服务融入场景。《方案》包含"e商贷""e保理""e贴现"和"e账通"四款小企业专属金融产品，将金融服务嵌入供应链上支付、清算、物流、仓储、运输、通关、订单、销售等各环节。据悉，X银行已与阿里、京东、普洛斯、摩贝等超百个供应链场景建立了合作，为数千家小企业提供金融服务。比如，X银行与摩贝生物合作推出"摩浦e商贷"，针对化工行业小微企业，2019年7月上线，截至2019年11月累计放款已超过1亿元。

三是在G端，X银行与上海国际贸易单一窗口快速对接，将金融服务嵌入单一窗口平台，不仅提高了企业开展跨境贸易的效率，也帮助政府部门实施对进出口业务的全链路跟踪管理。

三、聚合服务之财富云

（一）场景模式：嵌入场景的财富管理服务

当下银行服务的竞争核心是场景，场景是赢得客户的关键。在金融对场景的嵌入中，互联网企业、产业链巨头领先同业走出了一条内部场景到数据

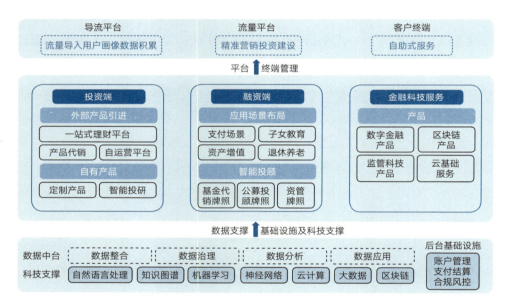

到科技到金融再到外部场景的螺旋交织之路，自有场景里诞生的数据和科技如水和黏合剂，将场景与金融深度捆绑融合。银行在获客方式上，向平台获客、批量获客转变，服务客户的客户。随着以客户为中心的经营时代，财富管理更加强调用户体验，通过场景切入易于转化为金融财富的客户，谈判和沟通成本较低，易于快速切入。银行在融资端进行应用场景布局，通过推进金融场景化引流财富管理的客户，并在投资端引进外部产品，布局金融科技服务，形成数据积累的导流平台、精准营销的流量平台与自助式服务的客户终端（见图6-8）。

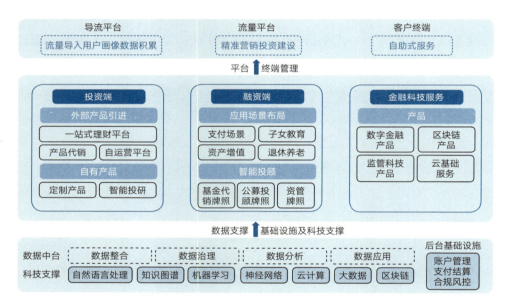

图6-8 财富云的场景模式

（资料来源：蚂蚁集团，腾讯理财通，京东金融，华泰证券研究所）

1. 特定特征客群的特定销售产品范式。抓住各家企业互联网转型的趋势，以对场景开发，对集团客户开发。原来抢占人流量密集的网点和ATM，现在抢占场景和流量制高点。

互联网头部客户、部分优质集团企业客户纷纷借助其自身科技资源迅速与银行链接，为员工、会员提供金融增值服务。通过场景切入得以迅速重构发展版图、优化服务体验、改善客户体验。目前仍是一个跑马圈地的历史时期，如果回顾我国银行发展史，曾经经历过线下抢占人流密集的网点、抢占人流密集的ATM的地址，还是似曾相识，只是转战到了线上，全力抢占线上的人流制高点成为很多银行财富管理的选择。

目前与大流量企业合作成本也越来越高昂，A银行直销银行与该行行内集团企业的合作，也是在结合该行自身优势的战略选择。其直销银行抓住各家企业向互联网转型的历史趋势，抓住该行目前公私联动相对薄弱的历史机遇，以对场景的科技开发为抓手，全力推进"三大计划"包括"集团员工福利计划""集团会员服务计划""集团分销增值计划"在该行集团企业客户的开发。

2. 构建财富管理场景。大场景是各家银行抢占的重点，对于流量不大但是有员工和会员管理要求的集团客户，在满足企业员工和会员的福利计划的服务中，做深和做大财富管理。

把"数字化、移动化、深度场景化"作为主要发展方向，力争提供一体化账户及基于账户的互联网金融服务，成为很多银行与平台构建场景化金融的合作目标。随着市场成熟度日益提升、金融产品、金融服务同质化严重，对标互联网金融平台，银行不仅面对来自金融产品上的竞争压力，在科技驱动下，银行还面临来自敏捷创新、快速迭代下客户获得的即时体验，通过建立多种对接渠道实现快速对接战略集团客户和企业客户，快速覆盖企业、为市场开拓切入场景、为企业员工、会员提供专属福利、为银行其他条线部门的交叉销售作出积极贡献。

基于特定的场景，A银行直销银行开展基于客群特征的财富产品的定向销售。截至目前，该直销银行已经摸索了2年多的时间，并逐步探索出标准的范式和创新的产品解决方案。其围绕"企业员工福利计划"开展企业员工财富产品定向服务，并与国家电网、华能、天翼等大平台累计合作服务50多个企业项目。在员工福利计划实施中取得了双赢的效果，企业促进了员工的财富增值、增强了获得感，该直销银行获得了财富管理客户和金融资产。在持续开展"企业员工福利计划"推广的过程中，该直销银行逐步梳理出适合服务企业员工、企业会员、企业客户的业务合作销售模式。在合规管理的前提下，进一步精细化服务与管理，提升业务模式的标准化运作。

从整个互联网财富管理市场来看，目前多数平台都在做大众化市场，但不同群体的用户对理财的需求也有所不同，而互联网财富管理平台应当围绕特定的细分群体，深度挖掘其财富管理需求，同时结合人群特性提供合适的理财产品，并进行场景覆盖提供定制化的理财服务，这样能够在一定程度上提升客群黏度，有助于构建行业竞争壁垒。

未来，建立"信任度+做客户旅程+产品更精细化"的销售和推送，推动专户产品、信托产品，根据客户资产的交易行为和交易情况做匹配和数据应用等是财富管理业务的突破点（见图6-9）。

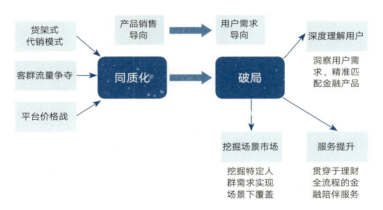

图6-9　财务管理业务的突破点

（二）BBC模式：以标准化接口批量获客的财富管理服务

BBC是当前主流获客模式，也是未来银行新增获客的主要来源。这种业务模式是一种"零售业务批发做"的概念，但业务的抓手已经不再是大量资源投入，而是依靠"业务模式领先、科技领先"。如新网、微众、网商银行等获客主要来源于第三方平台。通过平台合作的BBB、BBC模式实现快速获客，构建分层的用户服务体系；抓住平台上用户的现金流，打通用户增值迁徙路径，实现线上获客和转化，以及客户的交叉营销和综合开发。借力金融科技，将按需定制的金融服务嵌入为产业链和生态链上，为平台企业、中小微企业、消费者提供包括支付结算、财富管理、网络融资、数据服务等一揽子金融服务，构建各方共赢的生态体系，降低成本，助力实体经济发展。

银行在布局线上财富管理服务的过程中，围绕平台和行业企业向生态B端和C端客户辐射的需求，提供"自金融式"生态金融服务，开展金融科技输出。银行通过完善财富产品开放互联平台，经营外部流量营销获客，整合标准化产品，推出财富管理开放平台。例如，向ISV服务商提供专属的金融云服务平台，包括丰富的API接口和开放型产品，借助自身强大科技开发力量和齐全的金融产品库，以及灵活快速的第三方合作标准化输出模式，与同业机构合作形成优势互补，以开放平台实现线上申请、自助开发调试上线，从而整合资源、聚合流量。

B银行直销银行在财富管理中打造"APP+API"平台，做好基于"互联网银行账户体系"的产品和接口开发、项目业务自营，用互联网平台的经营理念和模式来快速实现批量新增行外获客（见图6-10）。

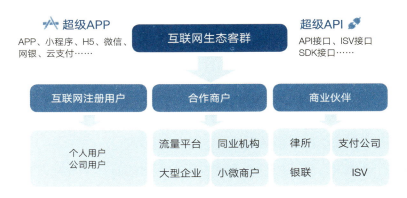

图6-10　互联网生态客群

该直销银行与联通的钱包账户合作，通过相互赋能，实现财富业务的快速拓展。通过将电子账户+"如意宝"与联通账户的个人客户的账户对接，赋予该账户金融属性，该账户中个人客户的资金余额可以实现自动理财，也就是自动购买T+0货基，实现余额增值。该项目自上线以来，为B银行直销银行贡献了200万~300万个人客户。如果银行按照传统的网点发展模式，要获得200万~300万个人客户，是需要巨大人力投入的，即便是通过银企合作银行端也要付出大量成本。而B银行直销银行的模式是通过"BBC"业务模式领先、科技优势得以实现。而且这类模式还有一个非常明显的特征是，企业端的退出成本非常高，因此可以为B银行直销银行长期锁定客户。

（三）生态模式：嵌入到企业会员体系的财富管理云服务

随着产业链平台各主体的多方合作日趋紧密，银行服务触及产业链内部各个角落，服务半径逐步扩大，跨界成为必然。银行与平台产业链各主体合作通过金融服务打通产业链上的关键节点，构建相互合作、互联互通、优势互补、相互赋能的生态；借助数字化和金融化工具优化获客模式和服务模式，从而快速提升业务规模，引导企业和个人会员快速进入，促进平台服务升级。

银行财富管理将围绕平台经济进行生态化、数据化、流量化持续演进，打造开放型的综合性财富管理服务。银行将财富管理融入平台产业链和生态链的金融服务模式，以平台侧为主，银行与平台直连，输出金融服务能力，构建产业链上平台与平台之间相互嵌入的模式，银行充分发挥自己的优势，帮助平台打通产业链上下游资金流和数据流，实现互利共赢。

H银行的直销银行作为其科技金融战略的核心组成部分，受到全行业的高度关注。该行不断地探索和尝试，随着市场谋变，抓住互联网不断渗透国民生产、生活，科技金融不断赋能企业，造福千家万户。

H银行直销银行自上线以来，秉承融入产业链的合作宗旨，利用金融科技、依托电子账户，深植不同平台的服务生态，通过不断探索创新模式，与合作方共同打造场景金融，实现平台赋能。先后服务三大电信运营商、国家电商、宇通、富士康等大型企业。该直销银行通过将财富云嵌入到企业会员体系助力企业转型和升级，业务发展亮点在于金融科技的策略定位，先后成功实施了金融科技+产业（国网电商、宇通集团、富士康）、金融科技+医疗（冠新）、金融科技+电商（京东）、金融科技+运营商（中国电信、中国移动、中国联通）

等战略布局。由"简单的银行"服务入手，逐步渗透合作企业的产业链，在合作企业的传统布局基础上迭代金融服务场景，并为该行的其他部门创造业务机会。

以国网电商平台为例，H银行与其合作业务已经覆盖电费代收、全国电费代扣、理财账户缴费等业务领域，并继续在创造新的商机。坚持用户流量经营，打通C端与B端、资金与资产、行内与行外用户，发挥H银行直销银行平台连接器的作用。H银行直销银行获客近60万户，超95%是他行客户，获取金融资产余额21亿元，其中他行卡资产余额19亿元。围绕国家电网公司建设和运营电网的核心业务，H银行直销银行成功打造集"金融+科技+产业"的综合性服务平台（见图6-11）。

图6-11 国家电网——电e宝平台

四、聚合服务之资管云

（一）Originator模式：差异化经营的资产证券化服务

Originator模式也称为信用中介平台模式，由自身能够产生资产的信用中介平台将缺乏流动性但具有可预期收入的资产通过在资本市场上发行证券的方式予以出售，以获取融资并最大化提高资产的流动性。信用中介平台属于拥有金融资产的放贷人或者放贷人的关联方。

这类模式包括两类不同平台：电商系互联网金融平台和金融系信用中介

平台。前者依托互联网企业的高用户黏度、强服务渗透能力，以及强大的信用基础形成金融消费场景；后者依托传统金融机构丰富的金融操作经验，以其强大的资信力、金融产品设计能力和风控能力，聚集众多的交易要素。无论是电商系还是金融系平台，其资产证券化主要源于自身的风险管理及资本释放。

在资产证券化业务领域，过去大而全的业务已不能适应精细化管理和数字化风控的要求。目前，平台切入细分资产，进行多方位生态合作，通过差异化经营策略，进行不同的业务探索。

切入细分行业或场景。电商平台发展至一定阶段，通常针对积累的商户提供供应链金融服务，或者基于某一细分的互联网消费场景提供消费金融服务。这种模式以供应链金融、消费金融等债权为资产端，挖掘差异化的资产供给，形成特色的业务经营模式。银行平台也开始与产业深度融合，结合不同产业全环节的交易数据，更好地进行信用风控。

拓展数据维度。平台通过自建场景积累交易数据，或者与征信风控机构、数据服务商等专业机构合作获取多维度数据，从而全方位了解用户信息，提高对债权的管理能力与风险预警能力。

与线下机构合作。由于融资方有较强的地域限制，线上平台较难仅靠线上数据进行充分的尽职调查。这些平台通过与线下小贷公司及担保公司合作开发客户及在线上进行债权转让，从而缓解信息不对称的问题。

T银行构建的安驰产品体系，是典型的互联网金融资产证券化Originator模式。该产品体系实现了优质资产与投资需求的对接，完善资本市场的结构，改善资源的配置，提高资金的运作效率，从而促进经济结构的优化，达到为实体经济服务的目的。

1.贸易金融资产证券化的批量交易

安驰贸易金融资产证券化业务，突破了单笔项目操作的局限，打造的贸易金融资产证券化批量交易模式，解决了证券化审批流程和贸易融资操作效率要求的矛盾。

　　T银行通过和券商及其他中介机构合作，以国内信用证开证行确认付款的应收账款、银行付款保函担保的应收账款及银行作为保理商提供给买方信用风险担保服务的应收账款为基础资产。通过操作流程、会计核算、交易结构和法律文本的标准化，借助遍布全国的机构网络，将不特定原始权益人的贸易、工程及租赁项下的应收账款债权委托T银行转让给资产支持专项计划，实现了资产入池的批量操作。

　　T银行设计了多次尽调和按节点分解的流程安排，并安排了周密的时间节点，操作效率大为提高。同时制定了严格的运营规则和操作指引，从而将资产证券化的资产服务和运营管理标准化。通过一系列的结构设计和流程、管理安排，构建了资产证券化的批量交易模式。

2.互联网撮合应收账款资产证券化

　　为了进一步满足资产证券化市场上各方需求，T银行研发e安驰系列产品。该产品通过互联网渠道直接撮合应收账款资产和投资人，将应收账款资产转让给投资者，募集保险、银行理财、银行账户直投等机构投资者、公众投资者以及同业资金，拓宽资金来源渠道，实现资金来源的多元化。该创新产品充分地将T银行的贸易融资业务与互联网金融完美结合，使投资人、融资人及平台实现共赢；该产品的交易结构如图6-12所示。

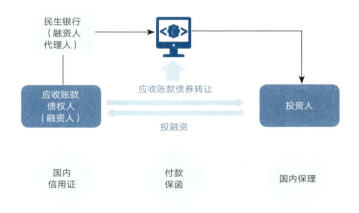

图6-12　"e安驰"业务交易结构

e安驰产品非银行发行产品，不属于理财业务范畴，是应收账款无追索权地转让按投资者认购的金额转让给投资者，实现风险和债权的真实转移，属于直接投融资关系。对投资人而言，其将应收账款无追索权卖断，风险自担；对T银行而言，接受融资企业委托办手续，而非授信业务，其为买方提供正常贸易金融服务，按正常的信用证、保函等业务进行会计核算，按监管机构的要求计提资本、拨备；而互联网平台不承担任何风险，只做信息发布和提供交易。

在风险控制方面，e安驰设置了严格的风控体系：首先，选择了资信优良的合作平台；其次，在使用客群上，申请人限定为中小企业准入，同时控制投资人数；再次，对于每一笔产生的业务逐笔结清；最后，对于支付资金，由第三方存管，同时加强付款保障银行的准入管理，优选优质资产。此外，对于信息披露上，适当、充分地揭示风险。

T银行借助该产品，打造了一个交易各方互利共赢的局势。对投资者而言，e安驰产品不仅安全性高、门槛低、操作简便，而且可变现、收益高。对融资者而言，一方面能引导社会闲置资金投向实体经济，符合国家政策导向；另一方面简化了客户端流程，促使融资更简单更快捷。对T银行而言，它能将资金来源渠道拓展至个人，减少同业依赖。

（二）Sponsor模式：专业化分工下的资产证券化服务

在Sponsor模式下，资产证券化的发起人通过收购其他原始权益人（比如互联网金融平台）的贷款债权，将债权转让汇集后再进行证券化出售。发起人通过使用过桥资金来收购互联网信息中介平台的债权进行证券化，而不是自身作为原始权益人将基础资产进行证券化。

这是一种更细致化的专业分工模式，其解决的是资产规模较小的平台快速回笼资金的问题。作为资产证券化发起人，Sponsor模式平台为了套利而从事证券化，通过债权转让并汇集各种渠道的基础资产组成资产池，以达到有效管理风险和现金流，实现资本和风险在基础资产原始权益人和投资者之间的二次分配和利用，通过提供基础资产估值、风险评估、增级、网上销售等配套服务从中套利。资产证券化的原始权益人将基础资产转让给发起人后，实现了以较低的成本和较少的精力将资金有效地利用起来，他们不再参与到资产证券化的其他环节当中，可以更高效地回笼资金，直接降低其财务成本。与Originator模式相比，Sponsor模式提高了整合资本的能力、风险管理水平，促进了证券化产品的流动性。

万达集团与快钱公司联手推出了互联网金融业务，稳赚1号是它们共同开发的国内首个商业地产众筹项目，以创新的互联网金融方式突破了传统商业地产的融资模式，使资金直接流向万达广场的建设之中，助力万达集团向轻资产的服务型企业转型，实现其在商业地产领域的持续快速扩张。

作为万达集团在互联网金融领域的首发产品，稳赚1号具有以下几个特点：

一是投资者的身份与理财产品投资人类似。稳赚1号的众筹投资者出资是为了集中购买"万达稳酬"的合伙份额收益权，并不是想直接持有私募基金"万达稳升"的合伙份额，其所投资标的为"发起人作为合伙人在万达稳升中的各项收益权利"。

二是现金流收益具有REITs的特点。稳赚1号的收益由两部分构成，一部分是拟开建的万达广场项目每年派发的租金收益；另一部分是在退出投资物业项目时一次性发放的增值收益。如果投资者想快速变现，可以借助快钱的转让功能，在项目成立3个月起选择流通变现。虽然投资者认购的是合伙份额的收益权，但这种收益权包括不动产租金及增值收益，是具有流动性和回购保证的。同时，从整个运营模式来看，万达商业的运作已具有REITs的核心特点，实现了典型的轻资产模式。在整个项目中，万达商业只负责选址、设计、建造、招商及管理等流程，获取其中30%的租金收益，该理财产品资产增值收益和租金收益的绝大部分均归投资者。

三是具有互联网金融资产证券化的特点。首先，从交易结构看，稳赚1号通过互联网认购，且要求较低，项目所筹资金直接投资于万达广场建设，服务于实体经济，体现了互联网金融模式交易方便快捷、造福大众的特点。其次，稳赚1号产品用拟建设的万达广场资金流作为资金来源，通过发行可交易的证券进行融资，投资者通过认购收益凭证而获得现金流收入，具有资产证券化的特点。

四是具有Sponsor模式的特点。从交易结构看，新建的万达广场项目也可以被纳入该私募基金的资产池中，同时以新发行受益凭证的形式将其产生的现金流进行交易，使得该基金以及快钱平台成为一个募集、发行和交易平台。

第七章
聚合数据："精致"打造数据框架，多维延展"数据业务化"价值

第一节　云数据的概念

一、云数据的产生：基础业务数据衍生

摩尔定律直接引发了数据多元化的大爆炸，在聚合流量和聚合服务的基础之上，云银行开展业务的过程中必然会积累大量的结构化信息、非结构化信息、半结构化信息，构成了基础业务数据。云上渠道运营能力的创新和提升离不开以上数据的支撑和使用。云银行借助金融科技赋能，通过数据和业务的结合，使"业务数据化"和"数据业务化"互动循环起来。基础业务数据因此发生了化学反应，逐步解析、衍生、应用，最终反哺业务，帮助业务更好地理解客户、触达客户、推荐产品、防控风险。云数据也由此诞生，在形式上表现为基础业务数据的解析和衍生产物，在内核上与客户的业务场景和行为场景紧密关联，其本质是客户"需求—行为—信息"关系在数据层面的映射体现。

从云银行的视角看，基础业务数据随着云银行业务而不断产生，按照业务的不同组成部分，对云旅程、云服务在过程中产生的内外部基础业务数据

可描述如下。在为客户提供云旅程的过程中会产生基于客户的基础信息，如姓名、身份证号、银行卡号、手机号四要素信息，同时，涉及在云触点，也可以沉淀下来的客户的设备信息、环境信息等，比如设备唯一标示，地址位置信息等；在为客户提供云服务的过程中，会产生客户的交易信息，比如具体的登录、注册、开户、存现、取现、转账、消费、签约、查询等行为记录，根据提供的云服务不同，又会产生不同类型的数据，比如财富云、支付云、贷款云、资管云，每一类型的数据都可以体现客户在某一方面的特征和需求。此外，云银行在提供云服务的同时，可使用大量的外部数据作为内部数据的补充，按照来源不同，外部数据会分为来自监管机构、国家机关、行业联盟、转接清算组织、合作方、第三方等。

从客户的视角看，基础业务数据随着不同的业务场景和行为场景产生。将基础业务数据置于不同场景之下，将赋予基础业务数据更多的背景信息，有助于形成维度丰富的客户画像。云银行依托分布式核心系统，将生产场景、消费场景、生活场景过程中产生的大量不同维度的数据积累起来，按照大类可以划分为场景数据、应用数据、交易数据和基础数据，其中场景数据主要包括员工信息，如代发工资、员工号等；会员信息，如会员号、会员评级等；经销商信息，如经销商编号、经销商评级等。应用数据主要包括客户在互联网的行为数据，比如腾讯、百度、360等互联网行为信息，以及华为、OPPO、小米等应用数据。交易数据主要包括金融账户信息和交易数据，比如互联网基金销售交易数据。最后的基础数据，主要包括客户在开户时留存的基础数据，比如开户信息、二代征信数据，以及同盾、百融等其他第三方数据服务信息。

二、云数据的形式：多维标签体系

云银行如何更好地开展财富云、贷款云、支付云、资管云服务，需要通过解析和衍生云数据加以驱动，帮助云银行对目标客群进行细分，更好地理解客户的需求，推荐有吸引力的产品，将客户转化为用户。从数据层面来看，衍生云数据的目的就是将分析视角由客户延伸至用户层面，从传统的客户需求分析转变为用户需求分析，进而对云银行的服务供给端进行流程优化、对云客进行精细化运营和精准营销，从而将单纯的业务实现平台转化为一个开放性的丰富多彩的线上用户互动场景。云数据在这些场景中将帮助云银行还原用户需求，把控业务风险、重建用户需求对应场景，并通过这些场景与用户建立紧密的联系，定向引导用户的行为。

云数据是实现"客户—用户"转化的关键环节，与传统金融数据分析相比，这也要求云数据能够更为多维、细节和精准地体现用户需求。在业务应用的过程中，首先要实现的就是云数据标签化，将数据转化为业务能够理解的标签。云数据标签化本身也是一个分析和衍生的过程，与传统客户画像相比，建设云数据标签体系应当多维度、细粒度，以此推动更为丰富的业务场景。

云数据多维标签化同样符合常见的特征、标签、画像的相互演变关系，如图7-1所示。

图7-1　数据标签化

其中，用户特征需要通过用户信息数据的结构化处理来获取；用户标签是对用户特征的业务描述和提炼；用户画像是用户标签在特定业务目标下的有序集合。

图7-2　标签体系的搭建流程

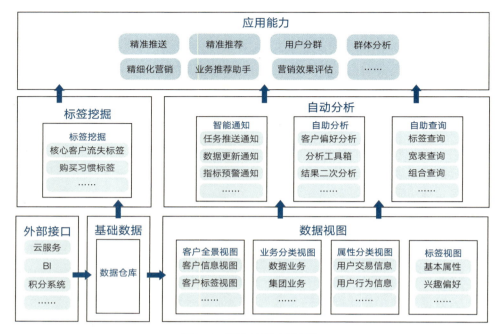

图7-3　标签体系应用架构

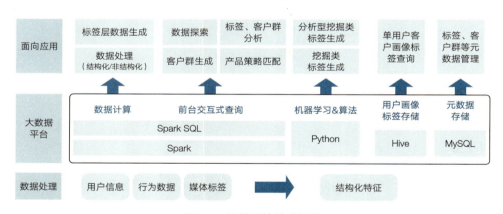

图7-4　标签系统技术架构

根据业务场景、数据基础、标签的应用方向不同，设计的标签体系也不完全一样，下面以获客营销为例，介绍标签体系的搭建：主要通过三大维度来展开查看。首先是横向支持应用的6个场景的大的分类，其次是侧面的标签的3个大类别的分类，最后是具体的6大类的标签和里面的具体的标签详细的分类和展示。

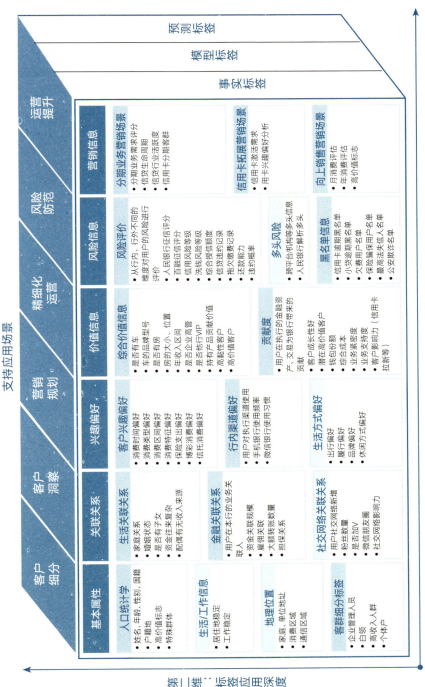

图7-5 支持应用场景

注：*橙色为外部数据标签，蓝色为行内数据标签。

在获客营销的标签体系搭建的基础上，下面介绍某股份制银行在存量客户交叉销售应用上的案例。该行面向存量零售客户信贷产品营销过程中重点关注：如何精准识别有需求的"真"客户、对于已授信的睡眠户进行动账率提升，在对的时间营销对的客户，通过精准营销做大自营客群。业务痛点主要体现在分析客户的借贷金融需求上，聚焦"真"客户，降低对无需求客户的打扰。其营销效果展示在投产应用的实际测试中，可以明显地看到聚焦的目标营销客户：按得分排序，80分以上人群营销效率提升了近1倍。外呼接通率和接通后有意向客户相较于无差别营销均有所提升。营销转化（放款）效果提升了2倍，客户进一步对比了应用模型前后的效果，放款转化提升了4.5倍。户均放款均在13万～18万元，协助客户有效地稳健提升信贷规模。

第二节　云数据的治理

一、云数据治理的动机：精准支撑业务创新

数字化时代，云银行业需要进入定制化时代，以更低的成本、更多样化的金融产品满足不同顾客的不同需求，业务创新以细粒度、高频度的方式爆发。对云数据本身而言，业务迅猛发展加快了数据膨胀的速度，也带来了基础数据不一致等问题，业务部门的频繁增加和剥离同样会对数据分析和衍生标准提出挑战。这些日益复杂的内外因决定了云数据对数据治理的超高标准要求。云数据治理是在管理层面为基础数据质量提供了"制度保障"，确保了应用云数据在起点方面的准确性。

云数据治理不是一个临时性的运动，从银行业务发展、数据治理意识形

成、数据治理体系运行的角度，需要一个长效机制来进行保证。在这个漫长的过程中，云数据持续支撑着业务创新，创新业务也引导着云数据的治理。在云银行时代，经过有效治理的云数据可以发挥更大的作用。

1. 利用大数据挖掘技术分析各类海量信息，发现市场热点与需求，实现产品创新服务。可以将大数据应用到产品生命周期，深入挖掘客户需求，把握客户痛点，推动产品创新。利用大数据技术对社交网络信息、在线客户评论、博客、呼叫中心服务工单、用户体验反馈等信息进行深度挖掘和分析，充分洞察客户，分析客户的情绪，了解客户对产品的想法，获知客户需求的变化趋势，从而对现有产品进行及时的调整和创新，实现贴近客户的生活场景和使用习惯。

基于大数据创新产品评价方法，为产品创新提供数据支撑。通过大数据分析，改变目前以规模、总量为主的业务评价方式，建立一整套完整的以质量、结构为主的全新的评价方式，以引导全行真正追求有质量、有效益的发展。

2. 加强内外部信息联动，重点利用外部信息提升银行风险防控能力。进一步加强与税务、海关、法院、电力部门、水务部门、房产交易登记中心、环保部门以及第三方合作机构的数据互联共享，有效拓宽信息来源渠道，深度挖掘整合系统内外客户信息、关联关系、交易行为、交易习惯、上下游交易对手、资金周转频率等数据信息，利用大数据技术查找与分析不同数据变量间的关联关系，并建立相应的决策模型，提升银行风险防控能力。

在信用风险方面，可以结合外部数据，完善信用风险防范体系，基于可视化分析有效防控信用风险的传导。引入大数据理念和技术，统一信用风险模型管理，构建覆盖信用风险训练、模型管理、日常预警、评分评级、客户信用视图以及业务联动控制的信贷大数据平台，建立多维度、全方位的风险预警体系。

在市场风险方面，基于市场信息有效预测市场变动，基于大数据处理技术提升海量金融数据交易的定价能力，构建定价估值引擎批量网格计算服务模式，支持对海量交易的实时定价，有效提升银行风险管控与定价能力，为金融市场业务的发展提供有力支撑。

在操作风险方面，依托大数据信息整合优势，有效防控操作风险。通过可视化技术，从业务网数据中发现识别风险线索，实现由"风险监控"向"业务监控"模式转变，提升风险的提前预警能力。加强跨专业风险监控模型的研发，通过由点带线、由线及面的矩阵式关联监控，提前识别风险交织趋势，防范风险传染。

3. 利用大数据技术提升经营管理水平，优化业务流程，实现精细化经营决策。在经营决策方面，通过外部数据的补充和整理，实现经营分析外延的拓展，从市场和经营环境的高度分析各级机构的发展方向、竞争压力，制定更合理、更有效的经营策略。同时，应用大数据可视化技术，实现复杂分析过程和分析要素向用户的有效传递，增强分析结果说服力和指导性，向经营人员提供有力的信息支撑。

在资源配置方面，依托大数据采集和计算能力，提升测算的敏感性和有效性，加强财务预测的可靠性和有效性，为总体资源配置提供更好的信息支撑，实现对具体资源配置的动态管理。

在过程改进方面，优化业务流程，对交易、日志的专业挖掘，探索当前业务处理流程节点的瓶颈，寻求最有效的解决方案。比如通过分析客户从排队到等候完成全部交易的流程合理性，提出过程改进方法，提升网点整体运营效率和客户体验。

在运维保障方面，基于流数据处理技术，搭建准时、实时的应用交易级监控平台，实现交易运行情况的即时监控，保障业务运行稳定高效。

二、云数据的刚性治理：高质量数据规范

数据治理不仅需要完善的保障机制，还需要理解具体的治理内容。与传统银行数据治理相比，为满足财富云、支付云、贷款云、资管云等业务的用户需求细分，云数据治理表现得更为"强硬"：除了基础业务数据之外，在分

析、衍生及应用的整个生命周期里，云数据都需要保证极高的数据质量，在落脚至单一客户画像时，才能保证准确性。云数据硬性治理的领域包括但不限于以下内容：数据标准、元数据、数据模型、数据质量、数据安全。以上几个领域可以相互协同和依赖，例如通过数据标准的管理，可以提升数据合法性、合规性，进一步提升数据质量，减少数据生产问题。

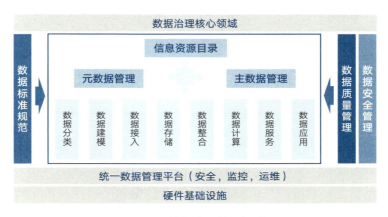

图7-6　数据治理核心领域

数据治理领域是随着银行业务发展而不断变化的，领域之间的关系也需要不断深入挖掘和分布，最终形成一个相互协同与验证的领域网，全方位地提升数据治理成效。

1.数据模型

数据模型是数据治理中的重要部分，合适、合理、合规的数据模型，能够有效提高数据的合理分布和使用，它包括概念模型、逻辑数据模型和物理数据模型，是数据治理的关键、重点。数据模型包含三个部分：数据结构、数据操作、数据约束。

数据结构。数据模型中的数据结构主要用来描述数据的类型、内容、性质以及数据间的联系等。数据结构是数据模型的基础，数据操作和数据约束基本都是建立在数据结构之上的。不同的数据结构有不同的操作和约束。

数据操作。数据模型中的数据操作主要用来描述在相应的数据结构上的操作类型和操作方式。

数据约束。数据模型中的数据约束主要用来描述数据结构内数据间的语法、词义联系、它们之间的制约和依存关系,以及数据动态变化的规则,以保证数据的正确、有效和相容。

2.元数据管理

元数据分为业务元数据、技术元数据和操作元数据,三者之间关系紧密。业务元数据指导技术元数据,技术元数据以业务元数据为参考进行设计,操作元数据为两者的管理提供支撑。

业务元数据。业务元数据是定义和业务相关数据的信息,用于辅助定位、理解及访问业务信息。业务元数据的范围主要包括业务指标、业务规则、数据质量规则、专业术语、数据标准、概念数据模型、实体/属性、逻辑数据模型等,对于云银行来说,场景数据、应用数据、交易数据和基础数据,均需要业务人员配合数据治理专家确定对应数据的业务含义。

技术元数据。它可以分成结构性技术元数据和关联性技术元数据。结构性技术元数据提供了在信息技术的基础架构中对数据的说明,如数据的存放位置、数据的存储类型、数据间的血缘关系等,这部分内容需要业务人员和技术人员配合,技术人员提供数据类型、存放位置,业务人员根据云银行业务产品情况来确定血缘关系。关联性技术元数据描述了数据之间的关联和数据在信息技术环境之中的流转情况。技术元数据的范围主要包括:技术规则(计算/统计/转换/汇总)、数据质量规则技术描述、字段、衍生字段、事实/维度、统计指标、表/视图/文件/接口、报表/多维分析、数据库/视图组/文件组/接口组、源代码/程序、系统、软件、硬件等。技术元数据一般以已有的业务元数据作为参考设计的。

操作元数据。操作元数据主要指与元数据管理相关的组织、岗位、职责、流程,以及系统日常运行产生的操作数据。操作元数据管理的内容主要包括:与元数据管理相关的组织、岗位、职责、流程、项目、版本,以及系统生产运行中的操作记录,如运行记录、应用程序、运行作业。对于云银行来说,信息安全至关重要,因此操作元数据是保障数据安全的重要部分。

3. 数据标准

数据标准是银行建立的一套符合自身实际，涵盖定义、操作、应用多层次数据的标准化体系。它包括基础标准和指标标准（或称应用标准）。与数据治理其他核心领域具有一定的交叉，比如元数据标准、数据交换和传输标准、数据质量标准等。商业银行的数据标准一般以业界的标准为基础，如国家标准、监管机构（如国家统计局、中国人民银行、工信部）制定的标准，结合商业银行本身的实际情况对数据进行规范化，一般会包括格式、编码规则、字典值等内容。良好的数据标准体系有助于商业银行数据的共享、交互和应用，可以减少不同系统间数据转换的工作。数据标准主要由业务定义、技术定义和管理信息三部分构成。

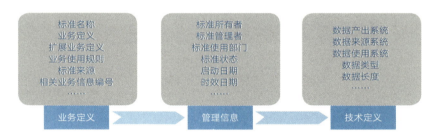

图7-7　数据标准的主体构成

业务定义。业务定义主要是明确标准所属的业务主题以及标准的业务概念，包括业务使用上的规则以及标准的相关来源等。对于代码类标准，还会进一步明确编码规则以及相关的代码内容，以达到定义统一、口径统一、名称统一、参照统一以及来源统一的目的，进而形成一套一致、规范、开放和共享的业务标准数据。

技术定义。技术定义是指描述数据类型、数据格式、数据长度以及来源系统等技术属性，从而能够对信息系统的建设和使用提供指导和约束。

管理信息。管理信息是指明确标准的所有者、管理人员、使用部门等内容，从而使数据标准的管理和维护工作有明确的责任主体，以保障数据标准能够持续地进行更新和改进。

4. 数据质量管理

数据质量管理已经成为银行数据治理的有机组成部分。高质量的数据是商业银行进行分析决策、业务发展规划的重要基础，只有建立完整的数据质量体系，才能有效提升银行数据整体质量，从而更好地为客户服务，提供更为精准的决策分析数据。

评估维度	完整性	规范性	一致性
	准确性	唯一性	关联性
具体工作	数据产生	数据接入	数据存储
	数据处理	数据输出	数据展示
数据稽核	定义	校验规则	检验流程
数据清洗	定义	清洗规则	清洗流程

图7-8 数据质量体系

制度和规范。从技术层面上，应该完整全面地定义数据质量的评估维度，包括完整性、时效性等，按照已定义的维度，在系统建设的各个阶段都应该根据标准进行数据质量检测和规范，及时进行治理，避免事后的清洗工作。

表7-1 数据质量评估维度

维度	描述	衡量标准	是否自动核查
完整性	必需的数据项已经被记录	业务指定必需的数据是否缺失，不允许为空字符或者空值等。例如，数据源是否完整、维度取值是否完整、数据取值是否完整等	是
时效性	数据被及时更新以体现当前事实	当需要使用时，数据能否反映当前事实，即数据必须及时，能够满足系统对数据时间的要求。例如处理（获取、整理、清洗、加载等）的及时性	是
唯一性	该数据在特定数据集中不存在重复值	在指定的数据集中是否存在重复值	是

续表

维度	描述	衡量标准	是否自动核查
参照完整性	数据项在被引用的附表中有定义	数据项是否在附表中有定义	是
依赖一致性	数据项取值满足与其他数据项之间的依赖关系	数据项取值是否满足与其他数据项之间的依赖关系	是
基数一致性	数据项在子表中出现的次数符合标准	数据项在子表中出现的次数是否符合标准。例如，一个账户每年的计息次数为 4 次，即要符合账户计息次数为 1 ∶ 4 的规定	是
正确性	数据正确体现了真实情况	数据内容和定义是否一致	是
精确性	数据精度满足业务要求的程度	数据精度是否达到业务规则要求的位数	是
技术有效性	数据符合已定义的格式规范	数据项是否按已定义的格式标准组织	是
业务有效性	数据符合已定义的业务规则	数据项是否符合已定义的业务要求	是
可信度	数据的可信赖程度	根据客户调查或客户主动提供获得	否
可用性	数据在需要时是可用的	数据可用的时间和数据需要被访问时间的比例	否
可访问性	数据易于访问	数据是否便于自动化读取	否
适用性	数据格式和展现满足用户需要	根据客户调查或客户主动提供获得	否

明确相应的管理流程。数据质量问题会发生在各个阶段，因此需要明确各个阶段的数据质量管理流程。例如，在需求和设计阶段就需要明确数据质量的规则定义，从而指导数据结构和程序逻辑的设计；在开发和测试阶段则需要对前面提到的规则进行验证，确保相应的规则能够生效；最后在投产后要有相应的检查，从而将数据质量问题尽可能地消灭在萌芽状态。数据质量管理措施，宜采用控制增量、消灭存量的策略，有效控制增量，不断消除存量。

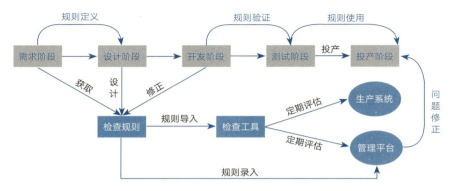

图7-9　云银行数据质量管理流程

5. 数据安全

商业银行重要且敏感的数据大部分集中在应用系统中，例如客户的联络信息、资产信息等，如果不慎泄露，不仅给客户带来损失，也会给商业银行带来不利的声誉影响，因此数据安全在数据管理和治理过程中是相当重要的。

数据存储安全。包括物理安全、系统安全存储数据的安全，主要通过安全硬件的采购来保障数据存储安全。

数据传输安全。包括数据的加密和数据网络安全控制，主要通过专业加密软件厂商进行规范设计和安装。

数据使用安全。需要加强从业务系统层面进行控制，防范非授权访问和下载打印客户数据信息；部署客户端安全控制工具，建立完善的客户端信息防泄露机制，防范将客户端上存储的个人客户信息非授权传播；建立完善的数据安全管理体系，建立数据安全规范制度体系，组建数据安全管理组织机构，建立有效的数据安全审查机制；对于生产及研发测试过程中使用的各类敏感数据进行严密管理；严格与外单位合作中的个人客户信息安全管理等。

三、云数据的柔性治理：数据高速迭代

云银行业务创新基于远比传统银行更为海量的细粒度数据，如客户设备的操作数据，相应的对云数据也就有极高的数据迭代要求，以保证用户画像能够及时反映用户真实特征和业务环境，因此云数据治理也有"柔性"治理的

一面，包括数据生命周期管理、数据分布和存储、数据交换以及数据服务。需要注意的是，云数据治理"刚性""柔性"并不矛盾，不同领域之间可以有机结合，例如，在元数据管理的基础上，可进行数据生命周期管理，有效控制在线数据规模，提高生产数据访问效率，减少系统资源浪费；通过元数据和数据模型管理，将表、文件等数据资源按主题进行分类，可明确场景数据、应用数据、交易数据和基础数据等相关数据的主数据源归属、数据分布情况，有效实施数据分布的规划和治理。

1. 数据生命周期管理

任何事物都具有一定的生命周期，数据也不例外。从数据的产生、加工、使用乃至消亡都应该有一个科学的管理办法，将极少或者不再使用的数据从系统中剥离出来，并通过核实的存储设备进行保留，不仅能够提高系统的运行效率，更好地服务客户，还能大幅度降低因为数据长期保存带来的储存成本。数据生命周期一般包含在线阶段、归档阶段（有时还会进一步划分为在线归档阶段和离线归档阶段）、销毁阶段三大阶段，管理内容包括建立合理的数据类别，针对不同类别的数据制定各个阶段的保留时间、存储介质、清理规则和方式、注意事项等。

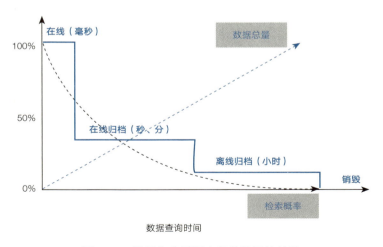

图7-10　数据生命周期中各参数间的关系

从图7-10中我们可以了解到，数据生命周期管理可以大幅提升高价值数据的查询效率，而且可以减少很多对高价格的存储介质的采购量；但是随着数据使用程度的下降，数据被逐渐归档，查询时间也慢慢地变长；最后随着数据的使用频率和价值基本降至为零之后，就可以逐渐销毁了。

2. 数据分布和存储

数据分布和存储主要涵盖了数据如何划分和存储，总行系统以及总分行数据如何分布，主数据及参考数据（也称为副本数据或者辅数据）如何管理。只有对数据进行合理地分布和存储，才能有效地提高数据的共享程度，才能尽可能地减少数据冗余带来的存储成本。

通常情况下，综合数据规模、使用频率、使用特性、服务时效等因素，从存储体系角度，可以将商业银行的数据存储划分为四类存储区域，即交易型数据区、集成型数据区、分析型数据区、历史型数据区。

交易型数据区。包括渠道接入、交互控制、业务处理、决策支持与管理等各类联机应用数据；存储客户自助或与银行操作人员在业务交互办理过程中产生的原始数据的存储，包括业务处理数据，内部管理数据和一些外部数据，其存储的是当前状态数据。

集成型数据区。包括操作型数据（OLTP）和数据仓库型数据（OLAP）。

分析型数据区。主要用于决策支持与管理的各类集市应用的数据。为了对业务执行情况进行深入分析，需要对原始数据进一步汇总统计分析，统计分析结果用于最终的决策展示，因此分析型数据区存储了这些统计、分析模型结构的指标数据。

历史型数据区。这里存储了所有近线应用、归档应用、外部审计数据平台应用等的数据，主要满足各种历史数据归档后的数据保管和数据查询服务。

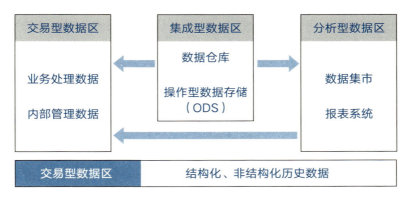

图7-11　数据存储布局

3. 数据交换

数据交换是银行进行数据交互和共享的基础,合理的数据交换体系有助于银行提高数据共享程度和数据流转时效。一般商业银行会对系统间数据的交换规则制定一些原则,比如对接口、文件的命名、内容进行明确,规范系统间、银行系统与外部机构间的数据交换规则,指导数据交换工作有序进行。建立统一的数据交换系统,一方面可以提高数据共享的时效性,另一方面也可以精确掌握数据的流向。

4. 数据服务

数据的管理和治理是为了更好地利用数据,是数据应用的基础。银行应该以数据为根本,以业务为导向,通过对大数据的集中、整合、挖掘和共享,实现对多样化、海量数据的快速处理及价值挖掘,利用大数据技术支持产品快速创新,提升以客户为中心的精准营销和差异化客户服务能力,增强风险防控实时性、前瞻性和系统性,推动业务管理向信息化、精细化转型,全面支持信息化银行的建设。

建立结构化数据处理分析平台。数据仓库建设能够实现企业异构数据的集成,企业按照分析主题重组数据,建立面向全行的一致的信息视图。图7-12是一个典型的银行数据仓库服务体系。

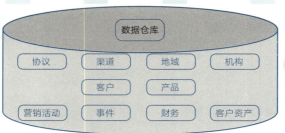

图7-12　银行典型的数据仓库服务体系

　　建立数据资产视图。在建立了数据仓库之后，需要建立统一的分析和可视化平台，解决数据在哪里，数据怎么用的问题。一个典型的应用是建立全行统一客户视图，包含客户信息统一视图、客户信息风险视图和网点业绩视图。

客户信息统一视图	客户信用风险视图	网点业绩视图
• 基本信息 • 评价信息 • 关系人信息 • 客户财产 • 账户协议 • 营销活动 • 事件信息 • 持有产品 • 信用风险评估	• 基本信息 • 融资信息 • 关联关系 • 对外担保 • 结算信息 • 综合贡献	• 基本信息 • 融资信息 • 关联关系 • 对外担保 • 结算信息 • 综合贡献

图7-13　数据资产视图示例

四、案例：中国工商银行数据治理实践

　　在大数据时代，良好的数据质量是商业银行经营管理的基础。中国工商银行（以下简称工商银行）一直以来高度重视数据资产质量，在战略实施过程

中持续深化数据治理，全面提升数据管控和应用能力，为全行创新发展提供了重要支持保障。

1. 工商银行数据资产现状

数据规模庞大。工商银行建立起了企业级数据仓库和集团信息库两大平台，所管理的结构化、非结构化信息数据规模达到PB级，已成为各部门、各级机构开展大数据分析、挖掘和应用的基础平台。

数据量增长迅速。近年来，工商银行大力整合业务渠道，打通线上和线下，网上银行、手机银行等电子渠道发展迅猛，多渠道（尤其是电子业务渠道）的高频使用带动了数据规模的高速增长。

数据类型多元化。目前，工商银行的数据资产已不仅仅局限于客户信息、账户信息、产品信息、交易信息等传统类型的银行数据，还包括工商银行"三融"平台产生的电商、社交、行为等数据，以及由外部引入的征信、工商、舆情、海关、多媒体平台等第三方数据。

2. 工商银行数据治理工作实践

工商银行数据治理工作的目标是在全面风险管理的框架下，依据本行数据的自身特点、规模、复杂程度和质量状况，建立和实施长效的数据治理机制，全面提升数据质量，保障信息安全，实现数据资产的价值最大化。

工商银行数据治理工作主要遵从五大原则，即"架构明晰、服务导向、统一管理、持续改善、机制保障"。架构明晰是指数据治理战略、任务和目标明确，数据治理框架清晰，各部门、各级机构数据治理岗位和职责分工明确；服务导向是指数据治理应服务于业务发展和经营管理需要，能够为全行业务发展、分析决策、风险控制、市场营销等经营管理活动提供符合数据应用要求的信息支持，实现业务发展和数据治理良性互动；统一管理是指建立统一的数据治理框架、实现各类经营管理信息统一入库、依据统一的数据标准、采用统一的数据质量管理平台；持续改善是指建立数据治理长效机制，持续提升数据治理工作水平；机制保障是指通过运用平台支持、模型评估、指标考核、定期通报等手段，建立全行参与、责任明确、协同推进的数据治理保障机制。

经过多年探索实践，工商银行形成了一套较为完备的数据治理机制。主要体现在以下五个方面。

一个体系。工商银行构建起一个相对完善的数据治理框架体系，涵盖了目标、核心领域、基础设施、配套机制等核心内容，明确了数据标准、数据质量、元数据、数据安全、考核评价、数据认责、数据生命周期、数据分布（也称主数据管理）八大要素和基本任务。

两轮驱动。工商银行的数据治理工作秉承了数据和应用双轮驱动的基本原则。一方面，建立全行统一遵守的数据规范和质量标准，通过制度建设、流程把控、系统完善、平台监测等多种手段从数据源头进行质量把控和治理统筹，做到标本兼治、增存并控。另一方面，坚持问题导向、应用导向，着眼于从业务需求和应用场景发现问题，注重在应用中解决问题、在应用中夯实大数据基础。

三大引擎。信息标准化、数据质量管理与主数据管理是推动工商银行数据治理的重要举措。信息标准化是核心，是统一全行"业务语言"的过程，是实现大数据资产"书同文""车同轨"的前提。工商银行累计颁布的集团信息标准超过了44 000项，较好地解决了数据标准性和规范性问题。数据质量管理是标尺，2007年以来，工商银行持续强化数据质量管理工作，搭建了完善的制度体系，投产了国内首个数据质量管理平台，部署了数千项数据质量检查规则，狠抓客户基础数据质量提升等多项重点工程，全行数据的完整性、准确性持续改善。主数据管理是枢纽，是树立数据权威性、实现系统互联互通和信息同步共享的重要机制。2016年，工商银行启动实施了客户基础信息主数据管理项目，建立了主数据排序、认定规则及更新机制，完成了客户基础信息主数据项及应用场景的梳理、提炼，并以服务的方式把统一、完整、准确的主数据分发给各个相关的业务系统，提高了业务处理效率，提升了客户体验。

四"关"管控。工商银行数据治理工作重点在"定标关、入口关、流转关、治理关"四个环节严格做好管控。定标关是严格制订信息标准，并在数据的产生、传输、存储、应用等各个环节实现标准化的管控；入口关是严格规范前台业务系统的数据采集环节操作，全渠道把好数据录入关口，对于增量数据的质量控制至为关键；流转关是指通过完善制度、规范流程和系统硬控制等方式保证数据被准确处理、高效集成；治理关是对于发现的数据质量问题要严格落实"数据质量源头负责制"，快速进行治理并实时跟进治理进度，评估治理工作效果，这是解决存量数据问题的有效手段。

五位一体。工商银行搭建了统一框架、统一标准、统一平台、统一责任、统一评价的配套机制。统一框架是将数据治理纳入全行操作风险管理范畴，实施顶层设计，形成了"统一领导、条线管理、分工协调"的数据治理框架；统一标准是指结合业界通行的数据治理方法以及同业数据治理实践，以现代企业全面质量管理理论（PDCA理论）为指引建立了统一的数据管理操作流程；统一平台是指建立了统一的数据质量管理平台（DQMP），实现对重点业务、重点系统、重点环节数据质量评估与考核的全覆盖；统一责任是指落实"谁建设谁负责，谁录入谁负责"的责任认定制度；统一评价是指建立数据质量考核指标体系及定期通报制度，并将考核评价结果纳入内控评价体系。

第三节　云数据的平台

一、智慧数据中台：敏捷的数据核心

云数据应用架构规划通常应遵循"大中台、轻外围；微服务、轻耦合"的原则。云数据的应用平台制定了最基本的实现目标：在业务多元化发展的组织中，构建一套工程架构、一套组织结构以及对应的管理机制，以保证业务又好又快的可持续发展；支持灵活编排、组合的数据中台能力，能快速响应市场，支持快速上线部署，低成本试错，从而达成创新目标。这种敏捷的数据应用能力，称为智慧数据中台。

云银行IT规划应以提高IT设施复用率和科技能力积累为目标，以"DevOps体系和业务开发平台建设"为主脉络，打造"科技驱动"和"数据驱动"双轮，并采用"先通河道，后挖深井"策略，以"数据地图"为抓手，打造数据轮。最后通过"边用边治，以用带治"达成持续的优化升级。要完成上述IT规划转型，通常需要经过基础能力建设期、开发过程敏捷期和全组织（业务）敏捷期三个阶段。其中，基础能力建设期包括PaaS、DevOps；开发过程敏捷期包括SaaS、产品化、业务流程建模；而全组织（业务）敏捷期包括DaaS、AIaaS。实现架构规划引导推动、问题导向迭代优化，交付数据、交付敏捷、交付AI。

数据中台是云银行的数据核心，包括从数据采集、数据存储、数据加工、数据应用的全流程平台，其意义是在提供大数据能力的基础上，还包括云银行对数据资产管理、组织流程管理的理念，是云银行的数据整体战略的体现。传统的云银行"烟囱式"IT架构往往面临数据孤岛、无法沉淀和重复建设的三大痛点，数据中台建设将打破这三大痛点。

数据中台的本质是一套让云银行数据用起来的机制，是依据云银行特有的业务模式和组织架构，通过有形的产品和实施方法论支撑，构建一套持续不断把数据变成资产并服务于业务的机制。从前台实现敏捷开发、快速创新，到数据中台实现数据资产化，快速提供服务，最后是后台的数据开发和相对稳定。

数据中台变革需要从数据价值挖掘、数据敏捷分析和数据连通三个方面入手。数据价值挖掘是指除了提供传统的BI报表/大屏应用场景之外，还提供了机器学习、知识图谱等人工智能方面的能力，广泛应用于风控、营销、用户画像等业务场景。数据敏捷分析是指提供专业的工具、软件、平台，降低数据分析的门槛，让业务人员也能参与进来，实现"人人都是数据分析师"的愿景。数据连通是指打破数据孤岛、统一数据口径，让不同子公司、事业部的数据联通,提升云银行协同作战能力。

　　数据中台建设的思路从原来后台直接支持a到c等多个应用,到基于SOA(共享与复用)理念设计新的数据架构,即在前台应用层和数据后台之间增加建设数据中台。

图7-14　数据中台的一般形态

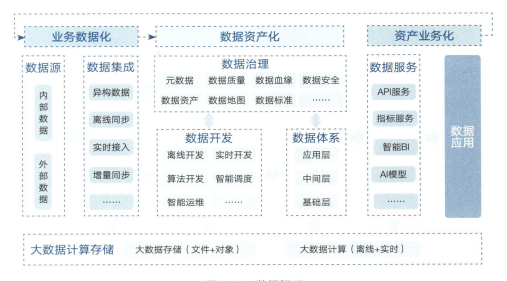

图7-15　数据闭环

二、云数据中台管理：贯穿数据全生命周期管理

1.全生命周期的数据管理

智慧数据中台可以提供数据的全生命周期管理，提供贯穿数据全生命周期的数据管理产品，让每一份数据都清清楚楚、方便易用。全生命周期数据进入大数据平台后都归属到负责人，并进行全程质量监控和追踪管理。全景图从全局角度出发，展示了从源数据层、数据中间层和数据应用层，到产品应用层的所有核心数据，并通过蓝色及红色连线标示数据的上下游关联关系。支持：

全局搜索：利用大数据全文检索技术，支持基于公共标签、自定义标签、表名、字段名、负责人、表描述等关键字搜索，从大数据平台海量数据中快速找到目标数据。

血缘关系：自动从大数据平台采集表与表之间的血缘关系，通过血缘关系进行影响分析，帮助问题快速定位，支持关联表业务等级定级。

数据标签：支持公共标签和自定义标签，通过公共标签定义表的公共分类分层等业务属性，并支持使用者通过自定义标签补充丰富表的业务属性。

多维度属性：支持表的安全等级定级，生命周期属性，以及价值分数，通过特定的业务统计分析规则评价表的价值分数，间接反映表的实际业务使用情况。

以农业银行为例，其采用的是"薄前台、厚中台、强后台"IT架构体系。随着数字化革命进程加快，云银行需要将快速响应用户和规模化创新作为竞争核心，前台要快、后台要稳，如果"前台+后台"的齿轮速率"匹配失衡"，导致的问题就会愈发明显。中台不是凭空臆造的，而是从诸多前台产品中识别、抽象、抽取出来的共性。中台是可复用属性的能力、流程、模型和数据，形成统一的、共用的服务能力。

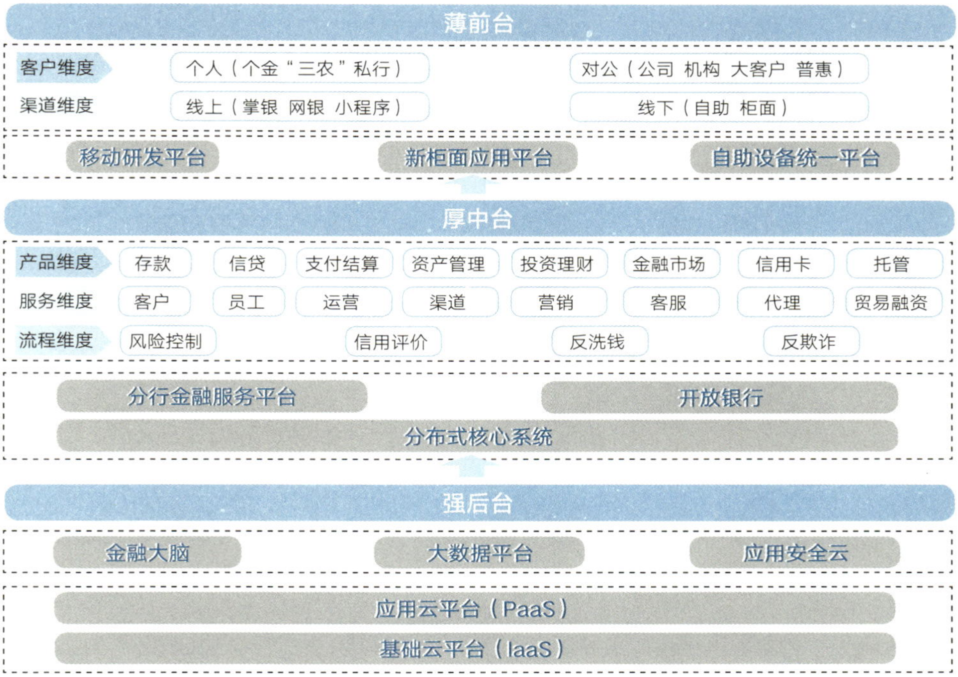

薄前台								
客户维度	个人（个金"三农"私行）				对公（公司 机构 大客户 普惠）			
渠道维度	线上（掌银 网银 小程序）				线下（自助 柜面）			
移动研发平台			新柜面应用平台			自助设备统一平台		

厚中台								
产品维度	存款	信贷	支付结算	资产管理	投资理财	金融市场	信用卡	托管
服务维度	客户	员工	运营	渠道	营销	客服	代理	贸易融资
流程维度	风险控制		信用评价		反洗钱		反欺诈	
分行金融服务平台					开放银行			
分布式核心系统								

强后台		
金融大脑	大数据平台	应用安全云
应用云平台（PaaS）		
基础云平台（IaaS）		

图7-16 农业银行IT架构体系

以建设银行为例，其规划出"后新一代全行级数据中台"体系。建行的后新一代时代，对全行的整体数据能力做了进一步提升。以基础设施云化作为支持，构建数据资源、加工、管理研发、服务和应用能力，敏捷应对银行数字化转型的变化需求。中台的核心能力是对存储、资源、研发、管理、加工、服务和应用七大能力的建设中台，这七大能力不是单独割裂的，而是相互之间紧密联系的整体。

	新一代之前	新一代	后新一代
数据应用能力	报表应用	自主用数+管理决策应用	智能决策+行业赋能
数据服务能力	固定报表	报表+自主用数+BI	报表+自主用数+数据订阅+BI+AI
数据加工能力	加工方式：批量计算 数据量：TB 加工时效：天	批量计算+实时计算 PB 分钟	批量计算+实时计算+机器学习 10+PB 秒级
数据资源能力	数据采集：批量 数据形式：结构化 数据范围：按需加载行内数据 平台架构：数据仓库+数据集市	批量+实时 结构化+非结构化 行内数据+外部数据 数据仓库+数据类组件	批量+实时+物联网 结构化+半结构化+非结构化 集团数据+外部数据+物联网数据 数据湖+数据服务+组件
基础设施能力	一体机	一体机+物理机+虚拟机	基础设施云
数据线研发能力	范围：项目级 特点：以研发过程为中心 组织：手工工作坊式	企业级 以组件化服务为中心 模型驱动	一体化协同 以业务创新为中心 平台化赋能（ICDP）
数据线管理能力	老数据字典管理系统（厦门开发中心）	数据字典（开发态，企业级）+元数据管理平台（生产态）	模型管理+数据管理组件+架构资产管理

图7-17 "后新一代全行级数据中台"体系

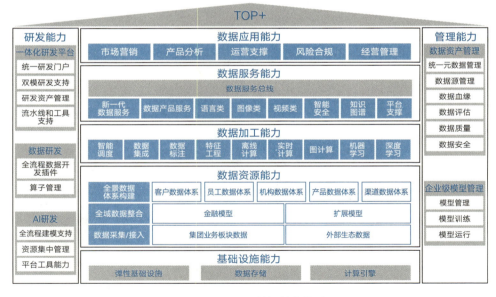

图7-18 TOP+数据能力构建

2. 智慧数据中台架构

具体来看一个应用案例——云银行数据风控中台。构建全行级风控中台，整合行内数据及外部数据，形成多维度、跨行业、跨场景的数据体系，打造完整客户画像、全局名单和评分，共享名单、标签、画像、模型，完善全方位智能化风控运营及监控体系。

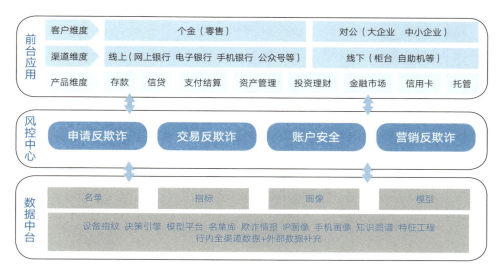

图7-19 云银行数据风控中台

未来云银行的数据中台体系化的产品、咨询和实施的一揽子解决方案示例：

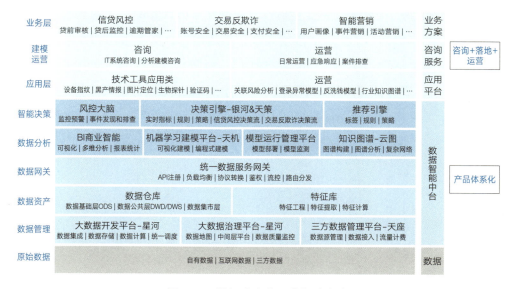

图7-20 数据中台体系化解决方案

未来云银行的数据中台体系运转示例——信贷决策流程：

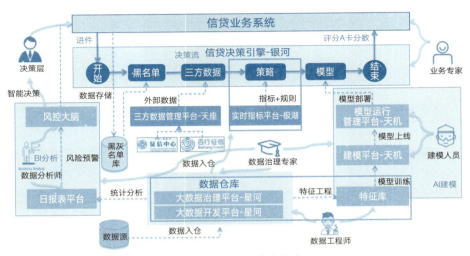

图7-21　云银行信贷决策流程

　　云银行数据中台产品——指标（特征）管理平台。主维度：定义数据汇总的粒度，即聚合运算时的分组条件（类似于SQL中的group by的字段）；业务度量：定义统计口径，分为原生的（如借贷次数）和需要计算公式的（如借贷次数变化率）；算子：主要包括针对业务度量的计算函数，如平均，最大等；限定条件（N个）：统计的限定条件，筛选出符合业务条件的数据（类似于SQL中的where限定的条件，不包括时间）；时间片：统计的时间范围，如最近1天、最近1周、最近30天等（类似于SQL中的where限定的时间条件）。

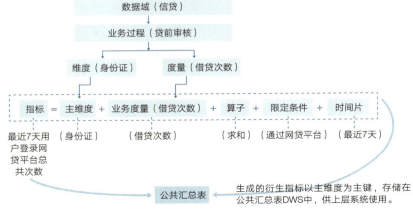

图7-22　指标（特征）管理平台

三、案例：中国民生银行数据中台体系建设实践

中国民生银行（以下简称民生银行）积极推进改革转型，全力打造以客户为中心的数字化智能银行，为广大客户提供科技+金融的综合生态服务。如何真正将"数据驱动"这个轮子落地，扎扎实实地支撑民生银行数字化改革转型，是大数据建设需要攻克的难题。

1. 民生银行数据系统演进历程

民生银行数据建设经历了三个阶段：信息分散阶段、数据仓库阶段和大数据平台化阶段，受经营模式、组织架构、技术条件等因素影响，不同阶段表现出不同的数据应用模式。

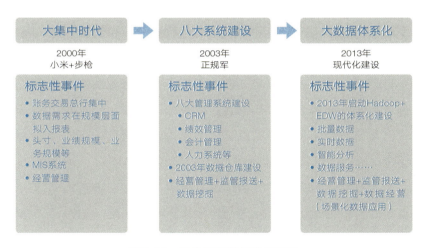

图7-23 民生银行数据发展里程

（1）在早期，银行经营模式直接，产品简单，这个时期的数据应用主要体现在业务系统内的简单数据统计报表，零碎化特质明显，数据统计分散在独立的业务系统中。

（2）随着经营管理模式进一步细化，加上事业部混合经营的组织架构调整，产品系统逐步增多，形成复杂的产品矩阵。在管理端需要通过集中整合多个系统的业务数据来达到对全局经营效果的跟踪以及结构调整的决策支撑；

在数据上出现数据集中建设的必然性；技术上表现为数据仓库实现核心业务产品系统的数据大集中；应用上形成了具备体系化和平台化特质的数据统计报表、经营管理驾驶舱等能力平台。

（3）随着社会和技术进一步发展，银行业的经营模式同质化特质越来越重，各家银行努力探索差异化经营发展的模式，这个阶段如何围绕客户为中心的数据驱动成了各家深入耕耘的模式。集技术与理念的数据中台新模式，承担起这一阶段的使命走上了数据的舞台，为数据驱动业务奠定基础。

2. 构建数据中台体系，打造场景金融服务

数据中台自身和业务结合紧密度高，结合现阶段银行业务经营的迫切诉求，对数据中台建设从技术平台和数据交付两个层面制订建设目标。

在技术平台层面，通过微服务架构完成数据及模型的服务化，便于直接在系统上高效对接，结合技术组件特点和场景特点完成服务的标准化，形成标准的交付模式，进一步在技术上形成可配置化的服务框架，快速生产场景数据服务。在底层技术上，由于中台数据服务的集中化建设，底层势必要采用分布式以及云化的相关技术完成基础层建设，让服务更高效可靠地发布运行并可管控。

在交付的内容层面，更多的是将团队组织架构配合场景数据标准分区形成小队敏捷的交付模式，提高业务交付效率。同时在统一的平台工作标准和模式下，沉淀共性数据内容，领域内形成工具、数据的复用，做到在灵活高效交付的同时，实现科技的提效降本效用。

（1）数据中台体系技术方案

数据中台在金融领域的落地属于前沿技术应用，民生银行经过自主探索、自主研发，形成由四大功能体系、12个子系统构成的金融数据中台体系，如表7-3所示。

表7-2　　　　　　　　　　　　　　数据中台核心模块

体系	模块	定位
Engine 引擎体系	查询检索引擎	提供基于分布式数据服务组件的数据查询检索能力
	标签引擎	提供标签查询、标签筛选能力
	推荐引擎	提供基于规则和模型的实时推荐能力
	决策引擎	提供可视化策略配置、实时策略决策能力
	模型引擎	提供高阶机器学习模型的在线执行能力
Open 路由体系	OpenAPI	联机服务路由、联机服务调用跟踪
	OpenFILE	批量数据路由、批量数据交互跟踪
	OpenMSG	实时消息路由、实时消息订阅跟踪
	OpenCFG	界面化参数配置与应用、界面化规则配置与应用
Plus 管理体系	数据服务云平台	数据服务开发、测试发布、云化管理、运行追踪的一站式管理平台
	数据服务目录	数据服务能力汇总展示的门户网站
	数据大屏	数据能力指标、运营统计指标的可视化大屏展示
基础组件	数据服务组件	数据中台共享的数据服务组件，包含关系型数据库、分布式数据库、统一缓存、检索等

数据中台核心运转模式由Engine引擎体系、Service服务体系、Open路由体系、Plus管理体系核心组件协同运转完成。首先，由Engine引擎体系完成对数据能力、模型能力的抽象封装，以应对不同场景的智能数据需求。进而，Service服务体系完成引擎抽象能力与实际业务数据的结合应用，通过灵活搭配，打造具备业务属性的数据服务产品。最终，通过Open体系（OpenAPI、OpenFILE、OpenMSG、OpenCFG）完成对业务系统与业务人员的快速赋能。Plus管理体系则完成数据资产目录、数据可视化、云化管理等统一管理功能，并通过DevOPS、高性能数据访问缓存等前沿技术组件完成数据服务高并发、高可用、弹性部署等技术能力的提升。

引擎、服务、路由协同运转，统筹管理，共同打造了场景化金融数据服务能力。从数据指标、数据决策、智能推荐、智能模型等多个层面提供了立体化的快速支持，直面客户，赋能场景，为金融业务数字化、智能化转型升级的重要支撑。

（2）场景金融服务管理方案

银行的金融业务场景门类齐全，经营的客群多样，围绕客户为中心、差异化经营的场景金融服务模式逐渐成为主流。数据中台作为统一的数据服务平台，支撑各业务领域的场景金融服务，就需要制订指导性规范，对数据中台服务集、服务组件，从业务场景、是否对客、组件多租户使用等角度进行管控，保证数据中台服务在业务场景高交付下做到可管理、可控制，能够长期有序地运行。

民生银行在数据中台建设过程中，结合自身业务经营状况，提出了一套"场景分区+技术分级"的数据中台场景服务管理方案，形成由11项业务场景、4级服务、18组管控域组成的数据服务管理矩阵。

场景分区标准主要依据业务领域及服务客群，划分为以下11个业务场景（见表7-4）。

表7-3   数据服务管理矩阵——场景分区

场景	标准
风险	风险控制领域内的场景服务
小微	面向小微客群的场景服务
私银	面向私银客群的场景服务
个金	面向个人金融的场景服务
公司	面向公司客户的场景服务
供应链	支撑供应链业务的场景服务
运营	支撑运营业务的场景服务
网金	支撑网金业务的场景服务，主要含网金管理类、手机银行端场景
分行	支撑分行业务的场景服务
监管	支撑监管查控业务的场景服务
内部管理	支撑内部管理的场景服务

根据服务与用户触达类型对服务进行分类，包括对客服务类、客户经理类、内部管理类、监控查控类，制订不同界别的响应和应急策略（见表7-5）。

表7-4   数据服务管理矩阵——技术分级

服务分类	标准	服务级别	响应级别	应急策略
对客服务类	直接或间接为客户提供数据查询、过滤、筛选服务	一级	1.7×24小时服务保障 2.故障自动恢复	1.服务自动拉起 2.当服务异常时，自动切换默认应急方案，客户无感知 3.数据监控及熔断策略
客户经理类	面向客户经理、总分行管理人员、运营人员、绩效管理人员等的相关服务	二级	1.7×24小时服务保障 2.故障8小时内恢复	1.服务自动拉起 2.当服务异常时，可手动切换应急方案 3.支持数据延时更新
监管查控类	面向内外部监管机构的相关服务	三级	1.7×24小时服务保障 2.故障24小时内恢复	1.服务自动拉起 2.当服务返回异常时，可手动切换应急方案 3.支持数据延时更新
内部管理类	面向内部管理及数据内容展示的相关服务	四级	1.5×8小时服务保障 2.故障24小时内恢复	服务自动拉起

通过技术平台的技术分区和数据内容的服务分级建设思路，数据中台在为各业务场景快速提供在线数据价值输出的同时也能够做到数据使用的管控和跟踪，为数据应用长期优化奠定一个良好的支撑基础。

3.助力改革转型，数据中台典型案例实践

（1）支撑小微新模式探索，全流程数据驱动

小微3.0新模式是民生银行积极推进改革转型战略级项目，全技术架构实现中台化，借助业务中台和数据中台提供的能力，完成常态化产品推荐、场景化产品推荐、厅堂服务、收单结算、大额流入与流出营销、在线抵押贷款、小微红包、小微账单、有贷户综合营销等多项业务领域创新性应用的落地，做轻业务前台、做强中台的中台体系架构试点取得成功。

（2）助力网金数字化运营，促进数字化转型落地

在数据中台的支撑下，网金数字化运营平台打通了管理驾驶舱和线上服务平台的数据链路，使经营管理决策、策略投放执行、效果评估反馈、迭代完善优化等环节能够闭环执行。通过内容运营、产品运营、客户运营、服务运营几个领域，提升外部获客能力、转化提升能力、产品销售能力、黏性服

务能力，构成流量导入、激活转化、资产提升、黏性服务、决策支持闭环的线上流量经营体系。并已完成首家分行试点，试点行第一季度实现理财资产增加20余亿元，代发目标客群资金留存率提升3.41%，累计带来行外资产40余亿元。

（3）助力零售风险，探索量化评分

在零售"天眼"预警系列模型投产取得较好的业务效果之后，大数据管理部进一步投入专业人才对消贷A卡评分进行量化研究探索，通过中台模型引擎进行灰度发布，能够对机器学习模型的专业评估指标进行在线跟踪，加速机器学习模型的监控迭代。

第四节　云数据的算法

一、关联图谱："人以群分"的精准用户画像

与传统银行数据相比，借助收集更为细粒度的用户行为及场景信息，云数据能够衍生出更为精准的用户关联关系，即关联图谱，"人以群分"的用户画像理念可以由实现。借助关联图谱，在云服务方面，云银行可以在"由点及面"，更有针对性地营销特定客群，在风险管理方面，云银行可以有效识别"黑产"、"羊毛党"等恶意组织团体。

贷前反欺诈：银行在风险层面的业务挑战有贷前反欺诈，但是异常客户和欺诈群体识别往往具有典型的滞后性，无法在贷前基于隐藏关联特征或模型识别隐藏风险，而知识图谱已成为解决集中性欺诈风险和精准营销难题的关键工具。

贷中/贷后案件调查：全局案件调查和风险挖掘无合适的数据分析工具，例如车险和财险领域，无法针对全局数据进行关联分析，识别出车贷诈骗团伙等。无法实现基于资金往来关系、家庭关系、社交关系等实现基于客户关系的拓展营销。原因主要是当前阶段，节点上的信息应用较为成熟，单纯只针对节点进行挖掘，效果增幅非常小。但是我们也有解决和应对的办法，即可以将所有问题转化到网络上，然后引入新的信息（例如节点周边信息、拓扑结构信息等），构建全行信用卡客户知识图谱，实现社交关系、交易关系、任职关系等深度关联，并提取相关特征，然后加以解决。

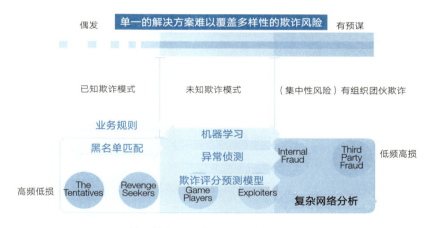

图7-24 单一的解决方案难以覆盖多样性的欺诈风险

案例一：知识图谱解决集中性风险。某团伙通过身份包装获得银行授信后，不直接将信用卡或账户中资金取现，而是会正常消费、办理一些消费分期业务，待授信额度提高，再将资金通过虚假消费方式从POS机或第三方支付上把卡中余额套现出来，以维持持卡人正常的信用记录。难点主要是欺诈分子模拟真实交易，点对点的防控措施导致对其难以识别，对应的解决方案是，构建信用卡客户信息、设备、商户和交易数据的知识图谱，从知识图谱中综合识别套现模式的特征，从而识别风险。

案例二：知识图谱解决精准营销难题。某地区的分行要针对其所有理财和卡客户进行精准营销，若使用原有的交叉销售和基于个人特征的模型，营销效率较低，是典型的理财&信用卡精准营销。其应对解决办法是，将全行的理财和信用卡数据构建关联关系，构建社会关系特征、交易关系特征，并针对性地建模，从而进行社交圈营销，和案例一样都是私有化部署知识图谱平台。

案例三：小微企业图谱黑产挖掘。根据已有的数据，通过机器学习发现推理规则，也就是给定关联关系，运用图分析算法和机器学习算法，预测业务申请真实性及可疑黑产团成员的可能性。客户的类型包括有贷小微企业，无贷小微企业，小微企业干系人，欺诈黑名单。

知识图谱场景汇总示例包括三大类别：

一是风险类图谱。针对个人欺诈、团伙欺诈、中介包装、伪冒资料等风险，构建申请号、账户、身份证、手机、地址、家庭电话、联系人、设备指纹等知识图谱。在交易反欺诈方面，关注客户数据、客户关系数据、交易行为数据，从身份证、手机号、设备指纹对交易信息进行自动化管理分析，找出可疑人和可疑交易。在反洗钱方面，例如洗钱或电信诈骗场景，追踪卡和卡之间的交易路径，识别可疑交易轨迹，分析得到更多的可疑人、账号、商户等。其他应用场景还有信贷或消费贷反欺诈以及内控等。

二是企业金融图谱。包括企业风险画像，以标签引擎、NLP为核心技术，深度和全面刻画企业、企业主风险信息，如财报分析、持仓和交易、关联分析等，帮助监管和风控人员快速、全面了解和掌握客户情况，更加及时有效地发现客户的潜在风险。企业知识图谱，基于投资、任职、专利、招投标、涉诉关系，以目标企业为核心向外层层扩散，形成一个网络关系图，直观立体展现企业关联信息。风险监测及预警，采集结构化和非结构化的内外部数据，及时捕捉来自监控对象的风险点，建立风险预警流程，设置了不同的预警标识，既有对于长期风险事项的持续提示，也有对快速反应情形的及时预警，兼顾重要性和时效性。

三是营销知识图谱。包括产品关联分析图谱，用于潜客挖掘、适销产品推理和推荐以及产品互斥推理；现金流分析图谱，用于用户留存、流动性偏好分析；社交金融图谱，用于构建客户关系圈、微观用户画像和宏观客户画像。

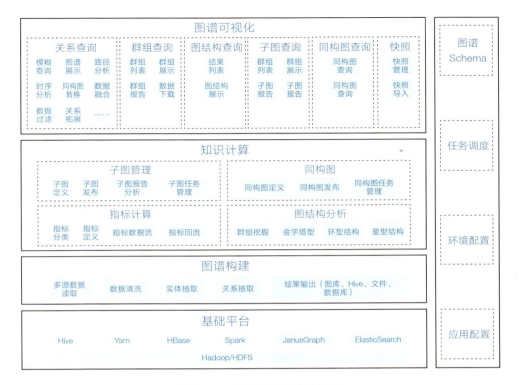

图7-25　知识图谱的技术框架

二、动态客户评分

贷款云是云银行服务的重要组成部分，通过我国宏观市场环境进行分析，消费已成为拉动我国GDP"三驾马车"中最重要的一架，要做好贷款云业务，首先要通过反欺诈解决真实性问题，再通过信用评估解决信用风险问题，在信用风控防范不可缺少的就是评分卡，具体介绍如下。

（一）评分卡模型介绍

评分卡模型是采用统计建模方法，用现有可获得的各种客户数据来预测未来的客户表现好坏，从而识别和减少在金融交易中存在的信用风险。具体来说，就是用客户过去的特征和行为测算其今天的表现，再用客户现在的行为特征去预测其未来的表现。

开展建模的工作，首先需要通过业务调研和数据理解，确定建模的高阶目标。具体来说，先确定高阶目标，接着对业务现状进行总体分析和判断，包括业务应用与落地状况的调研，可能需要的外部数据的引入情况，数据的可用性分析，以及数据系统、平台与工具的现状。

确定好建模的高阶目标后，可以开始进行模型的开发。模型的通用开发流程可以总结成7个步骤。

第一步，业务理解。具体来说，进行业务访谈和调研，确定建模的具体业务目标。分析业务现状，熟悉业务流程，出具相关分析报告；确定项目的范围、实现路径和可行性，并与客户确认一致。

第二步，数据理解与探索。确定数据的需求范围和获取方式，理解客户数据的结构，验证相关数据的可用性、可信度；必要时分析外部数据的来源和使用方式；从业务角度分析数据，包括产品情况分析、区域行业分析等。

第三步，模型的设计。定义好坏客户；处理不平衡样本；定义观察期和表现期，vintage分析、滚动率分析等；根据业务需求和数据情况，选择合适的算法。

第四步，数据准备与特征工程。完成ETL工作，包括数据的清洗、异常值和缺失值处理等，并对宽表数据进行变量的描述统计分析；对行内数据、人民银行征信数据、第三方数据等数据进行变量衍生；根据数据情况完成合理的数据转换，如主成分分析、正则化处理、离散化处理、one-hot编码等。

第五步，变量筛选。主要从数据表现及业务需求两个方面进行变量筛选。从数据表现筛选变量的方法：基于缺失情况、分布情况、相关性、预测能力出发筛选变量。从业务需求出发筛选变量的方法：与客户沟通，选择数据源有可持续性、业务易于解释的变量。

第六步，模型开发与评估。模型开发包括具体算法选择与尝试，入模变量分组、WOE化等处理，生成评分卡模型；模型的评估包括模型样本外验证、跨时间验证、自动化调参等。

第七步，模型验证与交付。保证评估模型的可解释性、合理性；交付后，开发模型监控报表，持续监测模型的区分能力、评分分布、变量稳定性等，并及时做出调整。

在实际建模过程中，包括好坏客户的定义、建模样本的选择、模型时间窗口的选择等都需要结合具体的情况，进行有针对性的处理。

（二）评分卡模型种类及应用方向

在贷款云服务的全流程中，根据不同阶段及不同目的会构建相应的评分卡模型。具体来说，贷前阶段有A卡（Application Scorecard）、贷中阶段有B卡（Behavior Scorecard）、贷后阶段有C卡（Collection Scorecard）。随着欺诈的程度和危害性越来越大，银行也逐步重视反欺诈评分卡的模型开发。随着人民银行征信数据的广泛使用，大多数银行会开发人民银行征信评分卡。

这些评分卡及对应策略的应用贯穿于信贷全流程。在客户的准入、额度的设定及调整、产品的定价、期限的设定、贷后的催收管理等环节都有评分卡策略的应用。这些评分卡及其策略分别围绕着不同的业务目标，在减少风险损失、降低逾期率、提升审批通过率和利润率等都发挥了重大的作用。

其中，反欺诈模型主要针对客户贷前或贷中表现阶段，根据不同的欺诈类型，开发反欺诈模型，用于复杂场景的欺诈识别。使用的方法包括监督算法如逻辑回归、随机森林、XGBoost、LightGBM等，无监督算法如KNN、知识图谱等。

申请评分卡模型是评估客户的偿债能力、履约状况、守信程度等，从而评估其在放款后的逾期可能。常用的算法为逻辑回归方法。最近几年随着各种AI算法的发展和应用，在构建回归变量的时候也会用到如决策树、逻辑回归、随机森林、XGBoost、GBDT等算法。

人民银行信息的征信评分卡是基于人民银行征信信息开发的评分卡。通常用逻辑回归方法来开发。在针对不同业务、不同客群的时候，通常会开发相应的征信评分卡。

行为评分卡模型主要结合了客户在本行的信贷表现后开发的评分卡。开发的方法与申请评分卡类似，但在变量的使用上不但用到了贷前的信息，更重要的是用到了信贷各种表现信息。在通常情况下，行为评分卡的准确性也会高于申请评分卡。

催收评分卡模型是针对逾期的客户群体，根据不同的逾期阶段及后续的表现开发相应的催收评分卡模型，对不同风险的客户采取不同的催收手段。

三、多场景信用分：云数据的外部助力

金融服务、金融科技以及消费信贷、小微信贷的飞速发展，对信用评估的需求以及工具也在不断升级。信用评分市场兴起，也催生了信用产品和服务的迭代升级。通过引入不同来源的信用评分，形成云数据的内外对照，可以在满足监管合规的要求下，尽可能拓展云数据维度、提升云数据衍生的准确度。

目前，我国征信体系是由"政府+市场"双轮驱动的发展模式，政府方面主要是人民银行征信中心负责的国家信用信息基础数据库；市场驱动的征信服务，包括市场上的100余家企业征信机构和几十家信用评级机构。2018年，由央行牵头组建、八家市场化机构参股成立的百行征信是目前国内唯一持牌市场化个人征信机构。

在征信体系外，由各大互联网巨头主导的信用分体系，也在近几年逐渐兴起（见表7-1）。这些"信用分"大多基于互联网企业业务场景开发，为互联网巨头金融、生活类业务开展提供数据支撑，帮助推进消费金融项目。

表7-5 主要互联网平台推出的信用/支付分

产品	上线时间	详细内容
芝麻分	2015年1月	初始应用场景是酒店免押金及身份认证。2017年伴随"新租赁经济"迅速覆盖大量免押场景。2018年个人征信牌照发放后，停止与金融机构合作，专注于商业信用领域。2019年联合花呗推出轻会员。
京东小白信用	2017年6月	根据用户在京东的浏览、购物、投资理财、信用产品使用和履约情况、个人信息完整度等多个维度的数据，通过大数据算法，给出的综合评估，是用户开通京东白条等业务的重要参考。

产品	上线时间	详细内容
微信支付分	2019 年 1 月	前身为腾讯信用分，2018 年后停滞。2019 年开始恢复测试，2020 年 6 月正式对外开放。从身份特征、支付行为和信用历史三个维度综合评估个人信用。截至 2020 年 1 月，微信支付分用户数突破 1 亿，覆盖 30 多个行业，80% 的押金用户开始享受微信支付分免押金服务，总计为用户节省了近千亿元押金。当前提供服务数达到 1 081 项。
美团信任分	2020 年 4 月	2020 年 4 月开始恢复测试，对美团用户身份信息、行为特征、金融表现、履约历史四个维度的综合评估分。分值高于 490 分的用户有机会 0 元加入美团的互助保障服务（类似支付宝"相互宝"）；分值高于 560 分的用户有机会获得"买单月付"功能。
360 分	2020 年 6 月	从用户的身份特质、信用历史、履约能力、人脉关系行为偏好等维度通过大数据算法，对用户进行的综合评估服务。开通后可获得 360 借条相应的权益，比如提额、降息、优惠券、活动奖励等。此外，上传微粒贷额度、花呗额度、支付宝芝麻分等信息截图有机会获得加分。

案例1　　　　国内首个个人信用评分——芝麻信用分①

芝麻信用分是芝麻信用对海量信息数据的综合处理和评估，主要包含了用户信用历史、行为偏好、履约能力、身份特质、人脉关系五个维度。为方便用户了解身边朋友的信用水平，芝麻信用还设置了类似"信用PK"的小游戏。点击"信用猜猜"后，可以和朋友去比一比谁的芝麻信用分更高。如果对方授权同意的话，便还可以直接查看对方的芝麻信用分。

与传统征信数据主要来源于借贷领域有所不同，脱胎于互联网的芝麻信用数据来源更广泛，涵盖了信用卡还款、网购、转账、理财、水电煤缴费、租房信息、住址搬迁历史、社交关系等方方面面。人们在日常生活中点点滴滴的行为，都与信用息息相关。

同时，芝麻信用因拥有阿里巴巴的电商交易数据和蚂蚁金服的互联网金融数据，这也成为芝麻信用进入征信行业的一大独特优势。

芝麻信用所覆盖的网民群体，很多是传统征信机构未能覆盖的草根人群，如未有过借贷、未申请过信用卡的人，学生群体、蓝领工人、个体户、自由职业者等。"芝麻信用通过他们方方面面的行为轨迹数据，利用大数据技术和数据分析模型评估出其信用等级，可以让征信覆盖尽量多的人群，是对已有征信系统很好的补充，具有一定普惠性质。

---

① 国内首个个人信用评分：芝麻信用分启动公测. 新浪科技.

而从2020年6月起，芝麻分评估也进行了全面升级，由6日定期评估改为每个评估周期（6日到次月5日）自主评估，升级后用户可以获得更精准的综合评估、私人分数解读。

芝麻分的主要应用场景包括出行、购物、住宿、充电宝，甚至包括签证服务，还拓展了各种"先试后买"的场景，比如用户使用频率较高的免押金骑共享单车、共享充电宝、住酒店等服务。截至目前，芝麻信用分已经服务于信用卡、消费金融、融资租赁、酒店、租房、出行、婚恋、分类信息、学生服务、公共事业服务等上百个场景。

案例2	微信支付分

2020年6月3日，微信正式开放支付分查询功能，微信用户在"钱包"中开通支付分功能后，可查询自己的支付分。

微信官方对微信支付分的定位是，"微信支付分正在创造一种信任生活方式。"从其官方定位中可以看出，微信这次想争取的是信用，而不是支付。微信支付分是对个人信用的综合评分，主要由以下信息评估得出，第一，身份特质：稳定的实名信息以及个人基本信息；第二，支付行为：与使用微信支付相关的消费等行为；第三，信用历史：与微信支付分相关的守约、负面情况。

对于微信支付分而言，其得天独厚的优势在于依托微信这一全球用户量最大的社交平台。同时，微信支付的广泛应用也为支付分提供了可靠的评价基础。

微信支付分覆盖的场景包括，免押租借（如共享充电宝、共享雨伞等），免押速住（如酒店、民宿等），智慧零售（如无人货柜、无人门店等），以及先享后付（如娱乐设备、网约车），微信机上付、物流快递先寄后付、娱乐设备先玩后付等数十个场景。同时，在商超、餐饮、便利店等场景下，微信用户同样可以凭分数享受智慧无人零售机柜的先开柜购物、后支付的便捷体验。

云银行的发展，推动了"后信用分"的发展。云银行SaaS化的服务模式以及形成的ISV生态，打造出丰富的金融服务应用场景，结合不同的生态和产业链可以沉淀大量企业的行为数据，有直接的也有间接的，包括基本信息数据如企业信息、所有者信誉、经营情况、借贷信息等；产业链上下游交易往来数据；相关生态内的往来数据等，多维度刻画企业的信用形象。同时，云银行的数字风控模型能够更精准更全面地为企业信用打分，可以打破仅以财务报表、违约情况等进行评估的局限，分析视角由客户延伸至用户层面，让信用分更为客观地评估银行的长尾客户，大大延展云银行的服务覆盖范围。

第五节 云数据的价值

一、云数据驱动业务：内外部数据双轮驱动

从云数据体系来说，从原始的单纯的数据转化成能驱动业务发展和使用的数据，并做到内外部数据双轮驱动。内部的数据主要是基于客户、账户、卡片、交易、资产、信贷等数据沉淀，外部的数据要通过接入平台的方式获取，包括监管、合作方、公安司法、第三方数据服务公司等。按照建设思路，以内部数据为主，外部数据为辅，数据管理平台是数据管理的基础；做好内外数据的结合，加工成指标并输入给指标特征平台，在机器学习平台完成模型开发训练测试工作，训练好模型之后，在模型运行平台进行部署，对生产进行实时的风控评判。

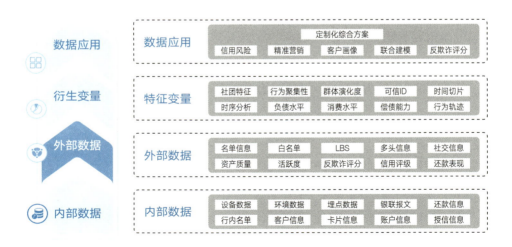

图7-26 数据驱动流程

在数据方面要能够在短期内搭建出各类优质模型，有赖于科学合理的三层平台结构：外部数据管理平台—特征平台—自动建模平台，其中：模型运行平台是支撑，实现建模全流程系统化自动化，快速产出兼具效果和稳定性的各类模型，并提供模型信息管理和全生命周期监控功能。机器学习平台是核心，采用大数据特征变量衍生方法，为建模提供多维度、标准化的优质变量特征，助力建模效果最大化。数据管理平台是基础，对接外部各类数据源，统一格式标准的输出接口，一键快速测试，完善的数据源监控，为上层提供便捷、稳定的数据应用服务。

具体针对外部数据接入的大致环节主要包括选择、接入和退出机制等。对于外部数据的对接需要注意以下这些问题：在最初的调研环节有可能会出现误伤的结果，需要判断数据的准确度如何，如果同时多家参与测试，效率会低；之后要对对接的数据进行标准化的处理；在调用数据的时候会对数据处理效率和处理高并发有所要求。数据的调用要做到实时的监控用量和效果；同时，在对同样的外部数据进行调用时要做好同类数据的归类。确保测试的样本是提前准备处理好的，外加评估的标准也要事先处理好，才能保证测试的效果。数据的接口需要相互兼容。使用环节需要设置一些阈值，需要设定被触发的相应策略，如超时排队的时候设置时间的限制。监控环节主要是做实时的全流程的监控和实时的告警。

对于外部数据的使用，痛点是初期对数据源市场不够了解，调研成本高，周期长。对各类数据源没有一套成熟的评估标准，反复评估，效率低下，准确性不足。各家数据源字段格式多样，内部无法有效兼容，对接后的加工处理耗人耗时。数据接入后，限于行内传统的数据库架构，无法很好地支持大批量、高实时的调度需求。外部数据源频繁变动，引入后的数据稳定性和质量无法得到有效保障。可以应对的解决方案是：分类管理已有外部数据信息，快速掌握基本情况，有效降低调研成本；快速提取测试样本，跨数据源综合评估测试效果，大幅提升测试效率；接口高度兼容，接入后统一标准化处理，省时省力。服务方式可以采用服务的降级、熔断、限流、排队等策略。在全局监控报警方面，做到异常问题秒级发现，保障数据调用稳定性。

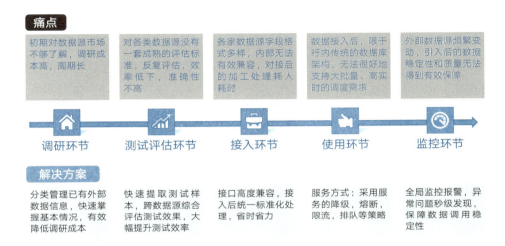

图7-27　痛点与解决方案

　　从整体客户使用的外部的三方的数据，一般都会使用认证类的数据，作为客户的辅助的判断，例如，在公检法里还会有反洗钱，反诈骗的名单，作为判断客户的真实性的问题。多头会是一类非常重要的反映客户的借贷信息的数据。通过位置的数据和其他维度的数据，也可以加工使用客户的行为偏好的数据。其他的数据是用来解释客户好坏的问题。

　　可以应用到的三方数据包括以下数据：实名认证、手机认证、卡认证、人脸识别、学历认证等三方认证数据；公安不良、法院失信、法院执行等公检法数据；注册、申请、放款、还款、逾期、黑名单等多头借贷数据；驾驶证+姓名/档案号、驾驶证状态、行驶证+车架号/姓名/身份证等汽车数据；公司信息、联系人信息等地址信息；位置解析、归属地解析、运营商位置认证等位置数据；虚假手机号、通讯小号等号码数据；代理IP/VPN IP、IDC IP、设备指纹等终端数据。借助综合维度的数据和先进的技术，提供一站式数据服务，有效支撑线上零售业务的欺诈风险和信用风险管理。证明"我"是"我"是身份核验；证明"我"是"谁"是智慧数据风控核验；证明"我"有多"好"则是资质数据。

大部分的三方数据都是在开户阶段的账户智慧数据风控环节去使用。在交易智慧数据风控的环节里，一般用到行内自己的数据会比较多，因为业务操作的时间较短。

站在银行客户画像的企业级的高度上，用户画像是为客户建立360度的标签体系，不仅包括风险的画像，还包括其他维度的画像。

全息智慧数据风控用户画像，是根据区分能力和数据质量，从底层约2万维特征中挑选了641维优质特征直接输出，也可输出各子模块分。给出的使用建议是入模以提升现有模型的区分能力：将底层特征结合自有样本，开发定制化产品；为了方便机构使用，提供基于模块的全息画像子分；在精准营销方面，丰富的数据维度可以补充行内客户数据的不足，帮助银行建立更全面的营销画像。

用户画像

根据区分能力和数据质量，从底层约2万维特征中挑选了641维优质特征直接输出，也可输出各子模块分。

模块名称	字段举例
邮箱信用卡	最近180天账单数
	最近180天使用中分期次数占比
运营商	最近一个月与金融类号码主叫的均值
	最近三个月与银行类号码主叫时长占比的标准差
社交	一个月上午被叫全部通话时长中位数
	一个月上午主叫注册用户不同通话用户占比
危险名单	近90天分期账单逾期天数均值
	近360天订单最大逾期天数均值

运营商　　多头借贷
信用卡　　第三方支付
社交挖掘　IDMapping
通讯录反欺诈　……

使用建议

- 入模以提升现有模型的区分能力：将底层特征结合自有样本，开发定制化产品；为了方便机构使用，同盾也提供基于模块的全息画像子分；
- 精准营销：丰富的数据维度补充行内客户数据的不足，帮助银行建立更全面的营销画像。

图7-28　全息智慧数据风控用户画像

二、传统业务下的云数据风控：层层递进、逐步提升

（一）构建云银行的风控体系

欺诈风险普遍存在云银行的各种服务的全生命周期过程中，因此构建云银行的数据风控体系至关重要，风控体系的设计按照金字塔形结构，从顶层

设计开始，依次包括战略目标、组织与管控管理、运营和监控管理、基础设施四大层次。其中：

战略目标包括：风险经营战略，风险容忍度，国内外监管合规要求，构建风控核心竞争力与行业壁垒。

组织与管控管理包括：组织架构和岗位设置，管理和考核机制，制度流程体系。

运营和监控管理包括：策略、模型、数据、运营、预警、评价子体系生命周期管理，以客户为中心的联防联控机制，跨体系联动机制。

基础设施支持要做到，系统总体架构规划，满足功能需求，实施路线设计。

（二）风险监测的规划建设思路

下一步是银行业务风险监测的规划建设思路总结，首先是根据不同银行的经验渠道，主要体现在一阶段：风控系统加出色的行业风控专家，逐渐过渡到数据驱动，主要做到二阶段：优化规则策略，智能化规则监控及评估，补充人工智能模型。再进一步重点提升到智能防御，可以成为第三阶段数据积累，利用知识图谱及AI算法提升风控智能水平。

以更清晰的银行业务解决方案全景图的形式来展现如何开展风险监测的工作。首先将底层内外部数据作为提供顶层所有场景风控的基础和支撑；在数据的基础上我们需要利用大数据计算和平台工具对原始数据进行加工，成为可以使用的业务指标；最终针对不同渠道和不同的场景提供全面的闭环的风控服务。

系统关键技术呈梯次防御，根据事前提前感知，事中决策分析到事后监控析，分别会应用到前期的欺诈情报+设备指纹+数据服务。通过中间的"决策引擎+流计算平台+模型平台"到后面的"复杂网络+机器学习+数据分析"，进行案件管理和数据分析汇总。

针对金融场景下数据高质量、高精准性的要求，利用人工智能和大数据技术，提升对用户的精准刻画能力，构建多层次化的金融智慧数据风控安全防控体系。从金融客户登录开始，首先是欺诈情报的获取，使用到的分析技术可能包括NLP、分词技术、实体识别、关系抽取、词性标注。账户安全保护使用到了设备指纹分析中的欺诈设备、IP、地域、手机号码。对环境异常检查则需要进行多重身份认证，包括短信、电话认证，指纹、人脸、声纹认证。对于构建信任档案，画像构建需要用到名单库、行内／PBOC、外部数据源。构建风险画像需要人口属性标签、地址位置标签、交易行为标签和长期习惯标签。达到的效果是可以粗分出好人和坏人，防批量欺诈攻击，拦截70%~80%。事中的具体流程包括智慧数据风控规则体系的建设，智慧数据风控通用模型使用、阻断或验证。达到的效果包括监测变动信息，降低风险，拦截10%~20%。再过渡到事后的异常集中度监控，利用事后风险质量监控和补救措施，通过数据修正优化反欺诈技术，提升复联效率，减少资产损失的作用。

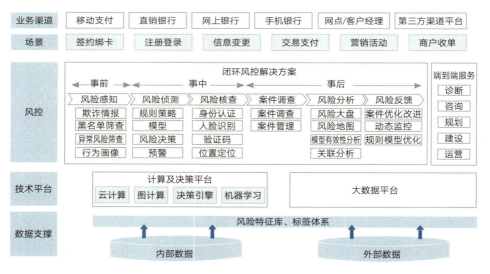

图7-29　银行全业务风险监测总体架构

图7-30　智慧数据风控流程示意

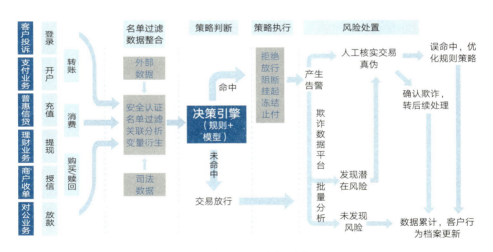

图7-31　智慧数据决策引擎示意

（三）风控能力提升步骤

第一阶段是初期，实现智慧数据风控全流程的系统建设，实现实时欺诈风险识别与控制，实现危害性高、发生频繁的重点欺诈风险的识别与控制，完成设备指纹技术在自有主要渠道的集成，完成智慧数据风控知识图谱的应用，实现智能风控—智慧数据风控客户画像变量的应用，实现全行黑白灰名单的整合共享，实现部分智慧数据风控模型的建立与部署。

第二阶段是成长期，完善智慧数据风控内外部数据的整合，尝试特定条件下的客户安全体验提升，实现智慧数据风控模型全生命周期管理，实现客户欺诈评级，实现全行跨产品、跨业务的联防联控，完善智慧数据风控数据来源与质量治理，完善智慧数据风控评估体系，实现全行面客交易的实时欺诈风险识别与控制，实现事后欺诈风险回顾排查，实现低风险产品欺诈识别、控制、案件处置，实现智能外呼与声纹识别。实现实现全渠道、跨产品、已知及未知欺诈风险的联防联控，进行用户体验提升尝试。

第三阶段是成熟期，全面提升事前欺诈预防和客户安全体验，完善整合欺诈数据质量，全面应用精准侦测模型，实现智慧数据风控SaaS云能力输出，实现黑产溯源能力。达到全面实现全渠道、跨产品、各种关联方式的欺诈风险的实时防控，实现能力输出与价值变现，有效提升用户体验。

三、创新业务下的云数据风控：贴合新业务，科技赋新能

商业银行的信贷业务发展可以大致分为三个阶段：传统银行模式、引流合作模式、未来的智能银行模式。结合每一个阶段的业务特点，风控数据信息化的建设和风控能力的建设都有其侧重点。

对于传统银行模式，这种业务模式主要是以线下获客为主，通过线下的渠道或者网点与客户进行交互，产品相对来说更加标准化，产品种类有限，很少出现定制化的情况。主要是通过客户填写的纸质信息来收集资料，之前客户在人民银行征信信息也有限，白户占比较高，同时也缺少第三方的数据支持。风控算法的选择上主要是传统的逻辑回归模型，大多数情况下要使用抵押物和担保的模式来缓释风险，在信贷的关键环节由相关专业人员进行干预，包括人工审批、人工催收等。

引流合作模式，主要在营销渠道上跟流量平台进行合作，产品设计上更灵活，针对客群的特点及场景进行定制化设计。跟流量平台的合作上根据合

作模式不同，合作的方式也有差异：（1）仅客户引流、客户推荐的合作，流量方根据客户的需求，将客户及相关的客户标签推荐给银行，由银行进行自主风控。（2）助贷联贷模式，流量方有一定的风控能力，在风控建模上采用数据共享，联合建模等方式。（3）资金合作模式，流量方自身强势，在金融风控上能力很强，或者承诺风控兜底，这种情况下银行充当的是资金供给的角色，对银行的风控能力要求低。随着金融监管的加强，要求金融机构的风控不能外包，第三种模式会越来越少。在引流合作阶段，除了流量平台的标签，第三方数据及服务逐步丰富，人民银行征信的数据，银行内外部收集的数据，数据的维度和广度相比传统模式有了一个从量到质的提升，再加上风控算法及技术的提高，这个阶段的风控手段和风控模式都有了很大的变化，随着风控能力的提升，服务的客群也在逐步扩大和下沉。如同盾科技将自身SaaS和PaaS平台的搭建能力以服务的形式输出给银行。一方面，对于缺乏金融科技建设能力的中小银行，它们可以通过同盾科技的SaaS平台来直接调用模型和策略，在不需要耗费太多资源的情况下提升风控水平和数据管理能力。另一方面，对于自身有一定科技能力且对数据保密性有较高要求的大行，同盾科技可以作为"风控智囊团"，输出咨询+实施服务，协助银行在本地搭建大数据风控中台。截至目前，同盾科技已服务包括工商银行、农业银行、中国银行、建设银行等300多家银行客户。

云银行模式，首先是自主获客能力提升，标准化体系化对接各大流量平台，服务的客群更广，产品更加丰富且贴合客户需求。从风控数据维度，线上收集客户信息，健全庞大的客户标签客户画像体系，将流量平台的标签作为重要补充数据来源。随着大数据、云计算、区块链技术以及相应的金融科技的发展，风控能力得到了很大的提升，实现了银行的自主风控。风控模型的体系化有助于风控技术更新迭代以及全流程监控体系。

智能数据风控的形态，可以通过金融科技的赋能实现以前没有办法达到的能力，其中主要包括：

（1）听到：通过语音识别语义识别、声纹识别、语音合成实现。

（2）看到：通过活体识别、图像识别、NLP实现。

（3）触摸：通过设备指纹、行为埋点、人机识别实现。

（4）感知认知决策：通过知识图谱、客户画像、神经网络、深度学习、决策引擎实现。

（5）执行：通过自动化分配、自动化处理、自动化反馈。

智慧数据风控的全生命周期要做到：实时数据采集、内部数据关联、外部数据关联、模型规则、策略触发、告警控制、监控预警、风险处置、分析报告。

构成智能智慧数据风控的应用组件，主要分为以下八个部分：

（1）设备指纹：安全加固、威胁感知、信息采集、埋点分析。

（2）实时决策：实时、准实时、批量全流程、全渠道覆盖，部署专家经验与智能模型。

（3）活体检测：动态识别，1:1，1:N。

（4）关系图谱：通过关系网络和网络算法等金融科技手段，有效识别团伙欺诈。

（5）全息画像：整合税务、公积金、社保、运营商等外部多维度信息，扩大数据来源宽度，实时监控爬取外部风险信息。

（6）深度学习：运用深度学习，联合建模等方式，建立智慧数据风控神经网络模型，精准识别欺诈。

（7）智能交互：语音机器人，自动化处理告警和案件信息，追损止损、案件调查处置、催收等。

（8）声纹识别：以客为维度，结合行内、行外信息，将账户、交易、介质、社交等数据，提取客户特征，形成客户画像。

第三篇
重构新体系

　　市场竞争的不断加剧，以及客户群体细分、客户个性化需求以及银行精细化经营的转变，推动云银行采用开放银行理念，将金融服务和非金融服务融合，向全在线、数据化、嵌入化、生态化的趋势发展。银行无处不在，为客户在各种场景中提供一体化服务，因此银行需要通过不同的方式触达客户，形成灵活、敏捷、开放的服务方式。

　　本篇阐述了云银行运行的内在机理和创新方式。云银行的三大体系（技术体系、生态体系和组织体系）组合并形成商业新动能，加速云银行的数字化发展。首先，在云银行的IT技术架构中引入DevOps，并贯彻DevOps的四大实施路径，构建一体化运维管理平台，实现双速技术体系。其次，依托于ISV，云银行可以快速构建各行业的生态平台系统，更好地让金融服务快速渗透至各个行业的数字化场景中。最后，对于聚合流量、聚合服务、聚合数据的云银行来说，传统的科层制组织架构是无法支撑其正常运转的，云银行更多的需要应对变化做出敏捷的决策，"生长"正确的战略，因此打造学习型、敏捷型的组织对于云银行至关重要。

第八章从技术角度出发，主要介绍DevOps技术，以及贯彻DevOps的四个路径，助力云银行商业银行敏捷化开发与运营。

第九章从生态体系出发，主要介绍数字金融生态、云银行生态联盟以及云银行与ISV的合作模式与生态构建，助力云银行与ISV深度合作。

第十章从组织体系出发，指出云银行的诞生对传统银行的生产关系、组织模式提出了新的要求：网络型组织、市场化机制、创新式文化，并阐述云银行转型的四大路径。

第八章

技术体系：云银行依托DevOps重塑敏捷系统架构

第一节　云银行需要向敏捷开发和运营转型

一、云银行对传统开发与运维带来的挑战

首先，原有架构下运维滞后、成本高昂。在传统银行体系下，由业务部门提出需求、系统开发部负责开发，信息科技部负责生产运维，很容易出现开发只考虑业务需求的交付，在需求验收交付上线后即与运维脱节，产生运维管理滞后的问题。

其次，与互联公司使用标准化开源中间件及软件开发框架不同，银行因为历史原因，各个业务信息系统来源于诸多供应商的不同商业中间件及商业产品，需要具备特定厂商产品知识的科技人员开展运维工作。因此，传统银行的系统运维变成了一个专业密集型、知识密集型，甚至还是劳动密集型工作，占用了大量人力资源，带来了高额成本支出及管理风险。

最后，传统形态难以适应快速更迭的市场。我国大多数的传统银行，仅提供标准的存、贷、汇产品，产品创新少，大型银行大多数系统每月安排一

次开发版本发布工作，关注重点是系统的整体稳定安全；而云银行面对的是激进的互联网金融竞争对手，处于一个快速变化的市场，必须适应对手的打法，快速迭代互联网金融产品、更加强调开发及产品上线的效率。云银行的开放化、互联网化、嵌入式等业务特性，导致运维场景更加复杂，如节日活动、秒杀活动带来的业务浪涌和大并发场景。

因此，未来商业银行需要通过贯彻DevOps理念，打破银行业务及科技条线各个部门、团队之间的隔离，消除本位主义的影响，整合资源、集中资源，在产品全生命周期内，全面地实施需求产品的开发及运维。在需求分析阶段，兼顾考虑银行业务功能需求和产品运维需求；在开发阶段，同步开发产品功能和运维自动化功能。产品上线发布之后即形成高效的自动化运维能力，极大地降低运维难点，减少运维工作时间和资源投入，让更多银行的科技资源能够投入开发工作，提升开发效率。

二、云银行技术升级需解决的三大矛盾

长期以来，固定版本排期及项目排期的开发模式，为大型金融企业业务的快速发展提供了强有力的IT保障，同时也确保了产品的质量和运行风险。但是，近年来，随着大量互联网企业，特别是移动互联网企业的冲击，大型金融企业也不得不面临在业务模式加快创新的同时，需要IT团队加快开发节奏，快速推出满足业务发展需求的产品。而这种需求对金融企业现有的IT开发模式带来了挑战，根据我们的研究，这些挑战主要体现在如下三个矛盾中。

1.为保证产品质量而设定的过长的开发测试流程与快速迭代交付的迫切业务需求之间的矛盾。在传统的产品开发过程中，哪怕一个再小的需求的开发上线都必须经过立项、测试以及生产发布几个阶段，特别是测试阶段，更是需要至少一个测试轮次的时间。在固定版本排期的开发模式中，则再急迫的需求也必须等待大版本的集中上线才能够发布到生产环境中。而从业务的角度，为了适应快速的市场变化，对于部分与用户交互比较频繁的需求，特别

是生产环境中发现的亟待修复的缺陷，则需要其能够快速发布，而不是等待冗长的开发测试流程。所以，这种一般化的冗长的开发测试发布流程已经无法适应互联网时代产品快速迭代交付的现实需求。

2. 大量手工操作与金融企业对于产品质量一致性、稳定性严苛要求之间的矛盾。随着业务的发展，目前对大型的金融企业来说，对于与用户交互频繁的产品，单个产品只部署在一个或者少量几个服务器节点上是远远无法满足大量的并发访问需求的，因此，一个产品往往都会部署在多个服务器节点，甚至是几十个服务器节点上。尽管部署节点多，对于企业本身来说，最基本的要求就是不同节点在所部署产品的版本、配置等上必须是保持一致的。而由于IT发展时间的限制，目前在整个开发发布过程中，还存在大量的手工操作环节，特别是产品的构建以及生产环境的部署，对于手工操作来说，每次发布包的构建以及每个节点的发布都是一次全新的操作，很容易出现失误或者不一致的地方。因此，大量的手工操作已经无法适应面对大量节点部署时的一致性以及稳定性要求。

3. 开发团队对于流程简单性、快速性的现实要求与风险管控之间的矛盾。从开发团队的角度，其根本目的就是满足业务方的需求，能够快速地将开发完成的功能发布到生产环境中，特别是在业务部门对发布频率加快的需求与日俱增的压力下，他们对于开发测试发布流程中所存在的各个管控点就往往颇具怨言，认为有些把控环节不仅延缓了发布时间，而且还浪费了他们的时间，他们希望流程越简单越好。而从项目管理及运维的角度，在每年发布的几千甚至上万个版本中，只要其中有一个版本存在问题或者发布失误，就是难以容忍的，尤其是商业银行中对质量要求高（缺陷零容忍）的核心账务类系统。因此，为了防止可能存在的风险，在现有大量依靠手工操作的现实下，他们必须千方百计地挖掘可能存在的风险点，并设置各种严格的评审点进行把关，以防止可能的风险流入生产环境中。因此，现有由于风险管控所叠加上来的流程管控已经无法满足开发团队对于流程简单性及快速性的需求。

此外，历史留存的成规模的旧有系统，业务部门、开发部门、科技部门独立的组织形式、相对保守的工资奖金体系等诸多的因素决定了整体转型的难道高、风险大。因此，为迎接云银行带来的转型需求，解决技术升级中的三大矛盾，传统银行无疑需要抛弃旧有的、较为古板、呆滞的模式，转为更敏捷、高效的开发模式，从而促进技术的快速升级，为传统银行向云银行转型奠定关键的内核与架构。

第二节　DevOps：云银行技术升级的"金引擎"

一、DevOps是云银行转型的重要工具

（一）DevOps的定义与由来

DevOps这个词来源于2009年在比利时根特市举办的首届DevOpsDays大会，为了在Twitter上更方便地传播，由DevOpsDays缩写为DevOps。目前，DevOps处于高速增长阶段。尤其是在大企业中，DevOps受到了广泛的欢迎。根据2018年的调查发现，74%的受访者已经接受DevOps，而前一年这一比例为66%。

DevOps准确的定义是Development和Operations的组合，是一组过程、方法与系统的统称，用于促进开发、技术运营和质量保障（QA）部门之间的沟通、协作与整合。简单地说，其核心理念是提倡开发、测试、运维，三者之间的高度协同，在高频率部署的同时，保证生产环境的可靠性、稳定性和安全性。狭义的DevOps指的是，在保证质量的前提下，提高企业组织高速交付应用程序和服务能力的一套软件开发工艺及工具。广义的DevOps则包括渗透其中的文化理念，具体有：（1）强调主人翁精神和责任感；（2）打破孤立团

队之间的壁垒，融合开发团队、质保团队、安全团队、运维团队、加强合作；
（3）企业的组织结构及激励机制的变革。

图8-1　数字经济的内涵与特征

DevOps聚焦软件快速交付、系统稳定运营。通过让团队共享面向客户的价值和集成目标，同时也共担质量责任。但是，DevOps并不会取代敏捷，而是对敏捷的补充。它通过消除浪费和简化部署等思想，来实现持续交付的目标。DevOps是集大成者，它并不制造概念，而是将很多理念和实践做了整合，是真正打通端到端交付的方法体系。

（二）DevOps蕴含的文化理念

一是高效交付，这也正好是DevOps的初衷。Puppet和DevOps Research and Assessment（DORA）主办了2016年DevOps调查报告，根据全球4 600位各IT公司的技术工作者提交的数据统计，得出高效公司平均每年可以完成1 460次部署。与低效组织相比，高效组织的部署频繁快200倍，产品投入使用速度快2 555倍，服务恢复速度快24倍。在工作内容的时间分配上，低效者要多花22%的时间用在为规划好或者重复工作上，而高效者却可以多花29%的时间用在新的工作上。所以这里的高效不仅指公司产出的效率提高，还指员工的工作质量得到提升。

二是提升员工的参与感、满足感和成就感。DevOps鼓励个人越过传统的既定角色或职能的工作范畴，从最终产品需求出发，全面思考、全程参与。近年来，业界流行的"全栈工程师"、兼具软件开发经验与产品业务知识能力的"T"型产品经理等概念，都是广义DevOps所提倡文化理念的体现。

三是IT精益运营，这同时也是DevOps的关键目标。即加速企业的，通过充分授权的自组织的团队，将一切资源以代码的形式通过自动化流程进行发布，从而使整个软件交付流程变得自动化、可视化，达到一体化的开发和交付的效果。

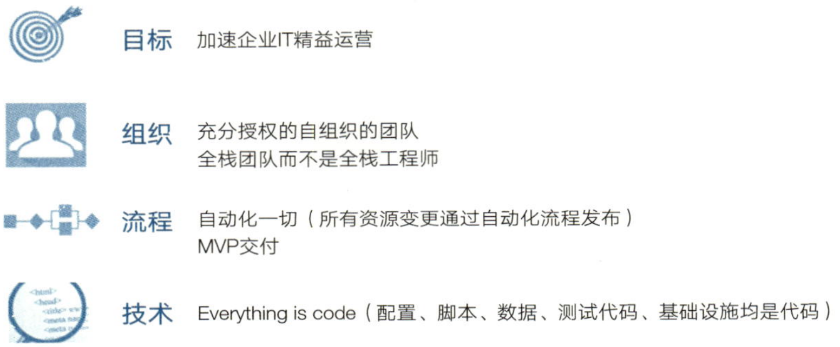

目标 加速企业IT精益运营

组织 充分授权的自组织的团队
全栈团队而不是全栈工程师

流程 自动化一切（所有资源变更通过自动化流程发布）
MVP交付

技术 Everything is code（配置、脚本、数据、测试代码、基础设施均是代码）

图8-2　DevOps的内涵

二、双速IT：践行DevOps的关键战略

（一）什么是双速IT

不同于快速迭代的互联网金融公司，商业银行传统的IT架构难以满足产品创新所需的陕速测试、试错、学习、调适以及迭代的需求。如何改变现况？许多银行已经开始制定或实施"双速IT"战略。双速IT（Two-speed IT）是一套兼顾稳定安全与快速市场响应的系统架构，对前台应用（如渠道、客户关系管理和分析等），进行快速架构的构建，实现业务功能对客户和市场需求的快速甚至实时的响应；对核心系统和后台系统，尽心简化和升级，确保核心系统的稳定性。

也就是说，商业银行可以采用稳速IT和敏速IT并行的模式。其中，稳速IT以瀑布式开发为主，事先明确项目目标、制订开发计划，整个开发周期，根据CMMI的规范要求，确保信息化项目的稳定推进，按计划交付；敏速IT则基于敏捷开发的思想，通过快速开发少量功能、积极收集反馈、反复迭代、持续交付，形成创新产品。如此一来，商业银行既有了为快速交付而设计的专项高速IT能力，同时也保留了原有经过优化、能够支持传统业务运营的IT能力，在控制核心风险的基础上最大限度地拥抱变化。尤其是敏速IT，可以支持商业银行进行迅速创新，持续交付、快速上线和下线产品、与客户保持互动以修正产品，快速改善客户体验，同时使银行在不断尝试的过程中找到一些新的技术发展方向，获取新的能力，实现新的创新。

（二）贯彻双速IT的开发模型

未来，商业银行需要着重加强以下方面的部署，以强化自身的双速IT战略：

1.组建敏速开发团队，提升敏速开发能力。从现实来看，商业银行较多地采用稳速IT的模式，因此在敏速开发方面有较多欠缺。未来，商业银行可以通过外部导入及内部实践相结合的模式，从全新的、小的产品需求开始，组建小规模的敏速开发团队，取得一定经验后，将团队核心组建扩散到其他项目开发组，逐步提升整体敏速开发能力。

2.针对不同的业务模式和不同的产品，分别贯彻实施不同的开发模型。对于渠道类的系统、业务规则可以随时调配的系统、市场时效性敏感的系统，如开户、授信流程、产品定价、产品配置、顾客信息等以及核心系统的部分组件，商业银行可以重点采用敏速IT的模式，加快系统的更新、升级和迭代。而对于对风险控制有较高要求的核心银行业务系统，如客户主数据、活期账户、授权系统、支付系统等，银行在IT开发与运维时需要首先考虑稳定性和可靠性，因此更适宜采用稳速IT的模式。

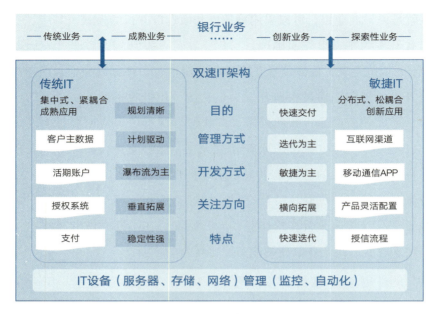

图8-3　双速IT的主要架构

3. 打造T型敏捷人才。数字化转型中，IT部门与业务部门是合作伙伴关系，IT人员需要懂业务，业务人员需要懂技术。为了提升人员的素质价值和结构价值，商业银行需要多措并举打造复合型T型人才。调整外部招聘方向。传统上银行70%左右的人员专业背景为经济金融，但商业实施数字化战略转型后，在选人上应更加注重具有技术和金融复合型专业背景的人才，以往70%经济金融类、30%技术类人员的招聘方向，考虑实现反转。

4. 成熟产品系统新产品由T型业务人员配置式开发发布，无须开发人员参与。完全成熟的产品系统应该支持由业务人员在管理台配置后直接发布，不需要开发人员定制开发。如银行存款产品，存款产品经理配置好产品名称、存款利率、期限、购买条件、发售期限等属性后，可在系统后台直接发布新的存款产品，不需要开发人员再进行开发。

第三节　DevOps 的四大实施路径

一、微服务：银行系统架构转型的下一站

（一）微服务的定义

近年来，互联网企业特别是提供云计算服务的企业，频频宣扬"微服务"理念，微服务究竟是什么呢？为了解答这个问题，先介绍一下著名的"康威定律"：即企业设计出的信息化系统架构，一定跟企业自身的组织架构一致。即系统架构是企业组织架构的反映，两者一致时，才会使技术开发的效率更高。

互联网企业在发展初期，其组织方式是小规模产品团队、创业团队文化，与之配套的也是小规模的敏捷开发团队。开发团队多采用工作分解结构细分任务、看板式管理开发，呈现出高度解耦的开发组织方式，最终交付形成不同于单体应用，满足以下关键特性微服务：（1）标准通讯协议，如RESTful风格接口（基于HTTP和JSON格式）；（2）独立部署，避免共享数据库；（3）运行于虚拟化环境（使用Docker等容器技术）；（4）高内聚，服务间完全解耦。由此便诞生了微服务架构设计理念，表8-1是微服务架构与传统的单体架构、SOA架构的对比。

表8-1　　　微服务架构与传统的单体架构、SOA架构的对比

	单体架构	SOA 架构	微服务架构
耦合度	紧耦合	松耦合	解耦
集成方式	厂商单一系统	ESB 集成	API 集成
开发组织	单一大团队	多个团队	敏捷小团队
服务能力	封闭	内部服务	开放服务
升级发布	停机、整体发布	停机、集中发布	不停机、独立发布

随着互联网金融加速发展以及大数据、人工智能、云计算等新技术应用不断成熟，金融机构的客户呈爆发式增长，客户群体及场景更加细分，服务需求变得多样化、个性化。而由于传统单体式的业务系统难以满足海量交易、高并发、敏捷响应的业务需求，架构演进提上日程，而微服务因具有高效协作、弹性伸缩、自动化部署、去中心化的灵活组合、技术和业务分离、功能简单替代性强等特性，成为系统架构发展的下一站。与传统单体系统集合多种业务功能，统一部署、统一管理不同。微服务将系统功能进行了逻辑分拆，形成独立模块，并匹配独立数据库，彼此间保持松耦合，并能够通过点对点完成整个系统的集成。具体来说，微服务架构有以下几点优势：

首先，单体架构下，一个简单的功能更新，也需要防范对整体功能带来影响的风险，需要开展大量回归测试工作。一行代码的改动，也需要对整个软件包重新实施部署。而采用微服务架构，因为实现了更好的隔离，单个组件更新，不影响已有部分，降低测试工作量，可以快速部署。

其次，微服务架构下模块化、组建化的设计适合将开发任务拆解分配给小规模的敏捷开发小组，实现并行开发，提升效率。

最后，微服务借助容器化、虚拟化技术，可实现计算资源和服务能力的自动弹性伸缩、升级可做到不停机，保障业务支撑能力和连续性。

因此，微服务架构设计脱胎于互联网公司的开发实践，其特性完美切合云银行的业务需求。

（二）形成微服务治理框架与流程

针对微服务带来的问题，业界形成了一套完整的微服务治理框架，涵盖了服务的开发、部署、监控、分析并最终治理的全流程，实现服务注册发现，请求链路追踪，服务熔断，服务限流，服务管控配置，服务预警。鉴于本书篇幅，不做详细描述，仅介绍业界主流的相关工具：

- 服务的开发项目管理（PM）：Jira
- 服务的开发代码管理：GitLab
- 服务的开发持续集成（CI）：GitLab CI、Jenkins

- 服务的开发接口文档管理：Swagger
- 服务的运行容器：Docker
- 容器的镜像仓库：VMware Harbor
- 服务的容器管理平台：Rancher
- 容器的安全管理：Clairctl
- 服务的编排：Kubernetes
- 服务注册与发现：etcd
- 服务的日志管理：EFK
- 服务的监控：Prometheus

除了上面提到的这些工具以外，读者还可以进一步学习流行的Spring Cloud框架中所采用的相关微服务治理工具。

现今大部分商业银行未完全完成微服务架构的改造。其中大多数商业银行主要基于SOA架构，使用ESB做服务的治理。少数银行部分服务完成了微服务架构的改造，但主体服务还是使用SOA架构。笔者认为，商业银行完成微服务架构主要分为以下三个阶段。

阶段一：微服务技术平台搭建。

商业银行使用微服务框架的第一阶段，是选择微服务技术架构，以及选择部分服务转移至微服务架构进行技术选型及试点。在微服务架构试点的过程中，逐渐调整微服务架构，使其与商业银行现有的整体技术架构匹配，为后续的大多数服务使用微服务架构打好基础。

阶段二：SOA框架服务转为微服务架构服务。

商业银行使用微服务框架的第二阶段，是将银行现有的SOA框架体系内的服务转移到微服务架构体系内。在此过程中，仅进行服务架构的转移，并不进行服务的重构与进一步拆分。此部分工作完成后，银行将具有动态扩容、动态部署服务的能力，以及不再需要ESB系统进行服务集成。

阶段三：微服务拆分与开发团队重组。

商业银行使用微服务框架的第三阶段，是基于微服务的技术体系，将服务进一步拆分以及对应开发团队进一步拆分重组。服务的拆分主要包含两类，一类是耗用系统较多性能的服务，将其再拆分为粒度更细的微服务，为性能需求更多的微服务提供更多的硬件资源；另一类是将原来流程复杂的服务拆分为多个逻辑独立的微服务，简化每个服务的逻辑。在微服务进行拆分之后，可将原先服务提供方的大的开发团队，细分为3~6人的小开发团队，每个团队负责独立的微服务，不需要关心整个产品流程，以降低开发人员的开发门槛。

二、自动化运维：保障云计算时代的运维能力需求

（一）银行数字化转型下的自动化运维趋势

近年来，业务的快速发展、IT基础架构的日益复杂以及云计算、大数据、移动互联等新技术的出现都给数据中心运维管理带来新挑战。在IT服务理念的大潮下，商业银行纷纷借鉴ITIL最佳实践框架和ISO 2000国际标准，建设适合自身特点的运维管理体系。然而，随着数据量的日益庞大、系统复杂程度的日益提高，IT运维管理的难度也不断加大，依靠传统的IT运维管理的工具和方法难以满足业务和管理对IT应急能力和预警能力的要求。

传统的IT运维依托设定的运维流程，以规避风险为目的，以解决问题为主要工作，运维工作靠运维人员的职能与运维事件驱动。在传统运维模式下，运维问题的解决高度依赖运维人员的个人能力与经验，运维问题在流程中传递，处置速度慢，且各系统的原味团队专注于自身技术及责任领域，一旦面对高复杂业务产生的长链条的服务调用，无法定位故障，更无法适配云计算环境和云银行建设带来的配置管理、容量管理、变更部署、安全性管理的复杂要求。

伴随着银行的数字化转型，云计算架构的应用，银行面临运维大量的计算节点、存储节点与复杂网络设备的压力，唯有依托框架与工具，开展自动化乃至智能综合运维，实现提前预估及发现运维风险，以快速定位故障，并针对故障，快速制定及实施运维决策，方可保障银行在数字化云计算时代的运维要求。

（二）构建自动化综合运维管理平台

当前，国内银行IT运维的现状是，规模较大的数据中心普遍建设了监控、流程和运维平台。但其中存在两方面问题，一是产品基本以国外品牌为主，国外产品一方面价格昂贵，导致运维成本居高不下；另一方面也存在一定的安全隐患，在当前国家安全的背景下，国外IT运维产品与业务应用相关性强，存在相当大的风险。二是监控、流程和运维产品采用不同厂商、不同型号的产品，产品之间相互割裂，信息无法共享，也很难达到自动化、智能化的效果。比如监控平台发出的事件，不能自动触发工单，不能发起变更，更不能进行进一步的自动化处理，需要人为地把流程"串"起来，严重影响了数据中心的运维效率。

因此，商业银行亟待打造一个一体化的IT智能综合运维管理平台，整合监控、流程、自动化管理等功能，打破平台之间的信息孤岛。也就是说，从IT运维人员的角度，无论事件是监控触发还是流程触发，无论是人为事件还是系统故障，面对的都是一个统一的界面。运维人员的关注重点也会从故障处理转向对业务系统可用性的维护，这大大降低了对运维人员技能的依赖程度。同时，在监控、流程、自动化平台的基础上，进一步整合，实现三个平台的互通和数据共享，为自动化、智能化运维提供有力的数据支撑和趋势分析，防患于未然。

为提升平台的自动化运维能力，银行可通过引入持续集成和发布工具、日志集中分析工具、数据可视化工具、资源性能监控工具、应用性能监控等工具，打造和提升平台的以下核心功能：

- 网络、存储、交易一体化监控；
- 多信息系统运维数据集成；
- 可视化的运维数据视图；
- 自定义周期的巡检、智能分析；
- 应用性能分析、智能业务感知、主动预警；
- 全调用链分析，快速定位故障；

- 定义及识别运维关键事件与流程，确立优先级；
- 建立故障事件自动触发流。

建设IT应用系统实现一体化架构设计，建立一体化运维体系。IT部门聚焦运维工作的新变化和新挑战，务实地面对运维自动化的迫切需求，扎扎实实打牢基础，搭建了自动化运维平台，并逐步实现规范化、自动化、服务化、智能化的运维体系，将平台作为一个产品去运营打磨，更好地实现IT服务管理和价值创造。

构建功能服务模块，将日常运维工作做成功能模块以服务的形式供各信息系统按需使用。技术人员可以在平台办公端进行服务的配置和信息系统基础信息的管理，经过审核后即可提交生产使用。服务的输出结果可通过电脑终端、移动终端、电话等多种形式通知和展现。服务List包含了日常巡检、应用版本发布、数据文件备份、日志集中展示、验证、监控告警、变更、信息系统异常处理、定时调度、实时交易量监控展示等。

构建自动化工作流程，严格控制工作流程，通过实现各流程管理要求对运维操作进行管理，避免人为操作风险，保证生产运维工作合规、安全、可追溯。例如，实施生产数据变更，为了控制操作风险，都需要按一定流程进行准生产环境测试、复核、审批、生产预执行对比前后结果并回滚、生产最终执行双人复核等。

构建自动化数据分析功能，对生产数据和自动化数据进行分析，并将分析结果作用于服务，包括交易运行报表、流程报表、自动化运行报表、审计报表等。例如，对于应急启停和自动化验证作业流，平台自动出统计报表显示以作业流和系统为单位的调用情况，包括调用次数、成功次数、失败次数、作业流执行耗时、报错原因等信息，供技术人员和管理人员进行分析和调优。

主要服务建设具体方法如下：

1. 验证自动化服务。自动化验证分自动化脚本和实时交易量场景两个模块。技术人员在自动化运维平台上根据需求配置自动化验证作业流将两者串联起来，配置完成后的作业流即可在自动化运维平台执行。

自动化脚本模块，在自动化运维工具平台提供了大而全的模板供技术人员按需挑选。缺省检查项包括文件系统mount检查、进程检查、网络端口检查、WAS数据源连通性检查、日志文件错误码检查、网络端口连通性测试、文件更新检查、MQ队列管理器和通道状态检查、日志错误码检查等。技术人员无须关心函数的实现方式，只需配置具体的检查项即可，此外自动化脚本模块还支持个性化jar包的调用。

实时交易量场景模块，自动化运维平台获取交易量管理平台的实时交易信息，由技术人员设置不同纬度的判断阈值、调用频率等参数，实现模拟人工对实时交易情况进行验证。

技术人员可以授权一线值班人员或24小时运行值班人员远程执行，也支持设置定时调度。自动化验证作业流执行结果将在平台展示通过消息推送的方式发至技术人员手机。如设置定时调度作业流，如验证结果失败，则生成响应告警由24小时运行值班通知技术人员确认。

2. 信息系统异常处理自动化服务。当信息系统发生异常时，无须技术人员到场可以通过执行配置的作业流一键完成故障信息收集、恢复、验证。

发现故障：通过实时监控收到告警短信，并接到24小时运行值班电话通知。

故障信息收集：例如CPU、内存、端口连接情况、进程、交换空间、数据库快照，网络连接，生成JavaCore、文件句柄使用情况、日志错误码信息等。为了不影响快速恢复的原则，整体故障信息收集时间控制在20秒以内。

快速恢复：包括摘集群、suspendMQ、停SNA、停止应用、启动应用、恢复MQ、启动SNA、加集群等。

一键验证：通过自动化验证作业流进行一键验证。

3. 应用版本发布自动化服务。技术人员事先在自动化运维工具平台自行配置版本发布的各种环节，将准生产环境预发布、备份、传输、解包、停服务、更新、启服务、验证甚至回退在同一个平台配置好固化下来。每次版本前可以根据版本需求选择对应的调度流程，只需更改版本日期即可实现一键式发布和验证，如验证失败支持一键回退。

主机系统可以实现无人值守的全自动版本发布流程。通过自动执行特殊作业、主动监测CICS状态、主动判别DB2ENTRY资源、多进程多任务发布模式、设置启停联机交易场景、主动判断资源更新级别、精确控制同步触发停联机交易等手段，减少了版本发布人力成本，大大降低了操作风险，满足了全球一体化的版本发布需求。同时通过一系列策略的实施使版本发布过程对业务的影响控制在秒级。此外通过监控系统实时跟踪发布进程，准确判断发布过程对交易的影响，对安全稳定的发布起到显著的保障作用。

4. 变更自动化服务。规范变更的步骤，将变更的内容标准化，形成变更模板，基于模板编写变更的实际步骤，在自动化运维平台配置变更计划。确保变更在规定的变更时间窗口执行，以及变更严格按照既定步骤实施；确保变更与预期的目标和要求一致，并监控变更执行的结果。彻底规避变更中容易出现的不合规行为，避免变更中出现的操作风险，降低技术人员的工作量，提高变更的效率和质量；并能够及时发现变更中出现的问题，实现两者的联动。变更脚本审批通过后就可以直接启动变更操作自动化功能，完成之后再将实施结果自动反馈到变更管理流程中，实现流程的关闭。

变更自动化还有助于简化变更管理流程。在手工执行变更的情形下，为了控制变更风险，我们往往要求在变更申请单中附上详细的变更实施步骤、测试报告及回退方案，长达几页的文档司空见惯，编写、审核的工作量都很大。如果实现了变更自动化操作功能，可能只需要在变更申请单上说明变更自动化功能执行的简单步骤，相关环节可大大简化。

5. 巡检、日志集中展示和备份自动化服务。各系统部署巡检脚本，每日定时自动调用，产生格式化结果文件在统一页面展示，技术人员无须登录生产即可查看详细巡检结果。巡检异常信息将会发送短信通知技术人员。日志集中展示，对于分区较多的系统，配置应用日志自动化传输作业，在统一的页面展示日志供技术人员查询并提供统计分析功能，大大提升日志查询和问题排查的效率。备份自动化，对程序包、重要文件和数据库文件按需进行自动化定时备份。

6. 实时交易量监控服务。统一页面展示各系统实时交易量情况，除了展示整体交易情况，技术人员还可以按照不同维度需求对信息进行配置。例如服务器IP、分行号、渠道编号、交易码等，并可以对不同纬度的交易情况设置监控告警，并具有历史信息查询及交易量分析预测功能。

三、业务中台：沉淀业务能力，推动金融服务创新

（一）减少重复建设的中台策略

"中台"这个概念来自阿里巴巴，在《企业IT架构转型之道》序言中，阿里从烟囱式架构到分布式架构再到共享式架构的转变过程提到"最大的浪费不是重复建设，而是不断重复建设"，不能因为10%的差异而重新建设100%的系统。这便是中台架构要解决的问题。

阿里巴巴的"大中台、小前台"架构体系对传统银行业的IT架构转型具有一定的借鉴意义。但由于银行面对的客户包括个人、企业、集团等多种类型，需要满足不同种类客户不同个性化需求；金融产品同质化，运营能力较弱，创新比较困难；比较依赖线下渠道；业务流程差异大；重风控，强监管等与互联网企业大不相同的特点，因此传统银行向中台转型不能简单照搬互联网企业的中台模式，必须实施具备银行特色的中台策略。结合银行的金融业务，银行中台其实是将产品、流程、风控和服务进行多维度组装并上架到渠道，转变为一种商品并销售给目标客户的过程。

2017年，建设银行在大型商业银行中其首先喊出了"企业级架构"，从一个企业的整体价值链视角，重构业务模型、数据模型、产品模型与用户体验模型，在前沿科技支撑下，以平台化、组件化、参数化、云化为标准搭建的基础架构体系，以此为基础推动了IT技术架构组件化复用、整体IT产出效能的全面提升。2019年，工行在ECOS项目中宣布已实现了产品服务的组件化研发，建立了4 300多个产品参数，并通过标准化的3 500个业务流程组件，以及500多个跨渠道用户界面快速拼装，实现95%的产品可通过参数化配置"T+1"

快速上线。农业银行在"推进数字化转型，再造一个农业银行"的宏伟战略背景下，以建设开放银行中台、零售营销中台、对公营销中台、信贷中台、运营中台和数据中台为重点，整合提炼业务领域基础金融服务能力，以组件化、服务化的方式，支持前台根据客户需求快速组装和灵活配置，着力实现产品灵活装配、数据有效整合和资源充分利用。其他一些中小银行也已走上了中台或企业级架构的转型之路。

纵观各银行不同的"中台"之路，搭建高度统一、共享、复用的客户、产品、渠道、风控、流程、体验"中台"，减少重复建设，是诸多银行共同和必然的选择[①]。

（二）银行业务中台建设实践

从阿里企业架构的改革来看，其业务中台的提出和实践先于数据中台。业务中台化后，可以实现所有业务数据的汇集沉淀。业务中台抽象、包装和整合后台资源，转化为便于前台使用的可重用、可共享的核心能力，实现了后端业务资源到前台易用能力的转化。业务中台的共享服务中心提供了统一、标准的数据，减少了系统间的交互和团队间的协作成本。

在传统银行的应用架构基础上要实现需求快速响应与快速交付，就需要针对性地解决基础能力重复建设、系统间调用关系复杂、产品与账户或是交易与核算紧耦合的问题。

如农业银行的业务中台范畴涵盖了零售营销中台、对公营销中台、信贷中台、运营中台（见图8-4）。四大业务中台通过构建标准化的业务服务能力，对各前台业务条线形成强力支撑，各业务中台之间按照统一的接口标准实现互联互通和数据共享，既保证了前台业务需求响应速度的提升，又提高了资源利用效率，可以快速有效地满足产品创新、智慧营销、智慧信贷、智慧运营和智慧决策的需要。如信贷中台通过采用领域驱动设计方法、敏捷迭代工作模式，持续整合提炼信贷领域公共业务服务，目前已累计沉淀了基础作

---

① 数邦客.再窥银行数字化转型的四把"剑"［EB/OL］.搜狐，2020-06-13.

业、授信管控和风险监控三大类近100个信贷共享服务、超过500个服务组件，构建起以中台共享服务体系为支撑的产品创新模式①。

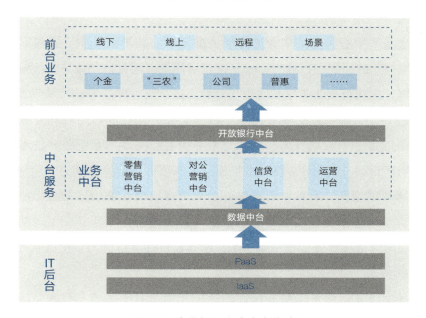

图8-4 农业银行六大中台战略

业务中台建设是业务服务能力抽象沉淀的过程，既涉及理顺产品与服务关系、践行领域驱动设计（DDD）理念等战略层面的思想认知内容，又有服务识别、剥离、整合、优化等战术层面的具体操作方法。

1. 产品与服务分层

业务中台要对前台业务内容进行梳理、提炼、剥离、改造，将前台个性与共性分离，共性下沉到业务中台。通过"薄前台产品、厚业务中台"，保持前台的"敏"和后台的"稳"，即一方面使前台产品能够对市场变化和监管要求作出快速与灵活反应；另一方面，依托业务中台风控和数据服务能力，强化中后台风险管控能力。以信贷服务为例，传统信贷业务流程横向划分为贷前、贷中和贷后等环节，而信贷中台则按产品和服务进行纵向切割，产品层

---

① 赵焕芳. 中台之上，转型之始——农业银行业务中台探索与实践［EB/OL］. 金融电子化，2020-10-09.

主要负责用户交互、数据准备、流程串接，中台承担公共业务逻辑处理和风险管控，从而实现前台产品敏捷创新，中台风险立体管控。

2. 共享服务中心划分

共享服务中心是业务中台支撑能力的基础，共享服务中心要遵循"高内聚、松耦合"的原则进行规划。一是按领域规划，通常以领域内核心业务实体进行聚类，比如贷款业务中的客户、合约、抵（质）押品等。二是明确共享服务中心边界，明确子域的业务范围。按照业务关联性或者相同的业务目标可以将一个或多个子域划分为一个共享服务中心，共享一套业务和技术达成共识的通用语言。三是用"一图两表"描述共享服务中心，分别为：用领域建模图来表述领域划分，用共享服务中心定义表来明确业务边界和核心能力，用通用语言术语表来明确共享服务中心语义范围内的标准业务词汇。四是共享服务中心可以根据业务变化节奏、组织架构设置适度拆分为多个微服务应用。

3. 服务能力抽象

业务中台要对业务场景有良好的适配能力，对使用者友好和易用。在进行服务设计时，要把渠道、产品、客户中蕴含的业务规则抽象为可管理、可组合的业务规则，在服务运行时可以便利地去适配场景。在输出服务时采用API或SDK形式供产品层远程调用，或以公共页面形式提供，实现SaaS效果。另外，在领域划分原则下，安排产品、中台部门的业务专家参与技术团队工作，结合现有系统将业务实体与事件反映到IT架构实现层面。

4. 实现业技融合

业务中台需要打造由业务、技术人员组成的全功能团队，践行敏捷开发模式。基于业务价值的优先顺序快速实现交付，并通过快速迭代不断实现业务价值，提升业务能力。比如在搭建信贷业务中台过程中，可以通过组建"产品经理+技术经理+风险经理"这种跨部门、跨层级的业技融合敏捷团队，将信贷业务规划与系统架构设计等融合，有效提升业务执行效率和需求响应速度。同时，也可以探索DevOps研发模式，通过推行用户故事地图、需求条目化、自动化交付流水线等举措，缩短交付周期，有效提高业务交付效率和质量。

四、分布式核心：实现银行核心业务系统再升级

（一）传统银行采用分布式核心的必要性

银行核心系统，英文上叫做Core Banking System，是支撑银行日常经营活动的、最重要的业务系统。核心系统承担了银行大部分交易数据的处理工作，支持着面向银行客户的不同UI发起的各种交易处理请求，通过交易处理，驱动会计核算和支付清算，最终达到集成化处理后台业务的目标。当前，传统银行核心系统存在以下几个问题。

第一，银行在此阶段的核心系统建设中，大量采用了国外厂商的商业软硬件产品。其中最普遍应用并为市场熟知的是IBM的硬件服务器、Oracle的商业数据库、EMC的存储，俗称"IOE"，很难做到自主可控，在国际局势的冲击下可能会威胁到国家金融安全。

第二，对新产品的支持和响应，系统难以实现或者响应速度慢。

第三，对流程银行、事业部制、集中运营等管理体系的建立和调整，系统支持不足。

第四，系统满足外部监管方面支持的不足，核心系统记录数据，越来越难以监管要求的数据颗粒度和范围。

第五，内部精细化管理和风险管理支持的不足，随着管理会计系统、绩效考核系统等内部分析管理类系统的建设，新资本协议的实施，都对核心业务系统的数据支撑提出了巨大的挑战。

新一代的银行分布式核心基于分布式计算框架搭建，来自中美互联网电商巨头的最佳实践，解决了用户交易成本、历史交易大数据存储、大用户量、大并发等实际问题。其基础组件基于开源协议，代码公开可检查，采用x86服务器、开源数据库、分布式存储等技术，实现了去IOE，并且相比传统核心，额外具备以下优点。

1. 低成本：用廉价的x86服务器替代高价的专用服务器，用免费开源软件替代收费商业中间件，用分布式存储和开源数据库替代了商业数据库，降低

了单用户成本、交易成本、存储成本，满足普惠金融服务的要求。

2. 高性能：传统核心严重依赖单台应用服务器及数据服务器的计算能力，计算能力受制于单CPU频率、单机数据吞吐能力等瓶颈；而分布式架构下，可横向扩展增加计算及存储节点，提升性能，满足银行业务产品创新、客户增长的需求。

3. 高弹性：基于低成本计算资源部署，伸缩自如、可无限扩展、按需支持，满足互联网金融服务带来的海量客户、海量数据、海量交易、浪涌式交易的需求。

4. 高开发效率：原生采用微服务架构设计，结合容器化等技术，满足快速开发交付、安全高效运维的需求。

5. 标准化开放：分布式核心系统形成的服务接口，更加贴合互联网通讯协议标准，易于与合作伙伴的信息系统对接，输出银行服务，适应开放银行，开放互联的要求。

6. 满足监管需求：2016年7月，中国银监会发布《中国银行业信息科技"十三五"发展规划监管指导意见（征求意见稿）》，该指导意见强调了云计算架构平台的建设，以适应互联网环境下计算资源弹性变化和快速部署等需求。该指导意见指出，银行业应稳步实施架构迁移，到"十三五"末期，面向互联网场景的重要信息系统全部迁移至云计算架构平台，其他系统迁移比例不低于60%。云银行的核心系统，正是面向互联网场景的重要信息系统，采用基于云计算架构平台的分布式核心也符合监管的要求。

7. 安全性：因为服务器之间相互独立，可以达到安全容灾的效果。即当某一台服务器出现问题时，并不会波及其他服务器，有利于保障核心系统的数据安全。

由此可见，分布式核心系统与主机集中式架构相比，具有高性能、低成本、弹性扩展、敏捷交付等特点，能够实现"随时、随地、随人、随需使用银行服务"，有效地解决传统架构的性能瓶颈，并满足金融级的高可靠性要求。

微众银行、网商银行、中国民生银行是我国开发部署分布式银行核心的领先银行，取得了很好的成果。

（二）稳健部署分布式核心

面向未来的云银行，需要商业银行面向全体客户提供更强个性化的产品可塑性、高速的产品开发和发布能力乃至提供客户自主的产品定制，因此对核心系统的要求也越来越高。

以A银行分布式核心系统为例，分布式核心系统包括分布式平台系统和分布式核心应用系统。部署分布式核心的流程如下：

1. 构建分布式平台系统。分布式平台系统提供系统间调用协议，平台支持组件：包括服务治理、统一序号发生器、可靠消息传输组件（消息中心）、配置中心、缓存，服务编排组件，分布式数据库中间件，管控平台。平台支持分布式技术包括分布式事务处理、分布式分库分表、读写分离、分布式缓存。分布式事务一致性应对，保障分布式环境下账务系统信息一致性。

·存款产品绝大多数场景是单事务场景，采用Spring事务一致性支持

·跨库和跨服务器的复杂场景，使用workflow集成，并配置异常冲正流程

·特殊的原子服务不能保证单库事务时，通过MQ、Redis等多种手段综合运用保证分布式事务的一致性

分布式应用之分库分表、读写分离及缓存，提供超高数据查询效率

·采用数据库分库分表，支持横向快速扩容，客户号作为分库分表的主索引字段，同一客户的账户、流水等在一套表中，保证不跨库不跨表。

·对于BP客户相关的信息不能分库的数据采用ZDAL的读写分离技术，提高数据库访问效率。

·分布式核心的数据访问采用三层访问机制：应用层全局缓存；分布式缓存；数据库；

·基本不会变化的、访问频繁的数据使用应用层全局缓存，应用启动时加载完成；

·其他数据根据需要使用分布式缓存，如果分布式缓存中没有对应数据则使用数据库中数据。

2. 在分布式平台上开发分布式应用系统。包括2个系统：客户系统和存款系统。客户系统包括客户信息管理、客户签约管理2个模块，存款系统分为卡管理、账户管理、支付、结算4个模块。

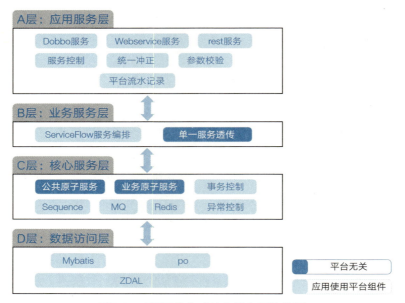

图8-5　A银行分布式核心平台系统分层

分布式核心银行系统的产品工厂，帮助银行业务人员快速创新产品，支撑创新需求快速落地。

·支持业务人员通过配置的方式开发和管理产品，满足互联网时代产品快速创新的需求。

·采用通用的产品数据模型，以"特征—属性"的方式表达产品，在金融产品领域模型先进。

·整个产品工厂分为产品配置车间、产品生产车间和产品运行车间，其中产品配置车间通过人性化的界面进行产品配置，产品配置可以从无到有自行选择特征和属性，也可以基于任何一个版本的产品作为模板进行复制后修改；产品生产车间和产品运行车间对特征和属性脱敏，只要特征和属性按照生产车间和运行车间的要求进行开发，则配置后自动生效，从而保证最小的代码变动实现快速创新。

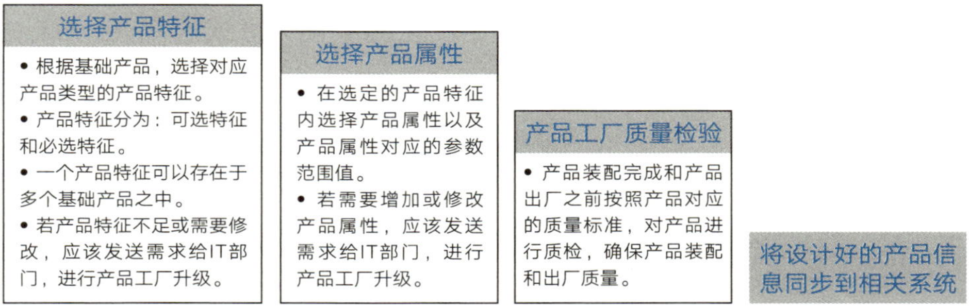

选择产品特征
• 根据基础产品，选择对应产品类型的产品特征。
• 产品特征分为：可选特征和必选特征。
• 一个产品特征可以存在于多个基础产品之中。
• 若产品特征不足或需要修改，应该发送需求给IT部门，进行产品工厂升级。
选择产品属性
• 在选定的产品特征内选择产品属性以及产品属性对应的参数范围值。
• 若需要增加或修改产品属性，应该发送需求给IT部门，进行产品工厂升级。
产品工厂质量检验
• 产品装配完成和产品出厂之前按照产品对应的质量标准，对产品进行质检，确保产品装配和出厂质量。
将设计好的产品信息同步到相关系统

图8-6　A银行分布式核心产品工厂流程

案例　蚂蚁金服分布式金融核心套件：金融核心系统变革助推器

分布式金融核心套件是蚂蚁金服针对分布式核心系统全新推出的金融科技产品，该套件包含客户、产品、资产平台等多个应用组件，业界首创将融合核心业务能力组件与技术平台于一体，可有效解决金融机构应用研发效能、数据治理和运营、全域风控管理、技术架构升级等问题。

一方面，分布式金融核心套件整合了蚂蚁金服金融级分布式云原生分布式架构以及金融级分布式数据库，保证应用和数据弹性扩展，同时具备高可用和一致性。

另一方面，通过蚂蚁金服自身业务沉淀的“资金核对体系”“全链路压测”等技术风险防控组件，可以保障分布式架构下的资金安全和技术风险得到有效控制。

据介绍，采用分布式金融核心套件后，三地五中心异地多活能力能够有效为业务连续性保驾护航。此外，分布式金融核心套件作为金融核心业务的重要支撑，还拥有众多令人瞩目的特性。

渠道层
直销银行
智能客服
客户触达
开放层
开放平台
外联网关
数据聚合
业务产品层
存款平台
贷款平台
支付结算平台
外汇平台
中间业务平台
分布式金融核心套件
资产平台
资产交换
资产核心
清算对账
客户账户
会计核算
客户平台
登录识别
客户认证
客户信息
客户视图
客户画像
产品平台
产品模板
产品分发
合约平台
产品视图
产品工厂
公共服务
额度管理
税费计收
费用计收
利息计结
业务支撑层
财务管理
风险管理
运营管理
数据层
数据集成平台
数据计算平台
数据资产管理平台

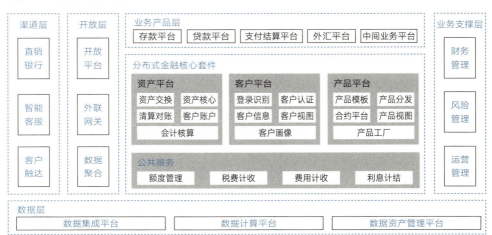

图8-7　蚂蚁金服分布式金融核心套件的总体架构

第九章

生态体系：云银行与ISV共建数字金融生态

第一节 云银行转型的必要与困难

一、云平台是数字金融生态的基础

（一）生态战略升级：集成与融合

随着信息化、数字化技术的发展，银行为客户提供的服务也越来越便捷与无感化。从全部柜面交易发展到在POS机自助进行余额明细查询、转账、现金取现，再到在网上银行、手机银行上进行开户服务外的大部分交易，再到直销银行出现个人电子账户从而实现线上开户，再到开放银行中客户无须到银行服务渠道也可享受银行服务。

金融服务的一步步发展推动客户体验的不断升级。以前客户需要在不同渠道使用不同服务机构提供的服务；在云银行的模式下，这些服务在线上实现了整合，客户通过一个互联网应用即可办理全套流程。例如，商业银行在手机银行内既融合了存款、银行理财、基金、保险、债券、黄金等财富产品形成理财产品超市，又集成了缴费、商城、公积金、政务等生活服务，从而为客户提供综合一体化的解决方案。同时银行的财富及贷款服务也被集成至各类互联网平台的流量入口，协助互联网平台进行流量变现；银行的电子账户服务被融合至会员钱包、保证金服务等场景中；贷款服务被融合至消费金融等场景中。

1. 集成与被集成

集成：传统银行的柜面除了提供自有的存贷汇业务外，大多还会集成第三方的基金代销、保险代销、国债代销、公共缴费、出国金融等业务。这些被集成的业务，一方面增加了银行的收入；另一方面也为客户带来便利，拓宽他们的投资理财及交易渠道。基于柜面这个人流入口，商业银行可以让流量产生价值，从而实现流量变现。

在银行服务数字化的过程中，客户流量从线下转移至线上，金融服务也随之从线下迁移到线上。在金融服务模式线上化的同时，服务的集成模式也在发生变化。数字化的银行依托网上银行、手机银行、直销银行的流量入口，集成了更多传统柜面难以集成的服务，拓宽了为客户提供的服务范围。同时由于服务可以被集成在各互联网平台上，客户获得服务的成本也变得更低，加剧了这些服务的线上竞争和合理定价。

被集成：随着金融服务信息化、数字化的发展，银行在降低了服务成本的同时，流量也大大降低。金融服务逐渐从一个中频流量入口变为低频流量入口。以取现为例，随着线上无卡支付业务的发展，客户取现频率从原先每周一次逐渐变为每年一次，取现场景的流量降低了52倍。而依靠流量进行的各类代销、代收款等业务，也逐渐被互联网时代新的流量入口所蚕食。

面对这种情况，银行开始拓展新的流量，与互联网流量入口进行合作，以增加自有产品及代销业务的销售量。银行逐渐成为被集成方，其服务被集成在各类互联网流量入口，为各类互联网平台的流量变现提供支持的同时，也增加银行产品的销售量。但是，在这种模式下，银行从前后台一体的业务机构变为只作为部分服务后台的服务提供商，因此会带来另外一部分的流量流失。

2. 融合与新融合

融合：在账户管理的领域，银行账户作为资金的承载方，可以和政府债券、基金、保险、外汇等场景融合在一起，经营方式也由经营账户向经营场景转变。此外，银行既提供流量入口为客户服务，也参与到各行业业务的流程设计、资金结算等各个环节，更好地与这些行业深度融合在一起。

新融合：银行服务数字化以后，流量入口、客户经营、服务模式等发生了翻天覆地的变化，也促进了银行金融业务与各行业场景的进一步融合。商业银行将自身的产品与服务"碎片化"，把金融服务融入客户的生产和生活场景中。当客户产生金融服务需求时，可以在当前场景下无感地获得所需的金融服务。①如在互联网平台会员场景中，银行提供电子账户作为平台会员的资金承载，结合平台的营销让利、消费支付、消费信贷、积分支付、余额增值等场景，与互联网平台融合成为新的纯线上化生态场景，进一步拓展银行的业务范围。

（二）云平台支撑数字金融生态发展

万物互联下，金融生态正在快速演变与重构。随着互联网平台、金融科技企业等众多新玩家的加入，传统银行的客户结构与客户行为正在受到强烈的冲击，银行客户对金融服务的要求也在不断提高。这迫使银行改变传统的发展模式，积极投身于数字化转型与发展。

云市场是形成数字金融生态的关键。在银行金融服务数字化的进程中，银行不再仅仅依靠自有流量入口销售产品，而是拓展了更多的代销服务。银行开始作为一个服务的中间方，一边聚合流量，一边聚合服务，在获取中间业务收入的同时，提升客户黏性。为了提升客户服务体验，银行既需要根据客户需求不断完善自身的服务体系，也需要引入更多与客户需求紧密关联的服务。因此，一个包含行业场景所需的全部服务从而能为客户提供综合服务体系的云市场，对数字金融生态的发展至关重要。

云从基础设施向服务平台进阶。随着银行进入数字化转型的关键节点，云服务的内涵和外延在不断拓展，与银行服务的结合深度在不断加深。它已

---

① 商业银行打造场景融入式服务　构建线上智慧零售［N］. 中国证券报，2018–01.

经从幕后走到台前，从IT基础设施的铺设蔓延到"云+端"服务平台的竞争。云服务商也从早期的IT供应商演变成为一个产业连接和多端联动的纵横交错的生态。①银行已开始逐渐意识到整个金融市场上，他们很难通吃整个产业链的闭环，需要打开自我，与新的技术、场景与生态进行深层次融合。因此，云服务平台对于银行来说，不仅仅是一个技术升级的结果，更是经营理念的突破。在云服务平台上，银行连接不同机构，流量方、资金方和技术方可以充分发挥各自所长，扮演自己最擅长的角色，打碎再融合，最终形成金融、科技、资金、行业的合力。

二、云银行生态联盟的规则与构成

（一）新规则下的生态共同体

在生态经济时代，银行的价值导向由以产品为中心向以客户为中心转移。在共同价值观的驱使下，生态中的各个参与方将会更加紧密地协同起来，基于在云计算、物联网、大数据、5G等新技术上高强度的投入，打造一个开放、弹性、安全、灵活的协作平台，进而构筑合作共赢的生态共同体。

1. 以客户为中心，深度融合

马化腾在谈及互联网新生态时说道：生态体系内越来越多的参与方从简单"触网"发展到整体"上云"，把全产业流程镶嵌到更为开放的网络中以激发更多创新；并将决策控制建立在流动的实时数据上，以大幅优化资源配置，提升效率。②在这个体系内，银行以客户需求为中心，通过线上线下多渠道协同的方式，将客户需求引入银行的产品设计、服务运营流程。在整合生态圈的基础上，通过数据形式将需求传递给生态伙伴，在设计、研发、生产、运营、服务等环节中流动、共享，帮助银行实现产品服务与商业模式创新。

---

① 洪若馨. 云上金融的进阶之路［J］. 亿欧，2019–05.
② 马化腾.《给合作伙伴的一封信》：打造互联网新生态的初衷已渐成现实［J］. 36氪，
　　2017–10.

2. 智慧连接，共生共赢

连接是实现深度融合的基础。在数字时代，只有将相应的智慧解决方案匹配连接，才能更好地优化人与人、人与物、人与服务之间的沟通协作，减少"信息孤岛"的产生。在构建云银行服务生态时，各个服务提供方赋能流量入口的平台方，流量入口方负责服务的整合，将各个服务提供方的系统全部对接在一起，再进行全服务流程的用户信息采集和操作反馈的整体产品设计。在整个生态中，客户、流量入口方，服务提供方的系统和产品都耦合在了一起，共生共赢。

3. 云化布局，开放共享

银行在参与生态共同体的构建时，通过"云化"创新，更好地发挥"金融活水"的价值。一方面，银行从云开发、云测试、云数据中心、云灾备、云平台、云应用等入手，推进自身体系的云架构转型和创新应用，优化并输出银行自身的资源和服务的弹性管理能力；另一方面，积极参与生态共同体的形成与演变，开放共享信息、资源、客户、产品、服务、流量等，并在云体系下进行大范围匹配后的精准分配或科学分工，实现"人尽其才，物尽其用"。

（二）云银行的生态构成

现阶段，云银行主要依赖自有金融产品，例如账户、理财、贷款等产品，自建金融行业生态。在此生态场景中，银行依托柜面、网银、手机银行等渠道为客户提供服务。另外，银行也将账户、支付、理财、贷款服务以云化方式输出给其他行业，融合为该行业生态的一部分。例如，银行与蚂蚁金融的支付宝借呗、花呗等产品合作，联合为客户发放贷款。整体来看，云银行的生态构成主要包含如下几个部分：

1. 生态平台软件开发商

数字化的生态平台，大多依赖软件信息系统来开展业务。生态平台的软件，可以由ISV（Independent Software Vendor，独立软件开发商）专职负责软件开发，也可以由生态平台的其他参与方进行平台开发工作，在此统称为平台软件开发商。平台软件开发商需要开发如下系统：（1）用于对接平台客户的渠道系统：如网站、APP、微信公众号、小程序等；（2）用于销售运营的平台运营系统：供运营人员操作，进行客户运营服务；（3）用于平台管理的平台管理系统：供管理人员查询平台运营情况，维护平台规则；（4）用于集成供应商服务的聚合系统：用于服务的引入与融合。

2. 生态平台服务供应商

服务供应商是平台存在的基石。客户到访平台，是为了获取平台供应的服务。银行通常担任服务供应商的角色，为生态内的客户提供账户产品、理财产品、贷款产品等金融服务。

3. 生态平台服务销售商

服务销售商负责客户的对接工作，平台产品的销售工作，以及售后运营工作等。平台的销售方既可以做纯线上的销售，也可以将线下客户引流到平台在线上进行销售。例如，在银行自建的理财行业生态平台中，银行需要担任服务销售商的角色，承担基金、保险、信托等产品的销售职责。

4. 生态平台管理方

生态平台管理方是生态的核心角色，负责整个生态平台的搭建、管理与分润等工作。整个平台的软件规划、分润规则、产品选择、销售方式等规则都由平台管理方来制定。例如，在银行的基金代销生态场景中，银行承担软件开发商、服务销售商、平台管理方等角色，基金公司担任服务供应商，这个平台的管理规则由银行制定。在淘宝的零售生态平台中，阿里巴巴作为平台的软件开发商与平台管理方制定规则，淘宝店主为服务销售商，淘宝店主后面对接的厂商或者代发商城则为服务供应商。

随着各行业的数字化发展，银行将通过自建与融入的方式参与更多的行业生态。为了实现云银行生态的良性发展，生态参与者各方在共享观念、彼此合作的基础上，分享权利，共同治理。

第二节　云银行与 ISV 的良性合作生态

中国各行业的数字化进程仍在进行时。在各行业构建数字化生态平台的过程中，ISV的重要性凸显。依托ISV，银行可以快速构建各行业的生态平台系统，以获取各行业数字化进程的红利，让金融业更快地服务于各行业的数字化生态。

一、云银行与ISV合作的生态优势

（一）ISV加速实现行业融合，实现互利共赢

ISV通常为特定行业提供个性化软件服务，例如制造业、房地产业等。传统平台式企业不具备足够的专业知识和资源开发特定领域软件，ISV则凭借自身在专业领域的积累提供了体系化的行业解决方案，大幅提高了生产效率。银行通过与ISV合作，可以快速实现对陌生行业的渗透和融合，并快速触达客户，将平台上丰富的金融服务提供给客户，与ISV实现共赢、共生。

前文中提到的分销易产品是民生银行与ISV合作研发的分销商新型管理产品。通过民生银行账户体系和ISV行业解决方案的整合，上游核心企业在民生银行开立账户后，下游经销商通过微信小程序或WEB端即可完成向上游企业的付款，同时提供多路资金归集、财务对账等业务功能，为企业提供了一整套"分销管理+支付结算+平台赋能"的行业解决方案。

购房宝是房地产行业的ISV联合民生银行打造的一套房产智慧营销系统。民生银行向ISV输出自身电子账户体系，ISV针对购房过程中的客户到访、甄别购房意向、订房认购、后续服务等环节，建立一套完备的房产智慧营销系统。民生银行通过ISV快速融入房地产行业，与ISV实现共生共赢良性合作。

（二）ISV破解行业业务痛点，提高目标客群忠诚度

ISV在相关垂直领域深耕细作，深入研究行业痛点，将行业主要业务流程、个性化业务流程全面融入标准化业务系统中，为客户解决业务开展过程中的难题。ISV提供行业标准解决方案，破解业务流程及数据方面的难题，提高目标客群忠诚度，为平台方和ISV带来持续发展空间。

以分销业务场景为例，传统分销业务存在诸多行业痛点，如：（1）中间环节过长，企业利润空间不断压缩；（2）企业进行电子商务转型时，营销成本过高；（3）传统转账方式付款导致对账问题频出；（4）经销商管理困难，定期对大量经销商数据进行统计、分析、生成报告，工作量大且准确性没有保障；（5）由于经销商没有相应的融资手段，即使业绩好，也容易导致资金周转不畅、影响业务发展的结果。

为解决分销行业痛点，分销易产品通过整合流程、简化操作等措施，实现以下功能：（1）灵活管理多层级商户，根据企业架构进行个性化设计。针对上游核心企业、下游代理商和分销商，或是其他多样化的商业模式，都可以进行灵活、简单的管理。（2）资金转入方式多样化，同时支持大额收付场景。支持微信、支付宝及网银转账等多种转账方式，全面满足各场景下转账业务要求。（3）以渠道、时间为维度进行财务数据统计分析，支持交易明细查询、详细账单对账等功能，实现准确的企业财务数据管理。最终为上游核心企业实现便捷管理经销商、财务信息实时核销、加快资金流动效率、降低管理成本等目标；同时为下游经销商实现实时在线付款、提高采购效率、降低支付成本、扩大经营渠道等目标。实现银行、ISV、分销行业的互利共赢。

在房地产行业中，在营销前、营销中、营销后环节的客户实名认证、购房意向甄别、订房认购、延展营销等方面存在诸多痛点。购房宝产品应用业务模式创新，将客户、银行、开发商联合在一起，实现多方共赢。银行向ISV提供远程开通电子账户权限，通过ISV的软硬件技术服务，为客户提供线上电子账户开立及资金存管业务。客户可据此办理"定向存款证明"以证明其购房意愿，解决客户购房意愿甄别的难题。除此之外，还支持并实时支付功能，

提高售房购房效率。掌握客户实时信息及成交数据，进行实时数据分析。依托房地产行业消费客群，未来还可以将住房按揭、装修、物业、日常生活缴费等场景整合到产品中，进一步拓宽服务空间。

ISV通过体系化的垂直业务领域解决方案，在为客户解决问题的同时，也为平台合作方带来可持续的业务发展空间，真正实现客户、平台方、ISV的互利共赢。

案例　　小薇科技：小贷金融云+生态平台，细分行业的科技输出

小薇科技成立于2017年10月，是蔷薇控股旗下唯一持牌子公司，也是全国唯一一家持有互联网小贷和再贷款双牌照的贷款公司。公司秉承"金融，科技，产业"三位一体的经营理念，践行"简单，开放，协同，共享"的核心价值观，运用领先的互联网思维和技术，持续优化金融服务模式，在客户的商业模式、交易场景和大数据三大核心因素驱动下，实现科技化金融服务的升级，为小微企业与个人客户解决融资难的问题，也助力小额贷款公司不断发展，实现多方的共创、共享、共赢。

小薇科技以其较强的技术实力和科技团队，向小贷行业生态输出科技力量，赋能小贷公司提升风控实力与水平，提供行业解决方案。小薇科技与相关的生态平台合作可以实现双方多个互赢。

完善对全国小贷公司的监管。自2016年开展互联网金融风险专项整治工作以来，P2P网贷从高光时刻走向黯淡，也对小贷公司（持牌金融企业）和互联网小贷公司带来了非常大的影响。小贷金融云+生态平台的合作，可以有效提升监管机构的监管服务手段，建立与小贷公司的沟通渠道，进而可以搭建完善的信息交互、法规学习和业务培训体系。以此完善整个行业监管数据的整体维度，实现有力的穿透式监管。

向小贷行业输出科技服务。据介绍，目前国内多数小贷公司在信息化和数字化建设方面一片空白，业务多采用基础办公软件辅以纸质记录方式开展。使用金融云将同时在企业数字化管理和业务作业系统化方面得到升级，达到组织在线、沟通在线、协同在线、业务在线、生态在线的效果。

沉淀数据，增强风控实力。小贷金融云+生态平台，实现了小薇科技对数据的沉淀与积累，包括B/C端数据和业务流程沉淀数据，对整个风控模型来讲起到增强的作用，拓展了风控的维度。另外，也大大提高小贷行业整个生态的风控服务水平，助力小贷公司未来更精准地去匹配资金和资产。

以平台模式协同服务小贷客户。所有上线小贷金融云+生态平台的小贷公司可以实现自身借贷金融产品数字化方式，不仅可以有效扩宽客户范围，还可以提高客户的体验，比如原来小贷公司管理不规范，有些客户在贷款之后不知道具体还款日期、具体还款金额等。通过小贷金融云的数字化方式，每个客户能非常清晰地了解自己的贷款全流程，包括跟个人相关的信息，从而避免不必要的违约失信风险，降低小贷公司的业务差错率。

加速建立小贷行业完整的生态环境。对于小贷行业生态平台，借助小薇科技小贷金融云的定制服务，可以覆盖整个小贷行业上中下游用户，包括终端客户，而小贷金融积累的业务数据可以有效补充平台对垂直行业用户的整体覆盖。对于小薇科技而言，生态平台的实力与市场口碑有助于其串联起小贷行业的上下游，从而加速整个小贷行业形成完整健康的生态环境。

（三）敏捷设计实现少开发或零开发，降低客户接入难度

在与ISV合作的生态中，云银行通过技术体系中提到的敏捷工具实现少开发或零开发，从而降低客户的接入难度。

以分销易产品为例，上游核心企业只需在民生银行开立对公账户，开立分销易产品，无须任何开发即可上线配置使用。核心企业可以在线为下游经销商配置账号，经销商无须开立账户，直接通过"轻型分销易"小程序使用微信支付、支付宝或是转账至子账簿的方式完成付款动作。帮助核心企业轻松实现分销商管理。

同时，分销易产品具有很强的可定制化能力，客户无须安装APP，通过Web页面、小程序即可进行操作，针对客户个性化需求，通过后台灵活配置或少量开发实现快速上线。

二、云银行与ISV的分润合作模式

在软件开发行业的早期，ISV的主要商业模式是开发成熟软件产品售卖并收取版权费用及软件维护费用。但是在银行业，由于银行要自己掌控系统风险和核心技术，便不再将整个软件系统外包给外部ISV进行开发，而是自行进行软件设计与控制软件风险。由于多数银行自身的软件开发人力资源不足，需要从合作的科技公司按月按人数采购开发人员驻场进行开发工作。在此模式中，银行负责软件系统的设计，核心系统开发，系统运维等工作，合作的科

技公司外派人员仅负责一些根据设计进行的简单开发工作。银行对自身系统的掌控力逐渐加强，但是一方面与银行合作的ISV利润减少，仅剩下派遣开发人员的薪资差值；另一方面也降低了科技公司开发出更好的银行系统的积极性。

在各行业业务数字化转型的背景下，为了进一步促进ISV对软件系统贡献，银行给ISV的利益采用了分润的方式，从而与ISV形成新的合作模式。简单来说，就是双方基于某项业务进行合作，业务流量收入按协商好的百分比进行分润。这样就极大地提高了ISV对产品系统优化的主动性和积极性，也是双方的合作进一步加强，共生共荣。常见的分润有如下几种：

1. 基于销售服务费的分润。ISV在其软件内销售银行财富产品，银行根据销售额或者保有量为其分润。

2. 基于手续费的分润。ISV将银行收费服务集成入其软件内，与其他软件服务一起为客户提供服务，服务期间银行收取的手续费创造的利润，按比例分给ISV。

3. 基于产品的资金沉淀分润。ISV的软件产品在涉及金融服务时，一定会沉淀下相应的资金。这部分资金在软件的业务流程内流转，并不能直接为ISV产生收益。但是ISV可以通过与银行合作，将这部分资金沉淀在指定银行，银行靠这部分资金获取存贷差收益，并为ISV支付相应的合作费用。

三、云银行搭建ISV合作生态的准则

在与ISV的合作中，并非所有服务都要部署在银行内部。所以银行与ISV在指定场景中是共同为客户服务的。双方的服务边界如何划分，双方的服务如何融合就成为最主要的问题。

（一）区分银行服务与ISV服务的边界

在对客户提供服务时，一定能要区分服务的边界。归属于哪方的服务，就由哪方进行客户相关数据的管理，并与客户签订相应的协议。由于各银行对自身服务的系统都有严格的要求，所以需要区分好哪些是银行的服务，哪些是ISV的服务。在区分服务时，除了双方的实际服务内容外，尤其需要注

意ISV是否有对应服务的处理权限及能力，重要的银行业务不可由ISV代为处理。如账务交易时客户意愿的核实，以及相应的密码、短信验证码的验证工作，必须由银行进行处理，不可由ISV代为处理。如ISV软件系统注册用户时，记录用户敏感信息（如手机号码、身份证号码），必须与用户签订相关的协议并告知客户收集信息的用途。由于ISV造成的客户敏感信息泄露，责任应由ISV承担，与银行服务并无关联。

（二）融合银行服务与ISV服务

银行与ISV进行服务的融合时，一般是银行以开放银行的方式赋能给ISV，由ISV进行相关业务流程的整合及服务的整合。在此过程中，对双方的要求如下：

一方面，银行需要能够将其核心能力以H5或者API的方式对外赋能，并且这些服务能够记录其外部应用的数据，能够对其风险及贡献进行相应的管理。这种服务方式与银行传统的对外服务方式差异较大，对银行来说是不小的挑战。

另一方面，银行对外的赋能，不只是传统服务改为API的方式对外，还包括为适应新的场景对服务流程的重组与改善，对合作方的管理及贡献记录，对双方系统交互过程中出现的新的安全风险的管理等。

（三）管理ISV以降低系统风险

根据双方的能力差异和服务的重要程度，银行对ISV的管理可以分为两个层次。

1. 对ISV浅层次管理

2020年人民银行发布了《商业银行应用程序接口安全管理规范》（JR／T 0185—2020）。其中规定了银行对外API的安全管理规范，也规定API的应用方的管理规范。如果只是一般的合作方ISV，依照人民银行的要求进行管理即可。此时ISV服务既可以部署在腾讯云、阿里云、亚马逊云等公有云云服务器上，也可部署在银行或企业自有的云服务器上。ISV可以根据自身软件的需求，自行选择软件部署的服务器。

2. 对ISV深层次管理

当银行与ISV合作的软件系统对银行比较重要，或者系统存在比较多的安全性要求较高的数据时，银行就希望对ISV的软件系统有更高的掌控权。此时，可以由银行对ISV的软件系统进行监管来加强对软件系统风险的控制。分为以下几种方式：

（1）软件部署服务器的控制

银行可以要求ISV将软件部署在银行指定的服务器上，此服务器可以是由银行管理的银行内部服务器，也可以是银行自运营的云服务器，并给ISV开放相应的端口及流程供其发起软件部署流程。

（2）软件版本的控制

银行也可将ISV的软件系统原代码放置在银行管理的代码服务器上。当软件需要发布新的版本时，由ISV向银行发布申请，银行对相关业务及代码进行审核后再进行部署。

（3）软件数据的控制

有时ISV保存了客户大量的隐私数据，但是自身数据安全的能力不足。此时可以将相关的数据源放置在银行管理的数据服务器中，按银行对客户隐私数据的安全管理规范进行客户数据的管理。当ISV相关运营与开发人员需要访问客户隐私数据时，按银行规范及流程将数据脱敏后提供给数据的请求方使用。

四、ISV接入云银行服务的治理规范

API开放银行是以API架构驱动的全新银行业务和服务模式：以开放、共享、高效、直达的API开放平台为承载媒介，将多种能力输出，嵌入各个合作伙伴的平台和业务流程中，实现以客户为中心、场景为切入，实现产品、服务创新，提供跨界金融服务。ISV在接入银行的API与银行其他类型的合作方接入银行的API并无本质上的差异，银行对这些API是统一进行管理的。

（一）API能力开放化：打造一流API服务治理平台，构建API通用能力库

由于业务的实际需求和技术发展，开发部门和供应商通常会根据需要选择不同的微服务框架，呈现多样化选型。如何管理好这些API服务，成为研发和运维部门需要面对的问题。如果可以将这些框架和服务对接到统一的服务治理平台，将可以大大降低协作开发的成本，并提升整体的版本迭代效率，因此服务治理平台的建设目标包括：

1.通用治理能力：引入中间层设计，兼容多框架的通用治理能力，采用分发器和治理组件协调工作统一多框架通用治理能力，由分发器下发任务至不同的治理组件，由治理组件完成平台纳管多框架，完成分发器下发治理任务。

2.平台自服务：平台本身采用微服务架构及容器平台集成，提供更深度的治理功能，提供平台应用生命周期、组件部署管理、灰度、弹性和统一配置支持。

3.多框架兼容的应用管理：兼容基于 Spring Cloud、Dubbo 等微服务框架，快速部署或迁移微服务应用。

4.业务服务架构防腐化：通过服务注册中心对服务强弱依赖进行分析，结合运行时服务调用链关系分析，梳理不合理的依赖和调用路径，优化服务化架构，防止代码腐化。

5.快速故障定界定位：通过服务调用链日志、服务性能 KPI 数据、服务接口日志、运行日志等，实时汇总和分析，实现故障的自动发现、自动分析和在线条件检索，方便运维人员进行故障诊断。

6.服务微管控：运行态服务治理，包括限流降级、服务迁入迁出、服务超时控制、智能路由、统一配置等，通过一系列细粒度的治理策略，在故障发生时可以多管齐下，在线调整，快速恢复业务。服务生命周期管理：包括服务的上线审批、下线通知，服务的在线升级，以及上线、下线，自动弹性伸缩，资源扩容。

（二）API服务标准化：形成标准化API对接规范，助力ISV快速接入并落地推广

云银行在与几百家API应用方进行合作时，可通过四个标准化来提高对接效率，即接入流程标准化、API接口规范标准化、参数配置标准化、服务平台标准化。

1. 接入流程标准化：针对不同行业领域的ISV合作方，提供了统一的标准化接入流程，对接方可以按照标准规范准备相关内容资料，快速完成接入注册环节。

2. API接口规范标准化：考虑到不同行业ISV自研系统的差异性，如系统架构，服务接口对接的依赖，开发语言技能的差异，对外服务协议选型等诸多技术细节问题，提出业界通用且统一标准规范的API接口调用规则，有效减少自研开发的成本，提升了交付效率。

3. 参数配置标准化：面对不同ISV对接场景下，繁多的可变诉求，为提升开放API能力库的灵活性，对系统服务参数配置、系统管理配置、业务流程参数配置、流量管控配置等方面进行详细的参数标准化，方便业务人员有效处理线上系统多样变化的情况。

4. 服务平台标准化：为方便更多的ISV对接方简单快捷地对直销银行API开放能力库有一个完整的认知和深入的接触，打造标准化的服务平台，ISV商户注册后可自助访问并完成从信息介绍、信息准入申请、API接口调试、测试环境联调测试，上线准备申请等完整流程。

（三）API服务安全化：切实有效的系统监控措施，强有力保障API开放能力稳定高效

API网关提供接口交互安全校验，访问流量控制，交易权限管控，身份认证鉴权，交易统计与风险监控等功能，有效提供生产环境API接口的入访和出访交易全量监控，预警，提醒等能力。方便开发人员、业务人员、运维人员及时发现各种系统异常问题并第一时间解决处理。

在生产运行过程中，通过以下几个方面，实现对API开放平台的整体监控。

1. 实时采集监控数据：包括硬件、操作系统、中间件、应用程序等各个维度的数据。

2. 实时反馈监控状态：通过对采集的数据进行多维度统计和可视化展示，能实时体现监控对象的状态是正常还是异常。

3. 预知故障和告警：能够提前预知故障风险，并及时发出告警信息。

4. 辅助定位故障：提供故障发生时的各项指标数据，辅助故障分析和定位。

5. 辅助性能调优：为性能调优提供数据支持，比如慢SQL，接口响应时间等。

6. 辅助容量规划：为服务器、中间件以及应用集群的容量规划提供数据支撑。

7. 辅助自动化运维：为自动扩容或者根据配置的SLA进行服务降级等智能运维提供数据支撑。

第十章

组织体系：云银行加速向敏捷组织进化

第一节　云银行转型的必要与困难

云银行是一种全新的"文明"。新文明建立在旧制度的瓦砾上，想要全新的、革命性的构建新物种，必然要接受革命的洗礼，革命是要打破旧制度的，是要流血的，因此万分的艰难。理想很丰满，现实很骨感，对于看到未来的先行者而言，云银行的落地筚路蓝缕，要面临巨大的困难，也必须要付出巨大的代价。对于整个银行从业者来说，最关心、最头痛的问题是如何真正的推动云银行的转型成功。

一、云银行必须转型

（一）机会窗口缩短：快鱼吃慢鱼

颠覆性技术的出现，让未来"不可预见"，五年计划过时了。我们非常热衷于搞五年规划、三年战略。这本不是坏事情，只是在云银行的市场环境下，大多数"三年规划"都赶不上变化，逃脱不了被束之高阁的命运，近几年银行业的转型就是最好的例子。在云银行的转型实践中，会遇到很多"新"，阻力来源于银行内部，还没做过就觉得风险高，还没做过就急于否定，还没做过就急于指手画脚、界定边界。而对于创新可能带来的机会视而不见。

余额宝便是一个很好的例子。

2013年6月13日腾空出世的"余额宝"上线几分钟，用户数突破18万，超过1000亿仅用了半年，过5000亿仅用了1年。而中国最大的基金——华夏基金的规模从八千万增长到3000亿用了16年。

那么余额宝成功的秘诀是什么呢？

第一，用户导向。为了"简单呈现"产品，天弘基金特意在客服团队设置了一个3人客户体验师团队，从用户角度来找茬和提意见。

第二，敏捷迭代。余额宝在最初发展过程由于意想不到的火爆，用户数达到了一期IOE架构用户能力设计的上限。余额宝果断做出"上云"的决定，云改造完成后，余额宝的清算时间缩短到40~60分钟。

第三，创新至上。资金转入即可增值，同时不影响支付功能，零费率、低门槛，一元即可转入，7×24小时服务。这些特性对于巨量长尾用户有着极强的吸引力。

余额宝的巨大成功，对于"被改变"的银行来说，真正震撼来自于其对金融业态的改变，它证明了银行等金融公司以互联网为依托实现业务创新发展的可能性。云银行的转型时不我待，只争朝夕。

（二）传统银行管控式科层制无法支撑云银行

故事一，余额宝诞生之前，各家银行也在销售货币基金产品，但是大部分银行并没有主动想要把用户体验做到极致，把流动性做到T0。但有业内人士说，在余额宝上线前几天，有一家银行在加班加点搞定了类似产品，但在上线前一天，零售部老总找领导哭诉"冲击存款"，最终没能上线，从而被余额宝捷足先登，与时代失之交臂。

故事二，快捷支付刚起来的时候，第三方支付与银行之间展开了一波波关于快捷支付的口水战。那时银行在想什么？首先监管层面是看不到依据的，其次快捷支付风险太大了吧，再次这个对业绩指标也没什么价值，尤其是银行的总行层面，大都是反对的。但快捷支付还是起来了，突破口在各家银行的分支行，快捷支付对某个分支行而言，带来的是赤裸裸的存款沉淀。可见银行总行、分行的利益诉求也是不一样的。

故事三，二维码支付。在市场酝酿期，除了头部两家地主着力拓展之外，不少银行尤其还有大行也在快速跟进。后期由于监管原因，银行暂停了该业务的研发，由此丧失了二维码支付市场。

故事四，银行看不上的长尾客群的消费信贷，没征信的白户，因为其既够不着普通信用卡的门槛，也没抵押、没房产，甚至工作也不怎么高大上。另外，银行从未开展过纯基于线上授信，对风险以及催收和核销的逻辑存在种种顾虑。而这些长尾客群和白户却为京东、支付宝等互联网金融机构带来丰富的利润以及海量的消费者数据。

这样的故事也许只是银行业自嘲的谈资，但却也能反映银行传统组织机制对于业务创新发展的束缚。

在传统银行业务模式中，总行专业部门负责生产，分行网点负责营销，对于分支机构的管理类似于渠道管理，多采用管控式科层制，呈现金字塔管理结构，横向强调分工，纵向强调管控，基础是标准化流程。在人员结构上中后台部门占比约30%，以专业人员为主，前台占比70%，以营销人员为主。在这一体制下，按照行政权力和行政区别，银行业务和客户完全被割裂于各个分支机构。近年来部分商业银行尝试试行部分前台专项业务、中台业务条线垂直管理，号称"一垂到底"，这种方式在原有的线下以网点为核心的业务模式中是适用的，一定程度上提升了管理效率。但同时，各部门各条线职能割裂状态和垂直化管理容易形成"部门银行"。

而在云银行业务中，"网点"这一传统的"总分行模式"的基础单元不存在了，在线上业务中不存在物理网点，不能照搬照抄类渠道的管理模式。事实上，云银行的业务模式本身是一种互联网平台模式，在其生命周期中，前期主要以建设平台为主，实现客户在线、业务在线、员工在线，逐步实现产品、业务、触点的多元化，最终实现"大平台+小应用"的模式：大平台指的是互联网平台，小应用值得是为不同客群提供的不同产品和服务。在人员结构上，平台建设和运营人员约占70%，且以科技研发人员为主，前台人员约占30%，以BD人员为主。在这一体制下，原有传统银行的条线管理、总分行组织模式就失效了。

云银行是以用户为中心，而非以流程为中心的，很多业务流程是非标准化的，因此需要更加敏捷的审批程序和灵活的作业模式。其次，云银行需要获取完整的、统一的客户信息，绘制全景式客户旅程图，需要多个部门和条线参与，存在频繁的跨部门协同，仅靠高层刷脸不能支持长期的业务运行。最后，云银行的创新多是基于边缘、基于一线的用户反馈，而不是凭经验决策，因此高管的决策不一定符合用户、市场需求。同时，多层级的决策机制也会导致决策速度过慢。另外，以销售考核为核心的绩效体系也不适用于云银行的业务。

传统意义上垂直管理事业部模式，相对与传统职能型组织尽管已经体现出一定程度的敏捷，但本质上还是一种产品销售的矩阵式管理模式，对于小总部、大渠道的业务模式是适合的。而云银行业务不存在销售网点，对于跨条线的产品整合和协同程度要远超传统金融业务，同时互联网平台的建设需要一个相对独立的决策环境，这也是事业部垂直管理所难以实现的。

因此，对于聚合流量、聚合服务、聚合数据的云银行来说，科层制和条线垂直管理的事业部制是无法支撑其正常运转，更多的需要应对变化做出敏捷的决策，"生长"正确的战略，因此最重要的是打造真正适合互联网平台模式的学习型、敏捷型组织。

二、云银行转型的三大掣肘

云银行转型的成功涉及到组织、资源、流程的重塑，在银行体系内，动资源就是动奶酪，资源即使自己用不好，也不轻易让给其他人来用，这样变革就产生了无处不在的摩擦成本和交易成本。

云银行转型要想成功，就必须突破三大掣肘：

（一）理念不统一

无论是银行还是企业，转型的方向和转型的结果，从来都是不清晰、不确定的。尽管目前很多银行都在提数字化转型，但不同银行对数字化的战略阐述是不一样的，不同层级的人对数字化的理解也都不一样。在银行推进数字化的时候，不同的人牵头，会衍生出不同的数字化转型策略，也就导致千差万别的转型结果。

对于打造、转型云银行的态度，各个层级的评价是天差地别，高层会说"转型是战略"，中层摆摆手"掣肘太多，干多错多，举步维艰"，基层大概率会说"不关心"。这些评价反映了一个银行转型云银行的真相：为了转型而转型，而没考虑到这是一个从上到下，从内到外都有涉及的系统性工程。

因此，云银行的转型，不单单要靠技术推动，更重要的是靠管理思想的转变，本质即"人"的升级。云银行不再仅仅靠银行科技部门来推动，而是通过整个银行系统的组织、流程、管理等全面变革，各业务条线、总分支行互相协作，拧成一股绳，一方面提升认知、统一思想，一方面将银行的科技力量正确地发挥出来，实现云银行的成功转型。

（二）被经验主义束缚

企业的立身之本是市场、技术、资源、流程、文化。在一个企业之初，其资源和技术，支撑其谋求一个细分市场，满足这个细分市场中的客户需求，慢慢发展，技术进步、资源积累、客户深耕，企业的主要利润，必然维系于某一个细分市场客群或某几个细分市场客群，其业务、产品、技术也必然聚焦于这些客群，倾听他们的意见，与客户一起成长。

但同时，企业也就与这些客群捆绑了，业务和产品由客群决定，流程也得配合客群的节奏，甚至文化、价值观都要与之相合。这个道理，放到银行经营也是一样的。银行循序渐进、正道成功的前提，就是我们处在没有技术突变的时代，社会生产力在可预期地渐进式迭代。

　　然而，现实是以互联网、大数据、云计算、区块链、物联网等为代表的颠覆式技术正在快速地改变着社会生产资料与生产技术，社会生产力发生了巨大的变化，如微信替代短信、触屏替代键盘、数码替代胶卷……技术改变了传统的认知与理念，推动了价值主张的发展，即新技术所呈现的业务、产品，已经跟传统的银行发展理念、聚焦客群、业务经验出现了不合。在颠覆性技术频现的时代，云银行的转型，首先就是要突破传统银行经营经验的束缚，接受新技术与新价值主张，并与银行业务进行有机融合，从而引导银行业务成功进行数字化、云化转型。

　　除此外，银行由于其特殊地位，以及出于对风险的衡量与把控的经验，一般只会为确定性买单，对新价值新观念新想法持相对严谨的态度，对于不确定性是慎之又慎。因此对于快捷支付、余额宝、二维码支付、消费信贷等新技术新价值的出现，传统银行的行动都落后于互联网金融机构。

　　而云银行这一新物种的出现，必然是对传统银行的一种冲击，也是对银行过往业务开展习惯和经验的挑战。如何借鉴传统银行业务经验同时又跳出相关经验的束缚，结合云银行的技术优势推广云银行业务，成为云银行转型的又一掣肘。

（三）数据治理落后[①]

　　云银行的转型，对数据的治理提出了更高的要求。颠覆式技术逐渐应用到客户服务、业务受理、信贷流程、运营管理、风险管理和经营决策等银行核心业务之中。云银行转型的一切都围绕着数据，包括但不限于数据的获取、沉淀、运用和洞察。

　　虽然各银行积极响应监管要求，开展数据治理工作。但大多数银行的数据治理仍处于初级阶段，从不同的部门从其在数据管理的角色看，面临以下问题：

　　对各业务部门来说，数据治理绝不是"与己无关"的一项工作。数据治理

----

① 数字化转型之三十七：银行数据治理实践中的难点及应对．和讯。2019–10–22．

工作贯穿于数据产生、使用和销毁等全生命周期中的各个环节。作为主要的业务数据输入端，业务及一线部门扮演着重要的数据质量控制角色。数据质量的好坏直接影响数据分析结果的准确性，而银行层面数据标准是否建立，各业务和管理领域的数据标准是否一致，也将影响在使用数据时需要花多大的代价来进行数据标准的统一。

对信息技术部门来说，数据治理的工作涉及到信息系统建设的方方面面。信息科技部门在考虑银行整体信息系统架构的同时，还需考虑数据架构如何设计，IT领域的数据治理工作如何配套开展。例如数据管控平台如何定位，数据管控平台与各源系统、数据加工分析平台之间的关系是什么，什么样的信息系统建设流程是符合数据治理要求规范的。

对数据治理归口管理部门来说，数据治理是一项长期的、动态的工作，而且是类似"装修"的隐蔽工程，是一项"脏活、累活、苦活"。如何将数据治理的价值和成果显性化、将数据治理工作拆分为不同的模块和任务，逐步的推进和落实，如何将数据治理从管控式理念模式向服务式理念模式转换，是一项智慧工程。

对合规和审计部门来说，如何规范化标准化地开展数据治理评估与审计工作是一个新的课题。从哪些方面进行评估，评估的维度有哪些，评估的标准如何定义，评估的范围如何选择，都急需业内专家共同探讨，逐步细化，明确标准。

总体来说，一般银行在数据治理实践过程中主要面临的难点：数据管理各项工作庞杂，如何体系化的规划开展？数据治理组织架构如何有效运行和落地？如何通过数据资产的盘点工作开展数据认责？如何通过系统化工具减少数据管理的手工工作？如何通过内控和审计促进数据治理工作的开展？

第二节　云银行的全新生产关系

云银行的诞生，代表着新的银行生产力，对传统银行的生产关系、组织模式提出了新的要求：云客导向、敏捷迭代、创新至上。在熵增定律的影响下，传统商业银行科层制慢慢趋向流程至上、专业分工、高管决策的固化组织模式，难以支撑云银行的快速发展、敏捷响应的需求，遭遇了发现机会慢、相应客户慢、内部流程慢、决策速度慢、产品上线慢的极大挑战。

为了对抗熵增定理，未来云银行的组织模式需要引入敏捷、共享和创新的因素。云银行的组织需要打破固化的组织结构，建立更加敏捷、多变的网络型组织；需要打破信息壁垒，强调目标透明和信息共享；需要打造创新式文化，不断纳入新的理念和目标。借鉴传统企业和互联网企业创新及实践，我们认为云银行时代，最适合云银行的生产关系呈现以下三个关键特征。

网络型组织。为了激发人才创造力和团队敏捷性，快速响应市场和用户的需求，组织形态主要由扁平化的网络结构组成。首先，由"听得见炮火的人指挥战斗"，业务团队要获得较大的授权，让其保持相对的独立性，业务团队负责围绕用户不同需求提供产品和服务，他们接近用户，正面与竞争对手PK，能快速响应需求做出有效决策。这些团队能够独立完成业务，尽可能有相对闭环的组织职能，避免过度依赖跨部门协调损失效率，同时实现责权利对等自我驱动。其次，云银行平台能够为业务团队提供业务赋能与支持，助力业务团队赢得市场。最后，针对不擅长的领域，可以充分借助外部力量，实现生态协同。

市场化机制。新的生产关系不再依赖高层的指挥和管控，小团队之间、小团队与平台之间都需要简单高效的协调机制来确保围绕市场变化进行业务运营。通过独立核算、内部计价、利益分配、信息共享、冲突决策机制，让网络的各个节点都能够高效运转。这种市场化机制能够将企业内部与市场联动起来，激发价值创造。

创新式文化。由于云银行的业务是一个创造性的工作，需要激发员工充分进行创新和尝试，高频试错、小步快跑。生产关系的设计必须要充分发挥人的主动性和创造性，并且营造鼓励创新的文化。

一、体系化作战：网络型组织

聚合流量，围绕全生命周期的客户旅程，需要端到端提供产品、服务、以客户需求为导向（从B2C以产品为中心到C2B闭环以客户为中心），对于传统商业银行专业分工（条线化、前中后台分离）的组织模式提出挑战。只有打造网络型组织，才能快速、高效的响应客户的多样化需求。网络型组织需要三大基石，分别是敏捷团队、赋能平台、协同生态。敏捷团队作为响应客户需求的独立指挥中心，赋能平台、协同生态"内、外力"交叉支撑敏捷团队，形成体系化作战的能力。

（一）敏捷团队："特种部队"

敏捷团队指的是独立承担核心自营业务的团队。敏捷团队成立的两个条件分别是能够有助于贯彻整体战略，以及能够独立完成业务。

敏捷团队主要有两个特征：

第一，团队的组成既可以是临时性的，也可以是固定的。

如果业务是临时性的，敏捷团队可能体现为虚拟项目组，从各职能部门抽调人员参与，在任务结束之后，团队成员将回归到原有部门或参与到新项目中。如果业务是长期固定的，敏捷团队可能就是一个独立部门或者事业部，乃至独立公司。

案例　　　　　　　　　　**重庆农商行金融科技敏捷实践**

重庆农商行于2019年设立了金融科技中心，重点打造线上线下融合、面向场景的创新产品。另外，为了形成创新合力，中心设置产品部落、围绕重点产品配置研发和产品资源。员工编制达300人以上，全面整合了金融科技建设前中后台资源，建设敏捷化、端到端的业务及科技团队，合力助推数字化、平台化和智能化转型，在中心内实现业务、数据、科技、渠道全闭合管理。

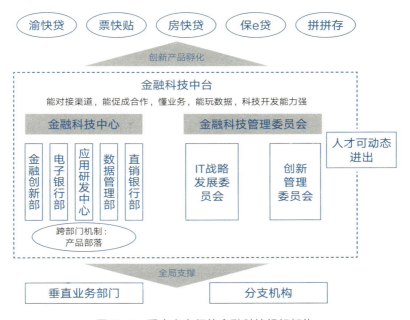

图10-1 重庆农商行的金融科技组织架构

　　针对传统银行研发上线周期长的症结，重庆农商行引入敏捷研发模式，把部分产品选为"阵地"，让团队充分"练兵"。敏捷化的"尖兵"团队，是冲锋在前探索转型可能方向的先头部队。通过践行敏捷开发，极大优化传统银行开发流程，实现"小步快跑、快速迭代"。如"渝快贷"及"房快贷"灰度上线，灰度期间迭代速度为一周一版本；通过"微银行"平台，实现全员二维码进行营销，仅用时2个月；"风聆APP"项目，开发全新APP实现VIP客户无感人脸识别、进行多维度客户画像及精准产品推荐，仅用时1个月；该行2018年客户年度账单，从提出到上线用时不到1个月，成为当年最早发布年度账单的一批银行。通过各项实战练兵，充分证明了敏捷机制在银行落地的可行性，也打造了重庆农商行金融科技的多个"尖兵"团队。

　　金融科技中心的成立，对于重庆农商行产品创新效果特别明显。渝快贷在2019年余额增长890%，增长非常迅猛。2019年，重庆农商行零售业务营业利润达52.96亿元，同比增加3.14亿元，在重庆农商行营业利润中占比43.34%。

第二，实现业务小闭环，即组成产品经理+技术经理+风险经理的"特种部队"。

在阿富汗战争中，美军的特种部队采取了小团队闭环的方法——团队由三类专家组成，一类是战斗专家，专门组织打仗，一类是通信专家，负责处理所有信息，一类是武器专家，负责炸药导弹，从而在团队内部尽可能独立完成决策。

同样，敏捷团队作为云银行的特种部队，如果事事都要协同和汇报，必然做不到敏捷。敏捷团队的职能要做得小而全，减少频繁地跨部门沟通与协调，通过业务闭环获得速度。在不同行业里，业务闭环所需要的职能不同，比如Facebook的特性小组中，闭环的是工程师、产品经理和设计职能，在韩都衣舍的蚂蚁军团中，闭环的是设计师、页面制作专员和货品管理专员职能。

案例 　　　　荷兰国际集团（ING）敏捷小队（scrum）

全球各行各业都在努力向动作快、活力足的数字独角兽企业看齐，ING将其传统组织改用受谷歌和奈飞启发的敏捷小队模式，将ING划分为350个9人"小队"（squad），分属13个"部落"（tribe）。这种新的组织模式已经缩短了将产品投放市场的时间，并且增强了员工敬业度，提高了生产力。ING认为保持敏捷不能仅仅独自改变IT部门或其他任何职能部门。关键是要一直秉承"端到端"的原则，以多部门团队或小组开展工作，他们包括营销专家、产品及商业专家、用户体验设计师、数据分析员和IT工程师，共同致力于解决用户需求，以统一的成功定义为准绳。

（二）赋能平台："后援基地"

赋能平台是支撑敏捷团队和战略伙伴高效运作的后盾，具备共享特征，包括关键资源共享、专业能力共享、知识共享、服务共享等，同时，赋能平台也是企业实现必要环节统一性的基石，如品牌、用户体验等。

赋能平台分为两类：一类是中台，另一类是后台。

中台通常指的是与核心业务直接相关的共同职能，是企业级能力复用平台。中台支持所有敏捷团队所必需的用户/流量、账户体系、支付、用户数据、服务器、带宽、基础架构等职能。中台的价值也较为容易计算，通常在业务成熟后与敏捷团队进行结算。

后台提供财务、人力资源、行政、法务、公共关系、内审等公共服务，并帮助敏捷团队和其他平台提升专业能力。后台通常与核心业务间接相关，一般是成本中心。

案例　　　　　　　　　　**百信银行风险管理中台**

百信银行的部门设置分为前台、中台和职能部门。其中风险管理部设置在中台。前台业务部门设置矩阵式管理的风险团队。

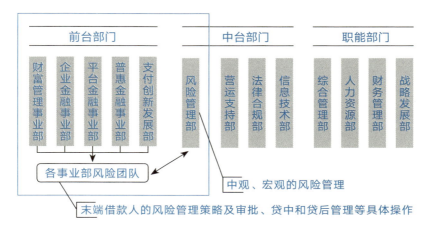

图10-2　百信银行的部门设置

百信银行的风险管理部与各事业部风险管理团队所承担的职责情况如下。

风险管理部承担第二道防线职责，负责中观、宏观的风险管理，包括与监管的对接、风险计量、反欺诈等工具建设以及模型和资产质量监控等；同时也承担部分信贷审批职责，主要是审批合作平台和核心企业。

事业部风险团队具体负责末端借款人的风险管理策略及审批、贷中和贷后管理等具体操作。百信银行对事业部风险管理团队采取矩阵式管理模式，双向考核，确保其充分发挥防控风险和引导业务发展的双重职能。事业部风险团队与事业部整体绩效紧密相关，全程参与产品设计，在防控风险的同时，也提升了产品设计质量。

（三）协同生态："战略盟友"

战略伙伴，又称战略合作伙伴。是指能够通过合资合作或其他方式，能够给企业带来资金、先进技术、管理经验，提升企业技术进步的核心竞争力和拓展国内外市场的能力，推动企业技术进步和产业升级的国内外先进企业。

数字经济时代，银行专注于核心业务仍然是第一要务，但为了满足用户多元化的需求，对于不擅长的领域的新策略就是打造生态圈，与战略伙伴合作，深度绑定，互为放大器，合作共赢。上述合作形式可以是业务合作、行业联盟、股权合作，甚至是控股，合作基础则是利益分享、互惠互利。

云银行强调聚合资源，赋能平台除了要对敏捷团队进行支持之外，也要对战略盟友进行加持，以云客为中心，实现对生态圈的端到端支持。

案例   **南京银行对接各类生活和消费场景**

近年来，南京银行在线上服务上不断完善，逐步推出SDK、API及J5等方式进行账户、支付及投资类业务输出。南京银行于2015年发起设立由中小银行组成的紫金山·鑫合金融家俱乐部，联合阿里云、蚂蚁金服建立"鑫云+"互联网金融开放平台，以"开放、链接、赋能"为核心构建与实体经济、金融科技企业深度融合的共享生态圈。该平台提出"1+2+3N"的业务合作模式，"1"代表南京银行，"2"代表阿里云和蚂蚁金融云，"3N"分别代表医、食、住、教、产、销等N个场景、旅游、电商、快递等N个平台，以及N家以鑫合金融家俱乐部成员行为主的中小银行。

二、敏捷迭代：市场化机制

聚合服务，开放和嵌入、生态化需要真正实现组织无边界，将外部交易环节数字化，引入企业内部实现C2B闭环，根据市场变化敏捷迭代产品、服务和技术，这对传统商业银行流程至上的协同机制提出挑战。

（一）目标导向：责权利对等

独立核算，全员都要注重最终结果，稳健经营，理性平衡风险和收益，而非完全基于风险控制。以投资回报率为导向，不断提升银行的对外竞争力。部门间价值衡量数字化，既肯定本部门的工作，也认可其他部门的价值。

敏捷团队要贯彻责权利对等的原则：

责：体现尽量完整的独立核算。核算可以是与财务相关，如收入、利润，也可以是用户相关的数据，例如体现用户黏性的活跃度指标。敏捷团队的客观数据将决定该产品的命运，而非高层或者团队自身的借口使其勉强维系。

权：根据敏捷团队承担的责任适度授权，与业绩挂钩。如果团队业绩出色且平稳，可以考虑扩大授权，如果触发了风险或者业绩不佳，同样可以收回权限。具体包括用人权、财务权和经营权等。

利：对于以盈利为短期目标的业务，可以采取与业绩挂钩的激励政策，做到清晰可预期。对于短期难以有明确收益，属于长期投资的业务，同样可以核算，但不考核当期损益，根据关键里程碑的表现提供激励，或者采用长期激励手段，如职务晋升、股权期权激励等。

对于企业内部员工，分配向人力资本倾斜，多劳多得。

对于外部合作伙伴，从封闭向开放倾斜，分享用户红利，互惠共赢。

案例　　　　　　　　　**民生银行直销银行事业部授权模式**

云银行的管理模式分为三种，第一种为总行部门或二级部门模式，仍为部门管理，例如招商银行零售网络银行部，第二种为独立法人模式，即以独立主体进行经营，类似于百信银行、微众银行，属于独立持牌经营，第三种为准法人/事业部模式，采取相对独立的授权经营，例如民生银行直销银行事业部。在持续发展过程越来越多的银行采用后两种模式，其特点就是独立授权和运营。

自2014年起，民生银行就为云银行业务打下基础，把网络金融部门从总行二级部门提升为一级部门，后来又发展为"民生银行直销银行事业部"，并且逐步推动"准法人"组织改革，将其从总行部门变更为经营机构，负责金融科技创新业务，从"自营+推动"的战略定位转变为"自营+合作"模式，成为一个纯自营的机构，在财务、人事、考核等方面为民生银行云银行业务的发展提供了相对独立的环境。

某上市科技公司内部计价模式

某上市科技公司主要为移动运营商提供自主研发的软件服务，在全国均设有团队。2015年以前采取的是矩阵式的组织模式，中后台的产品、营销、研发按照条线管理，前台是各地分支机构，负责销售和维护客户关系。然而部门墙严重，难以实现以客户为中心，业务增长乏力，利润下滑，一度经营利润为负。

2015年经过组织变革，采用"平台+敏捷前端"的经营模式，各团队间采取内部计价模式，独立核算激发团队活力。业务敏捷团队根据其特点不同，被划分为客户团队、产品团队和综合团队，客户团队主要负责所属客群的开发和维护，销售平台软件产品和服务，产品团队负责研发和交付服务，综合团队则是融合了产品和客户职能。

业务部门实现独立核算，部门间采用内部定价，各部门均有产品服务清单，且在公司层面设置了标准的定价规则，按照产品线不同，产品部门和客户部门按照固定费率切分收入，同时允许各部门议价。平台部门包括基础研发、创新业务、行政服务、财务审计等职能，除了一部分由公司提供战略资金进行研发的业务以外，各平台部门向其他部门提供服务，分为管理和服务两种清单，管理清单的内容属于部门职责内容，不单独收费，由公司整体承担；服务清单的内容属于增值服务，由交易双方根据清单按照人天或者服务内容议价。

实行内部计价独立核算之后，各部门之间的配合和价值有了统一的量度，内部协同的评价从单纯的主观评价转变为价值评价，跨部门的合作更有动力，激发了团队活力。在经历五年的运行后，该公司的利润年复合增长率约为30%，并且于2020年成功上市。

（二）信息共享：开放透明

有效的管理是信息共享。打造数字看板，团队内部、上下级之间共识经营进度，持续进行经营分析，部门间共享合作进度，横向拉通信息，增强沟通。

在银行中，针对一件事情如何处理，信息来自多个维度，例如监管的、同业的、行领导的、其他部门的、本部门职责边界的、本部门战略方向的，等，这些维度的信息，对管理者而言，获取更容易，而恰恰是这些维度在很大程度上决定了如何对事情定位；除上述维度之外的，事情进展、当前细节、接口交互、技术实现、素材佐证等，对事情本身定位也存在影响。因此，在日常工作中，需要向员工宣导一个这种观念，那就是要想把事情处理好，就要把围绕这件事情上下左右前后的信息都掌握全面，然后再落地行动，如果信息掌握不全，事情就会处理不好。

基于信息共享的视角，管理者如果想让自己更轻松，想让自己从烦琐中解放出来，最好的方式，反而是共享信息，而非隔离信息。明茨伯格说，拒绝共享信息，常常是为了通过障眼法来囤积权利。

在上文中也说过"敏捷小组"，敏捷小组的本质是权利下放，试想一个事事需要请示的产品经理，如何敏捷？而权利下放再深入挖掘一下，其实也是信息的下放，需要管理者把自己掌握的信息同步给小组成员，因为管理者由于职位而掌握一些特殊的信息渠道，这些信息一般意义上理解，可能来自管理者的更上一层，如果管理者不把这些信息共享，权利下放也没有意义。

案例　　　　　　　　　　　　　**中原银行敏捷部落**

传统银行往往保持着明显的金字塔层级，上级领导说什么下面做什么，跨部门的合作往往流程长、沟通不畅，上级也很难了解市场和客户的真正需求。而在中原银行的敏捷中心，这种架构被打破，形成以敏捷小组为单位的作战单元。小组中的成员可能包括产品经理、科研开发、UI设计、商务合作等。他们带着一个任务而来，比如创设一个产品、营销一类客群、组织一个活动，然后自己调动各方面的资源，达成工作目标。

敏捷中心的墙上，贴着各个小组任务、进展情况的便利贴，而基本上产品的迭代在1~2周就要完成。他们在激烈的竞争中，保持着敏感性和团队合作，像原始部落的拓荒。中原银行将这些业务部门称为"部落"，比如信用卡部落、渠道支持部落等。

根据中报，中原银行全行的组织敏捷化已完成阶段性目标。零售条线实现总、分行组织架构的全面敏捷；公司条线实现交易银行部落、交易银行直营中心的敏捷运行；设立敏捷中心，组建敏捷教练团队，建立敏捷成熟度评价机制，敏捷工作方法逐步在全行落地。形成全行年度OKR目标任务，纵向实现跨层级目标的高度聚焦，横向实现跨部门的快速协同。

荷兰国际集团（ING）的信息共享机制

没有了传统的报告体系，ING是如何实现信息共享的呢？ING的小组一开始就需要做的两件事：第一是写下所开展工作的目的，第二是商定一种方法来衡量对客户带来的影响。小组是部落的一部分，部落有信息共享的机制。比如敏捷开发、产品组合墙规划和日常站立会议，确保产品负责人步调一致，并有一种真正的归属感。比如一个重要的特点就是季度业务审查（QBR），这是借鉴了谷歌和奈飞的想法，在审查期间，每个部落都要写下上季度取得的成绩和最大的收获，庆祝成功的同时反思失败，并明确下一季度的目标。与此同时，也要明确未来与其他部落或小组的密切联系。这些文件随时可查阅，ING鼓励提供意见反馈和透明交流。

（三）跨团队治理：横向拉通

网络型组织，内部会形成多个触点，存在频繁的部门协作，难免存在一些冲突，这时候就需要一些协调机制，短期靠通过高管组成的决策委员会快速协调，长期靠利他文化。

案例 　　　　　　　　　　**新网银行数据治理组织架构**

为确保数据战略的顺利落地，新网银行建立了支撑数据治理的组织架构，围绕大数据运用打造跨业务体系的数据采集、整合、应用和管理的合作组织，为开展跨职能的大数据工作寻求组织支持。

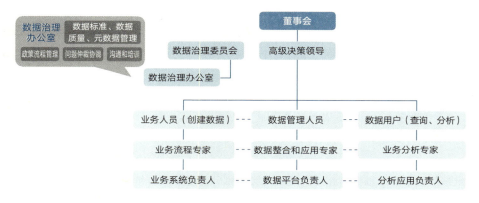

图10-3　新网银行的组织架构

其中，董事会负责制定和审议数据战略，为银行大数据发展应用指明方向。数据治理委员会负责制定数据发展规划，商议重大数据类决议，听取数据治理办公室的汇报，协调大数据价值发挥活动在各业务部门开展。数据治理办公室成员由跨部门的数据标准、质量、元数据等领域的专业人员构成，主要负责推进全行数据标准化建设，协调解决部门内难以处置的数据问题。数据中台人员由信息科技部门的数据平台专家、实时计算专家、人工智能专家和数据管理专业人员构成，主要负责向全行提供能力强大、稳健可用的数据基础设施。数据运营人员由行内前后台业务部门的各类数据用户、信息科技部门的数据分析专家和分析系统建设管理专家构成，借助中台数据能力，数据分析专家向各类数据运营人员提供敏捷高效的数据服务支持。

三、创新至上：创新式文化

聚合数据，依托大数据的处理与分析实现有信用的金融资产，是创新性工作而非机械性工作，也是对传统商业银行金字塔式的决策模式提出了挑战。传统银行依赖高层决策，权力集中于高层，创新、例外的事情需要高层拍板，内部创新创业阻力大；另外员工缺乏积极主动性，也就导致存在决策瓶颈和"唯上"文化。

（一）共享愿景：北极星指标

北极星是小熊星座中最亮的一颗恒星，离北天极很近，差不多正对着地轴，从地球北半球上看，它的位置几乎不变，可以靠它来辨别方向[①]。而北极星指标就像北极星一样，高高闪耀在空中，团队拥有共同的使命和战略愿景，让"北极星"贯穿于整个组织，明确事业的意义和目标，所有人的工作不会偏离目标。

北极星指标有以下作用：

第一，北极星指标可以指引方向，当云银行达到一定规模，如果没有一个明确的统一的数据指标指引，很容易出现不同的队伍劲儿不往一处使的情况。

第二，北极星指标可以帮助大家明确优先级：敏捷团队涉及公司方方面面，没有统一指引，可能各自为政，无法聚焦集中兵力打歼灭战。

第三，提高行动力：设立一个具体的数据指标，能够大幅度提高行动力。

第四，指导实验，检测进度。

案例　　　　　**招商银行零售转型之道：从AUM到MAU**

零售转型，千头万绪。招商银行是如何破局的呢？招行选择以月活跃用户（MAU，用户打开APP即算活跃）为纲，称为"北极星指标"，其他皆可变，唯北极星不变。从场景生态、经营策略到流程重构、科技重组，均围绕北极星指标——用户活跃度铺陈展开。

---

① 摘自百度百科。

2018年，招商银行APP和掌上生活APP合计用户1.48亿，合计月活跃用户8 105万，两个APP各占一半左右。

自2014年以来，招商银行APP、掌上生活APP和官方微信三个渠道用户数一直保持快速增长，早在2014年，其官方微信粉丝就突破千万。大概只有充分享受过用户数快速增长的好处，才会促成招行的战略转变——以月活用户为北极星指标。

MAU之前，银行多以AUM（资产管理规模）马首是瞻。在财富分配二八效应下，追逐规模自然要追逐头部富裕用户，私人银行、财富管理业务跃居个人金融部门掌心上的明珠；月活用户，则以人头取胜，要迎合长尾用户，聚焦吃喝住行玩等日常场景。

图10-4　招商银行电子渠道用户数增长趋势

（数据来源：招行年报，苏宁金融研究院）

从AUM（资产管理规模）到MAU，是"以客户为中心"的进一步下沉和穿透，也是银行脱下西装、穿上便装，与普罗大众交朋友的开端。

案例　　　　　　　Facebook如何突破MySpace重围

早在Facebook成立之前，MySpace是美国社交网络的龙头。MySpace用户数量大，股东方实力雄厚，从任何角度看，都不应该轻松碾压有几个辍学大学生创办的Facebook。但最终他败得一败涂地。

MySpace与Facebook较量失败的原因不只一个，当然有趣的一个区别是，MySpace运营的主要指标是总注册用户数，而Facebook在扎克伯格的领导下，成立之初就确立"月活跃用户数"为主要内外汇报的运营指标。

MySpace号称拥有100万注册用户，但究竟有多少是5年前注册的，有多少很久都没有登录了？对于投资人和员工，100万是个好数字，但在运营上却容易误导员工，误判形势、走偏了方向。相比之下，从总注册用户数到月活跃用户数，三个字的差异，却确保了Facebook内部任何决策都是指向持续的活跃用户增长。

（二）以人为本：服务型领导

人才是云银行竞争的原动力之一，将人置于企业文化和领导力的，激发员工进行创造性的工作，尊重人性，释放潜能。打破传统银行的唯上文化，人与人之间更加平等。

以人为本，敏捷组织拥抱活力文化，激发员工热忱。将员工置于文化与领导力的核心地位，更强的参与感能够激励员工快速、协同、有效地创造价值。领导会积极提供服务与支持，为团队扫除目标实现过程中的障碍，为员工创造提升能力的机会。

在过去，领导者被赋予规划者、指挥者和控制者的角色。在一个如同机器的组织中，领导者带来的是确定性、控制力以及基于层级体系的权威。当今时代要求敏捷组织探索全新的领导力：领导者要具备远见卓识，懂得搭建企业框架，勇于担当引领，并在必要时发挥催化剂作用。如果把敏捷组织比作一个鲜活的有机体，领导者就是它的园丁，就像一位思维活跃的向导和管家，培育有机体内部的"生命"，并与组织各部分建立起良性互动关系，提供适合新事物茁壮成长及蓬勃发展的沃土。

案例　　　　　　　　　敏捷宣言：开放、共享的文化[①]

敏捷一词起源于互联网从业者。2001年初，17名软件开发人员在美国犹他州雪鸟滑雪圣地发起了一次聚会，他们都是敏捷方法的发起者和实践者，并且组建了敏捷联盟。在这次聚会上，这群软件开发人员一同讨论敏捷这些轻量级的开发方法，发布了"敏捷软件开发宣言"。

敏捷宣言

个性和互助高于流程和工具

---

① Aaron De Smet Michael Lurie Andrew St George. 迈向21世纪的敏捷革命. 麦肯锡官网. https://www.mckinsey.com.cn/迈向21世纪的敏捷革命/.

可工作的软件高于详尽的文档

客户合作高于合同谈判

响应变化高于遵循计划

《敏捷宣言》中的12条原则

1. 我们的最高优先级是通过尽早和持续交付有价值的软件来满足客户需求；

2. 欣然面对需求变化，即使在开发后期也一样。要善于利用需求变更，帮助客户获得竞争优势；

3. 频繁地交付可工作的软件，按照几个星期或者一两个月的频率，倾向于采用较短的周期；

4. 业务人员和开发人员必须相互合作，项目中的每一天都不例外；

5. 激发个体的斗志，以他们为核心搭建项目，提供所需的环境和支援，辅以信任，从而达成目标；

6. 无论团队内外，传递信息效果最好、效率也最高的方式是面对面的交流；

7. 可工作的软件是进度的首要衡量标准；

8. 敏捷过程倡导可持续开发，项目主管、开发人员和用户要能够共同维持一个长期稳定的工作步调；

9. 对技术的精益求精以及对设计的不断完善会提升敏捷性；

10. 以简洁为本，极力减少不必要的工作量；

11. 最好的架构、需求和设计出自组织团队；

12. 团队定期地反思如何能够提高成效，并依此调整自身的举止表现。

(三) 勇于创新：为失败干杯

创新是云银行的基因，相对于传统科层制的"免责"文化，我们更应该敢于尝试，同时，团队也要适度容忍失败，在失败中找到经验和教训，不断精进。

"战略是生长出来的"，你无法预期什么是更优的，但你又必须不断前进，硬着头皮去寻找转型的新思路、新组织、新产品、新业务，只能让一部分"失控"，"失控"的这部分虽然占比可能比较小，但却是持续不断的活力来源。

案例	**Supercell庆祝失败的文化**[①]

没有冒险，哪有创新？没有创新，哪来的好游戏？

Supercell认为把权力交给创意人才，是创意人才成为前沿和中心，要尽可能给他们自由，允许他们失败。因此必须要给这些人营造一个友好、温情的氛围。

在这样的思路下，Supercell形成了一个独特的庆祝失败的文化——一个5~6人的团队夜以继日地开发一款游戏，但数据说明这款游戏不得不终止时，Supercell总是会举办一次聚会。

Supercell认为，值得庆祝的不是失败本身，而是从失败中获得的经验。游戏负责团队会走上台与大家分享哪些东西做得好，哪些做得不好，以及他们从中学习到了什么。

第三节　云银行的四大进化路径

一、大象起舞，平台化经营

对于总分支机构多，部门架构设置复杂，科层制管理制，业务部门、开发部门、科技部门相互独立以及人员分工细化的大型银行，"敏捷"成为其云银行转型的加速器。特别是对于一些锐意改革的大行，团队级敏捷、产品级敏捷和业务级敏捷是其主要的转型路线。

团队级敏捷：以小团队为单位开展敏捷转型，当试点结束后，组织往往会继续拓展敏捷转型的范围，鼓励更多的团队加入敏捷的阵营。

产品级敏捷：以整个产品的价值流为单位开展敏捷转型。产品级敏捷意在拉通产品价值流的上下游，将相互依赖的团队纳入同一个敏捷框架中。

[①] 案例来源：杨国安，李晓红. 变革的基因：移动互联时代的组织能力创新［M］. 北京：中信出版社，2016.

业务级敏捷：经历了团队级敏捷到产品级敏捷，产品从无到有，直到产品发布的整个过程都已纳入了敏捷范围。但是这还不够，一些支持部门，比如人力资源、行政、财务、市场和销售等部门也应该被纳入敏捷转型的范畴。

ThoughtWorks

A 阶段：聚焦小团队使得敏捷成熟度不断提升，逐步将试点扩展到不同业务类型的团队

B 阶段：围绕产品构建大敏捷团队，为以产品为中心的交付打基础

C 阶段：实现不同业务板块多个产品团队配合的业务级敏捷，使得业务驱动的研发运营一体化在企业内推广与深化

图10-5　银行敏捷转型的"阶梯模型"

注：张岳，万学凡. 17家大型银行公认的敏捷与**DevOps**快速转型模型［J］. **ThoughtWorks**商业洞见，2020-06-12.

同时，建立以业务为基本运作单元的平台型组织。产品、业务、IT、行政等银行职能部门变成了平台型组织的一个个节点，每个节点同步面对并交互客户需求，客户资源共享、信息共享。在面对客户相关需求时，通过建立虚拟项目小组等形式，从各个职能部门抽调相关成员，组成全流程团队始终如一地服务客户旅程，并且独立核算与绩效考核，从而简化组织与层级，缩短业务流程，能够更灵活更高效地提供相关的解决方案与产品。

案例　　　　　　　　　**荷兰国际集团（ING）敏捷转型之路**[①]

荷兰国际集团（ING）的敏捷转型始于2010年，当时还只是涉及IT部门的基础员工。2011年至2016年，先后实现IT部门、集团总部、呼叫中心和销售部门的敏捷转型。

ING的敏捷转型主要有四大支柱，分别是清晰的组织结构、敏捷的工作方式、开发运维、绩效体系。

组织结构：围绕新角色和新治理方式应当具有清晰的组织结构，若继续拥有不同部门、项目经理、项目主管，那这会阻碍敏捷性。ING的组织结构主要借鉴Spotify使用

① 世界500强ING集团顺利的敏捷转型之路. 知乎，https://zhuanlan.zhihu.com/p/73996307.

的Tribe、Squad、Chapter形式。

工作方式：在任何一项公司变革中，员工思想和行为的转变是最困难的。ING转型让原来相互隔离的IT部门和商业部门员工同时坐在一栋楼里办公，分为小队，不断测试他们可能为客户提供什么产品和价值，这种开放的工作方式加快了协作进程，消除了经理之间的移交。ING改变的工作方式主要涉及合作、赋权、文化三个方面。

开发运维：第三个重要支柱是DevOps和IT中的持续交付方法，这种方式让团队将原来的每年5~6次大型产品发布缩短为每2~3周1次的小型发布。产品开发和IT运营的整合使ING能够快速开发创新产品和新功能，并将其定位为荷兰的头号移动银行。

绩效体系：传统的考核组织中对于人员的考核主要看他直接管理多少名下属，然而在敏捷绩效管理模型中，没有这样的考核。组织更关注的是员工如何处理知识，为客户提供了什么，确保不同层面的知识和专业技能实现良好组合。基于此目标，ING构建了"Step Up"绩效框架。

二、分形创新，打造敏捷特区

什么是分形创新？分形创新底层的逻辑就是达尔文的进化论。分形创新就是在主营业务的基础上，不断出现很多新的、小的创新业务，在隔离主营业务和市场选择的作用下，最终演化成为一条新的主营业务。

同时，针对新兴业务，银行可以隔离出新的特区，采用全新的决策模式、机制和文化。特区最初指1979年后被划为改革试验田的深圳、厦门、珠海、汕头4个城市及海南省。当时国家赋予特区引进项目审批权、人员因公出国出港审批权、外贸出口权、外汇管理权及许多其他经济管理权限。而这里所指的敏捷特区，主要是指银行在数字化创新过程中，针对金融科技赋能金融服务实现质量和效率的突破，打造针对创新业务和场景的专有团队，独立于总行的各业务条线与传统的业务流程，并赋予该专有团队一定的自主权限，即敏捷特区。

案例　　　　　　　**徽常有财的独立决策模式**

"徽商银行"直销银行自2015年1月正式对外开展业务以来，其充分发挥"互联网+"特性与优势，根据市场反馈不断创新与迭代，致力于打造极致的客户体验，满足客户多元化金融需求。5年间，"徽常有财"凭借其敏锐的洞察力和对市场的准确判断，在互联网贷款、互联网资管、互联网账户与支付、互联网财富管理四大业务板块进行了探索和深耕，并以互联网运营为抓手，以开放的IT架构为支撑，开拓出了一条既有徽商银行特色又符合市场要求的发展道路，在业务发展和品牌影响力方面都取得了不俗的成绩。截至2019年末，徽常有财用户突破1 900万，各项贷款余额近300亿元，2019年度净利润超5亿元。

在组织运营层面，徽常有财走的是独立业务线在母行内部运作的方式。据徽商银行CIO介绍，徽常有财孵化之初就与母行达成约法三章，最初两年时间由行长、CIO等形成决策委员会，独立于母行进行直销银行事务的决策。正是由于这一独立的决策机制，徽常有财能够建立扁平化、创新的文化，进行大量的业务创新，实现了快速发展。

三、虚实结合，项目抽调制

随着互联网、数字技术等的飞速发展，虚拟项目无处不在。在实际的运行过程中，存在着多种形式的虚拟项目组织，一种是单个组织通过计算机网络和通信技术，将分散在不同地点的研发资源联结起来而形成的虚拟性项目组织。另一种是多个组织以计算机网络和通信技术为联结手段、以市场目标和关系契约为基础而形成的虚拟项目组织。

在云银行转型过程中，银行可以通过实际业务条线和虚拟项目组相结合的方式，建立项目抽调制度，有针对性地抽调项目相关的业务条线人员，组成临时项目组，可根据环境的变化做出调整选择。虚拟项目团队虽然是一种松散的机构，但这些团队在他们的专业领域内拥有决策权。

以阿里巴巴为例，企业组织由两部分组成：一部分是比较稳定的公司人事组织架构，目的是企业在一段时期内人、财、物的归集管理清晰，也满足员工心理上的归属感，有利于组织管理平稳；另一部分是在实际工作场景下自发组成的不稳定的"战斗"执行组织，目的是针对特殊的项目、关键性的任务、前沿性的创新机会及共同爱好者组成跨部门的临时组织。这种组织变形更容易满足市场和业务机会的需要，但因为跨部门和临时化的特性，如果没有可跟踪的组织形式保障就很难进行协作和专注地完成既定目标。因此类似阿里"6·18"和"双11"的组织，能在公司的组织序列中叠加一层"变形"组织。公司层面承认它的官方属性，组织架构趋于"随机应变"，更适应在移动互联网和数字化时代的快速变化，让企业生存能力和规避风险能力大大提升。

案例　　　　　　　　　　A银行银行五人小组

1.直销银行早期的组织架构和瓶颈

图10-6　A银行直销银行事业部架构

A银行直销银行在建立初期，进行运营模式、产品模式探索，目的是构建商业模式，采用了类似传统银行的组织模式，产品和研发聚焦于底层平台开发、主要的产品设计和开发，市场营销部门作为前台，将业务在母银行网点和线上推广获取客户。整个组织模式属于"大平台小应用"的模式：产品由平台集中支持，业务团队很小。"大平台小应用"在业务早期人员规模较小情况下，效率较高。

但随着直销银行迈向2.0时期，业务方面需要大力激发金融产品创新，意味着在需要建立强大的科技开发体系和独立于母银行的产品形态。这一阶段的敏捷转型的重点是产品的垂直化经营和快速的科技敏捷迭代，可以体现与传统银行的产品差异化，也可以集中创新力量进行业务创新，避免长时间集聚在理财、存贷、债券、货基、消费贷等传统业务。

与此同时，原有组织模式的瓶颈愈发明显，难以支撑业务的闭环运行，其中，最为突出的有以下两点：

一是产品团队与科技开发团队协同效率低，问题在于产品团队只有金融产品经理，对于开发需求还依赖于产品管理中心的需求产品经理。

二是风险管理与业务发展的协作效率低。问题在于风险管理往往是在产品团队进行大量产品设计后介入，并提出意见，产品团队基于意见再修改，这样重复循环，耗时费力。

2. 五人小组的搭建

事业部转型初期，搭建"大平台小应用"的组织管理模式，强化业务规划、市场研究、商业模式创新职能；搭建灵活化的市场营销团队，牵引业务规模快速增长；同时搭建风险管理和集中运营管理体系，提升对前台的专业化支持。

A银行直销银行在进行组织转型中，充分考虑业务特点，创造性地构建了"五人小组"模式，涵盖"产品、需求、运营、合规、风险"的五大经理，每个岗位都要进行横向专业训练和纵向专业训练，形成完整矩阵。纵向的管理架构体现职业归属关系，横向的整个产品流水线作业才是真正的生产力来源。

五人小组与市场团队、开发团队形成协同，减少了中间环节，提升了效率。

图10-7 A银行五人小组的协同

调整后的组织架构，构建产品中心，形成"五人小组"的横向协同模式：

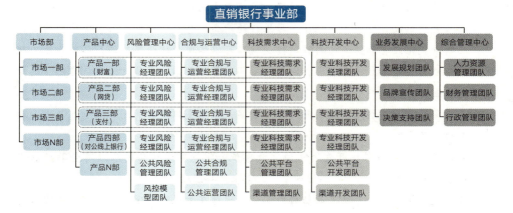

图10-8 A银行五人小组横向协同模式

转型前后业务价值链优化对比：原有的业务审批流程需要产品部门不断与风险团队、运营团队、需求团队进行大量的沟通，极其容易出现推倒重来的现象，使业务上线的时间非常漫长，不仅消耗时间成本，往往会错过产品上线的最佳时机。五人小组的成立，使前中后台相关人员在产品设计阶段介入，并一起共同讨论和持续沟通，大大缩短了产品上线的时间，提升了产品创新的速度和效率。针对贷款业务中的标准化三方合作产品，产品上线的准备时间由三个月缩短到一至两周。

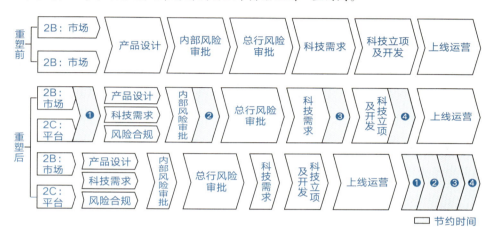

图10-9 五人小组转型前后的产品流程变化

五人小组的成功实践提升了内部创新的效率，然而，由于五人小组成员仍然归属纵向管理部门，当横向的合作项目与部门任务冲突时，各小组成员仍然难以平衡，并且在一些决策上免不了还带有一些部门的"本位主义"。因此，五人小组给敏捷转型的价值是让大家建立横向沟通的机制，接受和熟悉敏捷组织的特点和好处，为组织真正的敏捷建立实践和群众基础。

四、小步快跑，内部创客制

美国作家安德森在《创客》里将"创客"定义为使数字制造和个性制造结合、合作，即"创客运动"。海尔集团CEO张瑞敏认为在互联网、数字制造等技术下，每个人都可以通过互联网成为创业家。内部创客制体现了"开放、共享、分权"的核心价值。

银行建立内部创客，主要是根据数字时代下的用户需求，员工自由组合成业务团队，利用企业金融资源、用户资源等，发挥个体能动性、创造性，推动产品研发、客户服务、业务运营等方面创新。员工创客化是对传统管理模式的深层变革。为稳妥起见，在实施过程中，应采取"试验田"的形式，选择部分市场培育成熟、创新空间较大的领域或区域作为试验基地，找准突破口，从边缘做起，由外到内，由浅及深，稳步推进从模式到产品再到组织架构的变革，并迭代式孵化完善。

内部创客制依托互联网降低试错成本，鼓励自由组合。该制度的本质是将运营组织最小化，在此基础上实现"责、权、利"的相对统一：在"责"上，根据所获资源，每个团队都有明确的业绩考核要求；在"权"上，开发哪些产品、如何定价、营销等都由团队说了算，几乎拥有一个小的金融公司的所有权利；在"利"上，根据产品利润、市场评价和成本费用等计算一定比例的资金作为团队奖金。

案例　　　　　　　　　　**微众银行内部创新机制**

2020年4月23日，具有全球影响力的知识产权媒体IPR Daily正式发布2019年全球银行发明专利排行榜（Top100）。在2018年榜单中排名第五的微众银行，2019年以632件专利申请量成功跃居首位，这是微众银行创新能力的一种体现。

我们在2018年曾对微众银行进行过调研，对于微众银行内部创新有了一个深入的了解，从而解答为什么微众很"创新"。

第一，微众银行构建了一个相对扁平化的组织架构，汇报路径：室经理—部门长—高管，意味着比传统银行更高效的审批效率。

第二，考核上更加聚焦，不让业务负责人疲于应对无效的考核指标，从而更关注长期主义。高管承担全行指标，其中，业务指标全体承担，职能指标分管高管承担。部室长承担板块指标：管理指标比较少，主要业务+合规指标。

第三，对于一个部门的编制管理比较灵活，初期看模式，后期看盈利，使得不盈利的早期创新项目可以很好地被发起。

第四，建立了一个简单、闭环的创新项目机制和流程。对于微众银行来说，部门多，单个部门人数少是一个特点，往往部门初期以项目组形成成立，后期动态微调。

发起一个创新项目分为以下四步：

①向战略部申报

②组建评审小组审批

③自主组建三人小组（不用管考核，收入不变，中等平均水平）

④项目成功，成为部门长；项目失败，就内部找工作

最后，也是最重要的，微众银行建立了支持创新的文化：支持找合适的创业伙伴，不存在部门长不同意抽调；同时不允许兼职，人数无限制。

第四篇
未来云银行

在科技飞速发展、商业快速变革的时代，商业银行如果不改变传统经营模式，将难以应对瞬息万变的市场和客户需求。市场和客户在进化，商业银行也需要进化。未来商业银行的形式和服务内容将迥异于当今。展望未来，银行将借助科技力量改变现有银行服务的状态，积极开展基于云计算、人工智能等金融科技的业务和产品创新，实现数字化、生态化的金融服务能力。

本篇以"未来云银行"为主旨，阐述了银行发展的监管政策和未来趋势。一方面，分析云银行在未来创新中需要关注的监管与合规重点，解读监管机构对云银行发展进行规范和引导的要点。另一方面，研究商业银行向云银行发展的趋势，描绘银行的未来发展图景。未来，商业银行需要的不仅仅是新的金融云能力，更重要的是在云平台上构建数字世界的金融服务能力。

第十一章解读监管政策，主要介绍金融科技仍是赋能经济之大趋势，云银行要在小步快跑中调整姿势；同时随着互联网贷款、理财、支付等监督管理更加标准规范，云银行的发展会更加稳健、合规与便捷。

第十二章展望未来趋势，主要介绍了金融数字化转型浪潮上的未来云银行的特性，"零接触"金融服务的优势和关键，以及银行需要善用生态，以场景、科技、数据赋能合作伙伴，并强调数字货币、独立持牌的未来趋势下，云银行提升差异化竞争力和数字化经营能力的重要性。

第十一章
监管政策解读

第一节　小步快跑中调整姿势，金融科技仍是赋能经济之大趋势

一、规范创新，塑造金融高质量发展"新引擎"

2019年8月22日，中国人民银行印发《金融科技（FinTech）发展规划（2019—2021年）》（以下简称《规划》），明确提出未来三年金融科技工作的指导思想、基本原则、发展目标、重点任务和保障措施。《规划》指出，金融科技是技术驱动的金融创新。金融业要秉持"守正创新、安全可控、普惠民生、开放共赢"的基本原则，充分发挥金融科技赋能作用，推动我国金融业高质量发展。

中国人民银行在文件中指出，虽然我国目前在金融科技方面已具备一定基础，但也要清醒地看到，金融科技的快速发展促使金融业务边界逐渐模糊，金融风险传导突破时空限制，给货币政策、金融市场金融稳定、金融监管等方面带来新挑战。我国金融科技发展不平衡不充分的问题依然存在，顶层设计和统筹规划有所缺乏，各类市场主体在科技能力、创新动力、人才队

伍、体制机制等方面相对失衡；产业基础比较薄弱，尚未形成具有国际影响力的生态体系，缺乏系统的超前研发布局；适应金融科技发展的基础设施、政策法规、标准体系等亟待健全。

在此基础上，《规划》确定了以下六个方面重点任务：

一是加强金融科技战略部署，从长远视角加强顶层设计，把握金融科技发展态势，做好统筹规划、体制机制优化、人才队伍建设等工作。

二是强化金融科技合理应用，以重点突破带动全局发展，规范关键共性技术的选型、能力建设、应用场景以及安全管控，全面提升金融科技应用水平，将金融科技打造成为金融高质量发展的"新引擎"。

三是赋能金融服务提质增效，合理运用金融科技手段丰富服务渠道、完善产品供给、降低服务成本、优化融资服务，提升金融服务质量与效率，使金融科技创新成果更好地惠及百姓民生，推动实体经济健康可持续发展。

四是增强金融风险技防能力，正确处理安全与发展的关系，运用金融科技提升跨市场、跨业态、跨区域金融风险的识别、预警和处置能力，加强网络安全风险管控和金融信息保护，做好新技术应用风险防范，坚决守住不发生系统性金融风险的底线。

五是强化金融科技监管，建立健全监管基本规则体系，加快推进监管基本规则拟订、监测分析和评估工作，探索金融科技创新管理机制，服务金融业综合统计，增强金融监管的专业性、统一性和穿透性。

六是夯实金融科技基础支撑，持续完善金融科技产业生态，优化产业治理体系，从技术攻关、法规建设、信用服务、标准规范、消费者保护等方面支撑金融科技健康有序发展。

《规划》是我国金融科技第一份科学、全面的指导性文件，是金融科技发展进程中的里程碑。它明确提出未来三年金融科技工作的指导思想、基本原则、发展目标、重点任务和保障措施，尤其是建立健全我国金融科技发展的"四梁八柱"，确定未来三年六方面重点任务，为金融科技发展指明了方向和路径，对金融科技发展具有重要和深远的意义。在《规划》的指引下，我国金融机构、金融科技公司和监管部门各司其职、齐心协力，充分发挥金融科技赋能作用，不断增强金融风险防范能力，进一步推动我国金融业高质量发展①。

1. 强调金融科技的重要性

近年来，金融科技作为金融供给侧结构性改革落地的重要支持受重视度不断提升，顶层部署逐渐加快。2017年5月央行成立金融科技委员会，至2020年3月首次有公开会议报道，8月即出台金融科技首部发展规划。《规划》作为里程碑，将为金融科技中长期健康发展奠定基础，金融科技迎来加速发展机遇。

2. 重视金融科技应用的合规性

《规划》强调场景与技术的匹配，列举金融科技重点发展的技术点，以及相应技术匹配的场景。同时，《规划》强化风控与监管双刃齐下，在第三章的第4节、第5节分别着重讲了风控技术和监管技术，提出了相应的重点工作任务，其核心思想仍然是贯穿全文的"安全可控原则"。具体来说，风控突出技术主导，强调业务、网络安全、信息安全、技术安全的多维度的安全性。其中，《规划》强调联防联控是一个新亮点，联防联控可以显著降低银行业的风险管理成本，统一金融风险监管平台可以深层次的、全链条、实质性监控金融风险，尤其是区域的金融风险。

在监管方面，《规划》强调监管的实时性和穿透性、监管制度和规则与之匹配，以及对金融科技技术本身的安全性监管。

3. 发挥金融科技的赋能作用

《规划》明确以"守正"作为首要原则，将金融科技定位于赋能者角色，这也与不断提升券商和银行等金融机构地位的趋势一脉相承。未来金融科技将在监管下，作为科技服务输出者，而不是金融服务输出者存在。同时现有牌照价值更高，行业新进入壁垒或有提升，利好存量龙头企业。资本市场IT、银行IT、第三方支付均充分受益。

《规划》的出台及后续实施将对资本市场、银行业、支付行业等金融科技

---

① 世经研究. 解读《金融科技（FinTech）发展规划（2019—2021年）》. 搜狐，2019-08-26.

创新带来积极影响。例如，在银行业，金融科技将更好地服务普惠金融，促进数字货币探索与应用；在支付领域，金融科技促进生物识别支付的稳健创新，降低支付风险，助力支付账户、支付行为监管，并为可能出台的数字货币提供创新支付。

二、根正苗红，负责任的金融创新须"持证上岗"

凡从事金融业务的机构必须先取得与之对应的金融机构许可证。在金融新业态的创新发展和苗壮成长的过程中，持牌经营、合规经营尤为重要。

1. 明确普惠金融的持牌监管[①]

2017年9月22日，中国人民银行行长易纲在2017中国普惠金融国际论坛上表示，普惠金融必须依法合规开展业务，要警惕打着"普惠金融"旗号的违规和欺诈行为，凡是搞金融都要持牌经营，都要纳入监管。

易纲指出，近几年，各种支付、融资手段飞速发展，但是，包括e租宝、泛亚等金融乱象泥沙俱下。对此，普惠金融的一个重要任务，就是对金融消费者的金融普及和风险教育。他强调，"要对全社会更多的老百姓，特别是对一些老年人和信息不太发达地域、信息较闭塞的群体进行普惠金融风险教育。告诉大家要识别什么是风险，什么样的现象可能涉嫌金融欺诈。"

易纲透露，央行正在考虑提出"负责任的金融"理念，也就是让金融消费者获得合适的金融服务，并且承担适当的金融风险。"把信息告诉消费者，要让他们知道他们承担了什么样的风险，要让他们知道他们的金融行为和金融服务的后果。所以在这方面，要进一步加强消费者保护，而不是盲目地扩张金融服务。金融服务并不是越多越好，而是越有效、越精准、越适合消费者的需求越好。"

2. 金融开放中坚持持牌经营

2018年5月29日，易纲在2018金融街论坛年会上指出，金融对外和对内开放绝不意味国门大开，一放了之。在开放的过程中，金融管理部门一是要加

---

① 金融时报. 易纲：任何金融都要持牌经营 监管会实现全覆盖. 中国经济网，2017-09-23.

强依法金融监管，二是要坚持持牌经营。下一步中国人民银行将按照中央的统一部署，遵循金融开放的基本原则，积极推动金融业的进一步的对内和对外开放。

据中国证券网报道，易纲指出，金融是特殊行业，金融一般经营管理的是别人的钱，有一点自己的资本金，有较高的放大的倍数。这就说明金融是一个特殊的行业，有很高的敏感性和外部性。正因为如此，金融是一个牌照业务，金融的业务一定要持牌经营。金融对内资、外资开放，并不是说谁都可以来做这个业务，无论是内资还是外资，做金融业务之前都要取得金融管理部门的牌照，在牌照下严格依法经营，同时金融管理部门将加强事中、事后的监管。

三、回归本源，"坚守服务实体经济的使命[①]"

全国政协经济委员会主任、原银监会主席尚福林在2019年举行的中国财富管理50人论坛第七届年会上表示，金融创新需要坚守服务实体经济的使命，这是金融唯一正确的出路。

尚福林表示，金融最重要的职能是提供保证实体经济顺畅运行的资金循环体系，最根本的任务是引导提高经济社会资源配置效率和降低实体经济交易成本。党的十八大以来，金融在供给侧结构性改革方面，大力推进了普惠金融、多层次资本市场等多个重点领域建设，有效防范化解金融风险，取得了重要进展和成效。

当前，随着我国经济转型升级，金融发展不均衡不充分，金融体系不适应不匹配等问题仍然存在。一是金融市场体系发展不平衡较为突出。典型表现就是，实体经济在融资上过度依赖银行，直接融资市场发展还不充分，资本市场短板明显；二是金融服务体系结构性矛盾仍然突出。

尚福林提出，面对上述金融体系不适应、不匹配的问题，就需要加大金

---

① 经济参考报．尚福林：金融创新需要坚守　服务实体经济的使命．人民网，2019-11-06.

融创新的力度来加以解决。不过，他也提醒，国际国内金融发展史反复证明，金融创新必须高度重视防范风险，特别是对那些打着创新旗号的非法金融活动、庞氏骗局类金融诈骗行为等要保持高度警惕。"金融创新需要坚守服务实体经济的使命，这是金融唯一正确的出路。"

尚福林表示，很多打着金融创新、科技创新旗号，其实是为规避监管和隐匿风险而创造的所谓"创新"活动，实质上是过去金融乱象的变种，只不过结构比原先更复杂、关联度更高，危害更大。

尚福林提出规范金融创新推动高质量发展的四条建议：

第一，推动资本市场更加成熟。首先要补齐股权融资市场短板；其次要激活直接融资市场发展动力，打造多层次资本市场体系，增强金融体系弹性；最后要抓紧完善资本市场基础性制度。

第二，进一步丰富金融市场工具。无论直接融资还是间接融资，都需要提供更多的金融产品工具供选择。

第三，加大普惠金融资源配置。农商行和城商行这类小银行必须坚决回归服务"三农"、服务当地经济发展、服务小微企业的业务本源。大型银行和股份制银行掌握了70%的信贷资源，在普惠金融领域也必须积极作为。

第四，加强金融消费者权益保护。一要加强金融知识普及教育；二要强化金融机构的主体责任。

四、护航信息安全，"强化金融机构数据治理规范[①]"

为引导银行业金融机构加强数据治理，提高数据质量，充分发挥数据价值，提升经营管理水平，银保监会于2018年发布《银行业金融机构数据治理指引》（以下简称《指引》）。《指引》指出，银行业金融机构采集、应用数据涉及个人信息的，应遵循国家个人信息保护法律法规要求，符合与个人信息安全相关的国家标准。

《指引》包括总则、数据治理架构、数据管理、数据质量控制、数据价值

---

① 人民网. 银保监会：银行采集数据应保护客户隐私. 新浪新闻，2018-05-23.

实现、监督管理和附则等七章，共五十五条。其明确了数据治理架构，要求确保数据治理资源充足配置，明确董事会、监事会和高管层等的职责分工，提出可结合实际情况设立首席数据官。明确牵头部门和业务部门职责，对岗位设置、团队建设和数据文化建设等提出了要求。

《指引》提出数据管理主要方面的要求，并明确提出建立自我评估机制，建立问责和激励机制，确保数据管理高效运行。全面强化数据质量要求，建立数据质量控制机制，确保数据的真实性、准确性、连续性、完整性和及时性。《指引》还明确监管数据应纳入数据治理范畴，并在相关条款中提出具体要求。

值得注意的是，《指引》要求，银行业金融机构应当建立数据安全策略与标准，依法合规采集、应用数据，依法保护客户隐私，划分数据安全等级，明确访问和拷贝等权限，监控访问和拷贝等行为，完善数据安全技术，定期审计数据安全。

在数据价值方面，《指引》强调，银行业金融机构应当将数据应用嵌入到业务经营、风险管理和内部控制的全流程，有效捕捉风险，优化业务流程，实现数据驱动银行发展。突出强调数据加总能力建设、新产品评估要求，有效评估和处理重大收购和资产剥离等业务对数据治理能力的影响。

此外，《指引》还要求加强监管监督，明确了监管机构的监管责任、监管方式和监管要求。对于数据治理不满足有关法律法规和监管规则要求的银行业金融机构，要求其制订整改方案，责令限期改正；或与公司治理评价、监管评级等挂钩；也可依法采取其他相应监管措施及实施行政处罚。

五、安全与标准兼顾，制定商业银行程序接口准则[①]

为了更快、更好、更安全地推进银行业的数字化经济转型，中国人民银行于2020年2月13日发布《商业银行应用程序接口安全管理规范》（JR/T 0815—

---

① 梆梆安全．金融安全热点：《商业银行应用程序接口安全管理规范》快速解析．2020-03-02.

2020）（以下简称《规范》）。《规范》的推出，对商业银行的数字化经济转型具有重要的指导性，从各商业银行自身来讲，能够在数字化经济转型中更加具有参照性，能够结合自身情况建设标准化程度高和安全性更强的技术平台。

《规范》规定了商业银行应用程序接口的类型与安全级别、安全设计、安全部署、安全集成、安全运维、服务终止与系统下线、安全管理等安全技术与安全保障要求。它的发布实施能够满足在平衡服务快速响应与金融信息保护能力基础上，对商业银行应用程序接口的接口设计、应用部署、集成运行、运维监测及系统下线等全生命周期过程提出安全技术与安全管理要求，并为其提供信息安全技术保障。

1. 标准要求范围

商业银行使用的API类型主要分为内部API、企业定制API与外部API三种类型。内部API主要是指银行各业务系统数据互通的API；企业定制API是指银行与企业之间通过直连方式定制的专项服务接口；外部API接口主要指提供给外部合作伙伴的通用标准API接口，这类接口能够更加深入、广泛地向外部合作者提供服务，本标准主要要求API为银行外部API接口。

2. 不同API类型使用场景说明

从集成方式上来看，API主要分为服务端对服务端、移动终端对服务端的集成方式两种，《规范》对这两种模式下的选型也给出了相应的指导意见。

在服务端对服务端的数据交换模式下，即应用方（接入银行API服务的合作伙伴方）的服务端与银行的服务端进行数据和服务交互，主要实现形式为应用方服务器直接调用银行接口，以及应用方在服务端使用银行提供的SDK间接调用银行应用程序接口。SDK模式的调用方式能够更好地隐藏银行服务端的API接口，同时更好地做通信加密措施的安全性保护，对于应用方来讲集成的技术难度更低。

在移动终端对服务端的模式下，即应用方的客户端直接与银行的服务端进行数据和服务交互，所采取的实现形式也主要分为应用方移动客户端直接调用银行接口及应用方在移动终端中使用银行提供的SDK间接调用银行接口这两种。《规范》中所提到的对于应用方移动应用直接调用银行服务端API接口的方式，主要以与用户个体无直接关联的金融服务为主，如公开服务查询。对于涉及个人隐私和个人业务交易的，应该采用SDK的接入形式。在应用方的移动应用中通过集成SDK保护个人金融信息安全，执行更多的安全控制措施。

3. 安全强度划分要求

《规范》首次明确提出对于API接口实行A1、A2两级安全级别划分，对于涉及资金交易和账户信息查询类与客户个人主体直接关联的，执行A2等级的安全保护强度；对于金融产品和服务信息查询类与客户个人主体无直接关联的，执行A1等级的安全保护强度。

4. 全生命周期安全要求

《规范》对API的全生命周期安全性要求与银行传统的IT全生命周期差异点在于，API全生命周期安全中引入了一个新的实体：应用方。除了保障自身API技术层面的全生命周期安全之外，还需要具备对于应用方在接入审核、接入后持续监控、持续评估的一系列安全措施。

第二节　整体包容中寻求和谐，监督管理更加标准规范

一、互联网贷款政策寻求平衡化

2020年5月19日，中国银行保险监督管理委员会发布《商业银行互联网贷款管理暂行办法（征求意见稿）》（以下简称"征求意见稿"），全文共分为七

个章节，对于互联网贷款的方方面面进行了详尽而细致的规定。整体而言，该征求意见稿较2020年初版本对中小银行业务发展更为正面和积极。

1. 征求意见稿与2020年1月业内流传版本相比，在政策上给予了一定程度上的放松，取消了部分量化指标，在地域等问题上没有严格限制，对于整个行业有一定利好。

2. 征求意见稿考虑到了统一性和差异性问题，各个持牌机构本身能力存在差异，合作模式也存在差异，该办法是寻求最大公约数。其中第62条预留了当地监管的操作空间，后续针对当地不同类型的银行经营管理水平以及风险水平，地方监管可能会有网贷比例要求以及联合贷比例要求。

3. 征求意见稿考虑了创新和监管的平衡问题，对于小贷公司会有另行规定，对于P2P行业还要清理整顿，此两类公司不适于本新规，并将互联网贷款与其他贷款区别开，将新发生的业务与存量业务区别开。

此外，征求意见稿在额度、期限、风险控制、息费回收、费用收取、放款控制、区域限制、过渡期安排等方面作出关键指导。

1. 额度、期限。征求意见稿第六条要求单户用于消费的个人信用贷款授信额度应当不超过人民币20万元，到期一次性还本的，授信期限不超过一年。该征求意见稿对于个人消费贷款限定额度最高不超过20万元，除一次性还本产品外，未对其他产品进行期限限定。相较2020年初版本"个人消费贷款额度最高10万元，期限不超过一年"进一步放松。

2. 风险控制。针对授信审批、合同签订等核心风控环节由商业银行独立开展，征求意见稿和2020年初版本基本一致。但对"身份核验"要求，征求意见稿要求商业银行不能"全权委托"合作机构办理，而2020年初版本明确限定"不得委托第三方"。

3. 息费回收。该征求意见稿和2020年初版本保持一致："除共同出资发放贷款合作机构外，不得将贷款发放、本息回收、止付等关键环节操作全权委托合作机构执行"，也就是说，息费回收环节由合作银行或者共同出资合作方均可收取。

4. 费用收取。该征求意见稿中"要求合作机构不得以任何形式向借款人收取息费，保险公司和有担保资质的机构按照有关规定向借款人收取合理费用，以及银行业监督管理机构规定的其他情形除外"，首次明确保险和担保机构收费的合规性。2020年初版本要求"合作机构不得以任何形式收费"。

5. 放款控制。该征求意见稿提出，授信与首笔贷款间隔超过1个月，需要重新查询征信。2020年初版本对比并无明确要求。

6. 区域限制。该征求意见稿与2020年初版本基本要求一致，地方性商业银行主要服务当地，审慎开展跨注册地业务。但并未完全限制不能跨区域发展。

7. 过渡期安排。该征求意见稿要求存量业务过渡期为2年，较2020年初版本的"3年"缩短。过渡期内新增业务需要满足管理办法规定，原有业务整改计划需要沟通监管。

从全行整体层面而言，需要建立行内风险治理组织架构体系，并将互联网贷款纳入全行风险管理体系，并需要建立健全借款人权益保护机制、完善消费者权益保护内部考核体系和内部审计体系、建立风险模型评审机制等。

从产品业务层面而言，该征求意见稿正式下发后，针对存量业务及已对接系统，需要从额度、风险控制、息费回收、费用收取、放款、信息披露以及合作协议等方面进行全面整改。

从过渡期安排而言，目前征求意见稿过渡期设定为2年，意味着2年后的存量业务必须符合此办法的规定，但现有及后续平安消费贷大多为3年期，肯定会存在"存量业务两年内完不成整改"的情况。

随着征求意见稿的推进，银行后续业务发展规划主要体现为以下几点：

1. 互联网贷款纳入全面风险管理

征求意见稿要求商业银行应当对互联网贷款业务实行统一管理，将互联网贷款业务纳入全面风险管理体系。后续××需按《商业银行互联网贷款管理办法》要求将互联网贷款业务纳入××整体风险管理体系中，有效识别、评估、监测和控制互联网贷款业务风险，确保互联网贷款业务发展与自身风险偏好、风险管理能力相适应。

2. 建设互联网贷款核心风控能力

无论过往任何版本的管理办法，都要求商业银行把控互联网贷款的核心风控环节，不得外包。后续××对互联网贷款合作机构等要加强管理，并建立独立风控能力。

3. 推动存量业务整改

该征求意见稿对平安消费贷存量业务及已对接系统的影响很大，面临各个环节全面整改。后续待管理办法正式下发后，需要沟通各合作方，推动存量业务整改。

二、互联网理财政策下资管发展稳健化[①]

2017年11月17日，中国人民银行联合银监会等机构发布《关于规范金融机构资产管理业务的指导意见（征求意见稿）》，意在统一同类资产管理产品的监管标准，防范和控制金融风险。2018年4月27日，"一行两会"联合外管局一锤定音，正式印发了《关于规范金融机构资产管理业务的指导意见》，"资管新规"正式落地。

"资管新规"对互联网理财有较大影响。第一，明确资管业务必须具备相应牌照。"资管新规"第三十条明确规定"资产管理业务作为金融业务，属于特许经营行业，必须纳入金融监管。非金融机构不得发行、销售资产管理产品，国家另有规定的除外"。这要求所有以资产管理为名义的业务都要回归到金融机构。第二，打破刚性兑付。"资管新规"明确提出打破刚性兑付，构建"卖者尽责，买者自负"的投资关系。互联网理财的竞争将进一步向提高资产管理水平转变。第三，各种互联网理财的"宝宝类"产品面临穿透式监管。"资管新规"规定，"实行穿透式监管，对于多层嵌套资产管理产品，向上识别产品的最终投资者，向下识别产品的底层资产"。按照"资管新规"的要求，各种"宝宝类"产品必须落实投资者适当性等合规要求，依法合规开展经营活动。

---

① 何海锋，杨文尧天，于利航."资管新规"下的互联网理财［J］.知乎，2019-01-31.

1. 改变"大资管"行业格局

2018年9月以来"资管新规"多部实施细则接连出台,改变了"大资管"行业基本格局。2018年9月19日,中国证券登记结算有限责任公司发布了修订后的《特殊机构及产品证券账户业务指南》。修订后,规则变化对资管行业的影响主要有两点:(1)一层嵌套开户得到解决。新规则明确了券商定向资管、基金专户(包括子公司专户)、私募基金、保险资管、信托产品、期货资管六大类产品接受其他产品委托,在一层嵌套情况下开立证券账户所需要提供的资料。(2)放宽银行理财投资股票。新规则将商业银行理财投资范围放宽,可直接入市投资股票、上市基金等权益产品,并统一了机构及资管产品证券账户自律管理承诺书。

2018年9月28日,银保监会发布《商业银行理财业务监督管理办法》。《办法》与"资管新规"充分衔接,共同构成银行开展理财业务所需遵循的监管要求。主要内容包括:严格区分公募和私募理财产品,加强投资者适当性管理;规范产品运作,实行净值化管理;规范资金池运作,防范"影子银行"风险;去除通道,强化穿透管理;设定限额,控制集中度风险;加强流动性风险管控,控制杠杆水平;加强理财投资合作机构管理,强化信息披露,保护投资者合法权益;实行产品集中登记,加强理财产品合规性管理等。

2018年12月2日,银保监会发布《商业银行理财子公司管理办法》。《办法》明确了理财子公司和理财业务定义、基本原则和监管安排等,对"理财新规"部分规定进行了适当调整,使理财子公司的监管标准与其他资管机构总体保持一致。一是,允许理财子公司发行的公募理财产品直接投资股票;二是,参照其他资管产品的监管规定,不在《理财子公司管理办法》中设置理财产品销售起点;三是,规定理财子公司理财产品可以通过银行业金融机构代销,也可以通过银保监会认可的其他机构代销,不强制要求个人投资者首次购买理财产品进行面签;四是,在非标债权投资限额管理方面,根据理财子公司特点,仅要求非标债权类资产投资余额不得超过理财产品净资产的35%;五是,在产品分级方面,允许理财子公司发行分级理财产品,但应当遵守"资管新规"和《理财子公司管理办法》关于分级资管产品的相关规定。

"资管新规"一系列配套细则的出台改变了原有"资管行业"格局，银行系、券商系、保险系和信托系等主体构成的资管行业新格局初步显现，行业未来竞争将更加充分，从而为投资者提供更多选择。在资管新规逐步落地的过程中，立足服务金融机构的金融科技平台也顺势而为，积极调整自身业务模式，积极转型。

2.强化互联网理财风险防范

随着2017年互联网金融风险专项整治的逐步深入，互联网理财乱象得到初步遏制。2018年整治工作仍在继续。2018年3月28日，互联网金融风险专项整治工作领导办公室进一步下发了《关于加大通过互联网开展资产管理业务整治力度及开展验收工作的通知》。其主要有以下三方面内容：

（1）通过互联网开展资管业务属于特许经营业务，未取得金融牌照不得从事互联网资管业务。

（2）未经许可，依托互联网以发行销售各类资产管理产品等方式公开募集资金的行为，应当明确为非法金融活动。

（3）未经许可，依托互联网发行销售资产管理产的行为，须立即停止，存量业务应当最迟于2018年6月底前压缩至零。

在以"资管新规"为核心的规则调整之下，互联网理财市场受到了一定的冲击，但从长远看，健全的制度和充分的监管能够让互联网理财的发展回归资产管理的本质，走向更加稳健的发展道路。

而且值得关注的是，"资管新规"首次对"智能投顾"做出了规定，将其定义为"运用人工智能技术开展投资顾问业务"。智能投顾本质上属于投资顾问，需要取得投资顾问资质，非金融机构不得借助智能投资顾问超范围经营或者变相开展资产管理业务。"资管新规"要求，金融机构应当向金融监督管理部门报备人工智能模型的主要参数以及资产配置的主要逻辑。此外，"资管新规"还对智能投顾提出了独立账户、充分风险提示、留痕管理、顺周期风险管理，以及人工干预等具体的要求。明确"智能投顾"的定义和监管，给予了互联网理财无限的想象空间。

三、互联网支付政策下账户分类合规化

2019年3月，人民银行支付结算司发布《关于加强个人Ⅱ、Ⅲ类银行结算账户风险防范有关事项的通知》。其要求，银行业金融机构应于2019年4月15日前对网上银行、手机银行、直销银行、手机APP等电子渠道办理Ⅱ、Ⅲ类户业务的相关系统及后合系统开展全面自查，排查重点是否采取有效的技术手段保证通讯安全、是否具备足够强度的安全验证和反欺骗能力，是否正确反馈账户验证结果。其重点内容如下。

1. 各银行在开立Ⅱ、Ⅲ类账户时，应加强身份信息核验工作。

2. 针对存量Ⅱ、Ⅲ类账户，各银行特别是中小银行应进行全面风险排查。

3. 各银行应加强与鉴权通道提供方的沟通联系。

4. 开展手机银行、直销银行等终端应用的自检。

5. 各银行应完善相关的账户风险监测系统，监测的可疑场景。

同时中央银行进一步细化了发卡银行对外提供服务账户类型，要求通过电子渠道开立后未发生入金的Ⅱ、Ⅲ类户，处于未激活、只收不付、不收不付、已冻结、已注销等非正常状态的银行账户及信用卡附属卡，不得作为其他银行账户的绑定账户。银行不得为上述账户提供账户信息验证服务，进一步从源头保障Ⅱ、Ⅲ类账户验证的安全性，监管政策落地后更有利于线上业务的开展。

此项通知是对Ⅱ、Ⅲ类账户的合规性推动，在为银行带来挑战的同时也带来诸多新机遇。Ⅱ类账户可以是实体卡也可以是电子账户，而Ⅲ类账户以电子账户为主。主要通过移动端、Web端和自助设备端进行操作。账户分类管理制度的施行，可谓解放了银行的互联网业务束缚。例如，银行与互联网企业合作，灵活运用Ⅱ类户发布闪付产品，如京东闪付、美团闪付、WE闪付等产品，让移动支付的业态更加丰富。

四、供应链金融政策下监管体系完善化[①]

为精准服务供应链产业链完整稳定，促进经济良性循环和优化布局，2020年9月22日人民银行会同工业和信息化部、司法部、商务部、国资委、市场监管总局、银保监会、外汇局出台了《关于规范发展供应链金融支持供应链产业链稳定循环和优化升级的意见》（以下简称《意见》）。

《意见》从准确把握供应链金融的内涵和发展方向、稳步推进供应链金融规范发展和创新、加强供应链金融配套基础设施建设、完善供应链金融政策支持体系、防范供应链金融风险、严格对供应链金融的监管约束六个方面，提出了23条政策要求和措施。

1. 首次界定供应链金融的内涵

《意见》首次清晰完整地界定了供应链金融的内涵，一是明确供应链金融基于供应链和产业链整体，以服务供应链和产业链的完整稳定为出发点和宗旨，突出了供应链金融的产业特征和服务实体经济的特征；二是明确供应链金融运用金融科技手段，整合物流、资金流、信息流等信息，从政策层面呼应供应链金融线上化、数字化、智能化趋势，强调了供应链金融的科技特征和创新特征；三是明确供应链金融提供系统性解决方案，快速响应结算、融资、财务管理等综合需求，指明了供应链金融综合化服务的特征；四是明确供应链金融提升产业链各方价值，体现供应链金融的生态特征和多方共生共赢特征。

2. 以供应链金融更好地服务实体经济

《意见》明确，供应链金融应坚持提高供应链产业链运行效率，降低企业成本，服务于供应链产业链完整稳定，支持产业链优化升级和国家战略布局。市场主体应立足于各自专业优势和市场定位，加强共享与合作，维护市场公平有序，促进产业良性循环。

与普通贷款、债券等金融工具相比，供应链金融围绕企业之间的供应、采购等真实交易，将支付结算、融资、现金管理等金融服务嵌入企业经营管

[①] 郑万春. 发展供应链金融　以创新方式支持实体经济提质增效——评《关于规范发展供应链金融　支持供应链产业链稳定循环和优化升级的意见》. 经济网，2020-09-23.

理的各类场景，金融服务与实体经济活动更加贴近、与企业需求的匹配度和吻合度更高，能够保障金融"活水"针对性地注入实体经济。《意见》将促进金融与供应链的整合度和协同性，打通供应链产业链的上游和下游各环节，提升供应链效率。

以《意见》为依据，供应链金融能够更加精准地服务产业链供应链，丰富产融结合的金融产品体系，支持构建"双循环"新发展格局。《意见》要求加大对先进制造业、现代服务业、贸易高质量发展等国家战略及关键领域金融支持力度，有助于构建高效的生产供给体系，支持畅通"双循环"特别是国内经济大循环；《意见》明确支持打通和修复全球产业链，对维护、提升我国产业链稳定和竞争力具有积极意义。

3. 提升供应链金融的线上化和数字化水平

《意见》不仅明确了场景化、生态化、线上化和数字化是供应链金融的发展方向，也在关键业务环节的线上化和数字化提出了具体的政策支点，高度契合供应链金融的业务特征和发展规律。

《意见》不仅从业务层面提出探索供应链融资结算的线上化和数字化水平，支持探索线上贷前、贷中、贷后"三查"试点，在线签署合同等，还从监管层面明确开展差异化监管，明确提出了要根据供应链金融业务的具体特征，对金融产品设计、尽职调查、审批流程和贷后管理实施差异化监管，这将有利于金融机构提升风控效果、降低经营成本，同时有利于中小微企业降低融资成本、提高融资的可获得性和便利性，有力促进供应链金融创新发展，更好地服务实体经济和中小微企业。

五、电子签约政策下线上业务便捷化

随着电子合同的应用价值在各行业场景得到验证，政府及各权威部门对电子签约的支持推广力度逐渐加大，推动电子签约在各行各业的普及和应用规范化。

2020年2月24日，中国银保监会政策研究局一级巡视员叶燕斐答记者问的时候提出，金融监管部门要改进工作，对电子单证、电子影像、电子签章、电子数据的合规性、合法性要充分地认同，不能一定要拿纸质的证据或者有人手签的字、手按的印才合规，这过于教条了，监管要适应时代的变化，线上办理业务的变化，各方面的努力可以促进线上办理业务更顺利和更便捷。

金融科技的发展，特别是疫情的发生，对金融业更好地通过金融科技来办理业务是非常大的机遇。过去消费电子业务办得比较好，将来通过互联网、物联网、工业物联网的发展，通过线上可以得到很多企业的生产、营销、进货方面的数据，这样可以更好地识别企业的风险，更好地看清楚谁是好的企业、谁是比较差的企业，更好地提升服务的响应速度，改善企业服务的体验。对好的企业，对金融机构来说是非常大的机遇，对监管部门来说也要适应这种发展需要，监管的科技怎样更加数字化、更加智能化，在某些方面需要更高容忍度，鼓励金融机构创新，适应科技金融发展的需要，鼓励金融科技更好地为客户服务。

在上文提到的《关于规范发展供应链金融支持供应链产业链稳定循环和优化升级的意见》中，第六条明确提出要探索提升供应链融资结算线上化和数字化水平。在供应链交易信息清晰可见、现金流和风险可控的条件下，银行可通过供应链上游企业融资试点的方式，开展线上贷前、贷中、贷后"三查"。支持探索使用电子签章在线签署合同，进行身份认证核查、远程视频签约验证。支持银行间电子认证互通互认。

供应链金融创新发展与其他金融工具相比，更多的是围绕企业之间业务往来和实体经济活动。企业间涉及业务往来就会存在线上交易，如何在做好风控的同时，快速对接上下游开展供应链金融业务，有效提升业务运营效率，成为供应链从业者们关注的焦点。

电子签约的高效便捷及实名认证、多渠道存证等优势，为线上贷签的顺利实施发挥了举足轻重的作用。随着供应链金融的推进，电子签约将会有更多的以落地的应用场景和发展空间。在政策的支持和引导下，日益成熟的电子签约技术将为各行各业的线上业务提供强有力的支撑。

第十二章
未来趋势：云银行——建在云上的生态开放综合银行

第一节　金融数字化转型浪潮上的未来云银行

随着近年来我国数字经济迅速发展，金融数字化转型已经成为金融供给侧改革的抓手。特别是新冠肺炎疫情发生以来，数字化在审贷放贷、改善金融服务等方面迅速推广，数字化金融新模式迅速补位，在应对疫情方面发挥了不可替代的作用。2020年，央行多次提出我国将全面加快金融数字化转型步伐，提高信贷融资可得性和智能化水平，充分关注不同人群、不同客户的需求，加速完善实体经济产业生态体系，做到金融活水对实体经济的"精准滴灌"。

反观云银行聚合数据、聚合服务、聚合流量的经营模式，以云数据、云服务、云旅程的理念，准确的扣住了金融数字化转型的发展脉搏。可见，云银行不是商业银行发展路上偶见的独行者，而是金融数字化转型大趋势下的必然产物。云银行也将依托着金融数字化的浪潮，基于云银行技术体系、组织体系、生态体系，延循着金融数字化转型的社会和行业目标，迅速迈向云银行的未来形态。我们也可以据此思路，以金融数字化转型目标为导向，自上而下推导相应的机制和模式，描述未来云银行应有的特征和形态——建在云上的生态开放综合银行。

一、多向赋能的未来生态体系

金融数字化转型的核心目标，是要推动金融供给侧改革，引导金融资源精准配置到经济社会发展的关键环节和薄弱环节，引导资金流向高科技、高附加值的产业，构建内外双循环。未来云银行通过聚合数据、聚合流量打造自身生态环境，既吸纳了外部科技企业的数据和科技赋能，也将自身金融资源和数据科技能力赋能给整个生态环境，实现了良好的自生循环。未来云银行由外至内会表现出以下生态特征：

1. 深耕金融应用场景。未来云银行的金融服务与生产生活场景深度融合，全面融入实体经济关键动脉，广泛渗透到教育、医疗、交通、社保等老百姓日常生活的毛细血管，突破普惠金融最后一公里障碍。

2. 构筑数字生态平台。未来云银行对内聚合产品与服务、对外联结合作机构与客户的数字化综合服务平台，建立互惠共赢的合作机制，构筑平台加生态的新型商业模式，以此推动数字生态从线性链条向互为支撑、突出共进的网状矩阵结构转型。

3. 开放、灵活的数字化服务能力。未来云银行以API、SDK技术整合、解构与封装自身金融服务，形成模块化、嵌入式的数字化服务能力，合作机构可以乐高方式组合使用，提升金融服务触达能力。

二、全渠道、智能感知的未来业务模式

金融数字化转型的关键点是将金融服务融入到个人、企业的生活、生产场景中。云银行借助无感云触点，可以有效实现多渠道、多场景的场景融入。从客户的外部视角到云银行的内部视角，未来云银行会表现出以下特征：

1. 情景感知式的业务体验。未来云银行构建融合用户场景与服务的营销管理体系，对用户进行数字化认知，结合用户偏好打造情景感知式金融服务，

为不同客群提供更周全、更贴心、更有温度的定制化方案。未来云银行还可以通过物联网、虚拟现实等技术，为客户提供多模态、沉浸式、交互式的仿真网点体验。

2. 全渠道的业务体验。未来云银行基于全局统一客户视图，实现线上渠道与实体网点间信息互通共享、服务无缝衔接，打造高效融通的全渠道服务能力。

3. 金融科技重构内部业务流程。未来云银行将积极运用机器人流程自动化、自然语言处理等技术，动态评估和深度优化业务流程，以此打通部门间的业务阻隔与流程断点，实现跨角色、跨时序的业务流程灵活定制与编排，全方位提升业务处理的智能化水平。

三、协同、联动的未来风险防控

金融数字化转型同样要坚守风险底线原则，金融科技并没有改变金融业务的本质，必须处理好金融发展、金融稳定和金融安全的关系，要高度关注数字化转型带来的新型风险，特别是网络安全、数据保护、市场垄断等风险挑战，建立健全覆盖业务、网络、技术、数据等各领域，更加适应数字化时代要求的全面风险管理体系。云银行构建的生态体系，打通了多行业、多场景的数据屏障，为智能监管技术提供了有效的通道。未来云银行的风险防控将表现出协同、联动的特征：

1. 多方风险信息共享。未来云银行将依托多方协同的风险监控平台，动态感知风险全局态势，增强全天候自动监测能力，实现风险看得见。

2. 穿透式的风险分析评估。未来云银行可以利用数字化手段拓构复杂业务表现，把握金融本质和风险实质，将风险归类分级并深入分析关联关系，准确研判影响范围和危害程度，做到风险辨得清。

3. 联动式的风险处置。依托未来云银行的生态环境，可以建立跨部门、跨机构、跨行业的联防联控体系，构筑异常交易自动化拦截与高效应急处置机制，全面提高金融业风险抵御能力，做到问题早预警、漏洞早补救，确保风险管得住。

四、敏捷、灵动的未来运营机制

金融数字化转型要求满足不同客户的个性化金融需求，未来云银行的技术体系、组织体系必须具备敏捷、灵动的运营机制，能够适应快速调整的"小需求环境"，在基础架构、开发能力、组织形式上具备以下特征：

1. 分布式基础架构。未来云银行必然从从集中式向分布式治理转变，从以账户为中心向以用户为中心、以场景为中心的运营模式转变，具备兼容异构、平台化、组件化的数字底座，多节点并行、数据分布存储负载动态均衡的技术架构，实现系统资源的弹性部署、敏捷利用和灵活调度。

2. 敏捷开发能力。未来云银行可以运用敏捷研发、开发运维一体化等方式，提高产品研发质量和交付效率，持续激发数字创新活力，提升金融数字化转型能力和核心竞争力。

3. 复合化组织形式。未来云银行极为重视全面塑造数字思维，形成有利于复合型金融科技人才选用育留的激励机制。在企业架构上，未来云银行还可以通过金融科技子公司、创新中心等方式，探索有利于科技成果应用、产品服务创新的敏捷化组织形式，提升金融对百姓诉求和市场需求的响应速度。

五、数据驱动的未来内在动力

· 数据是金融数字化转型的根本驱动力，未来云银行通过数据聚合将自身打造为数据密集型企业，将充分发挥数据要素的倍增效用，同时也需要满足数据隐私、数据保密的监管要求。未来云银行从数据基础到数据应用将具备以下数据特征：

1. 全生命周期的数据治理。未来云银行将数据治理纳入中长期发展规划和战略布局，建立覆盖数据全生命周期的治理体系，同时加强数据标准、数据模型、数据架构的建设管理，厘清数据权属关系，做好升级分类，强化隐私保护。

2. 综合性数据能力中枢。未来云银行需要打造科技赋能、数据驱动、业务联动的能力中枢，为决策管理提供强有力的数据支撑，建设支持信息整合、建模处理、算法分析的综合性数据中台。

3. 多维、多场景的数据应用。未来云银行将应运用海量多维数据，实现离散信息整合和特征关联，将单场景信息增益叠加为多场景、图谱化的高价值数据，实现深挖数据潜能，提升业务洞察能力，增强决策管理的前瞻性和精准性。

第二节　疫情激活了"零接触"金融服务本能优势

2020年伊始暴发的新冠肺炎疫情肆虐全国，为了满足疫情下的市场金融需求，银行业借助科技力量改变了现有银行服务的状态，实现了零接触式的数字化、线上化金融服务能力。所谓"零接触"并非是没有任何接触，而是指利用人工智能、大数据、云计算等智能化的技术手段，在不与客户发生实际的面对面接触的情况下，通过业务线上化操作满足客户金融需求。

一、"零接触"金融服务优势凸显

疫情之下居家隔离时期，线上购物、线上获客、在线办公、在线教育等众多行业新业态正加速替代传统业务模式。2020年2月1日，央行、财政部、银保监会等5部门联合发布了《关于进一步强化金融支持防控新型冠状病毒感染肺炎疫情的通知》，要求"金融机构要加强全国范围特别是疫情严重地区的线上服务，引导企业和居民通过互联网、手机APP等线上方式办理金融业务"。此后，银行机构纷纷推出各种"零接触"金融措施，加强线上服务和应用。

浦发银行通过"AI客服+远程人工"相结合的方式及时回应用户的迫切需求，保障服务畅通。该行第一时间升级并进一步强化AI服务能力，该行的AI

客服对客户的意图识别率可达到90%以上，处于业界较领先水平。广发手机银行"只动口，不动手，少接触，趣味多"的操作体验，助力应对疫情，减少因接触带来的感染/传染风险。建行自疫情发生以来，依托线上销售渠道，借力"新一代"大数据，开展网点全员线上营销，稳定存量，拓展增量，打造个人存款线上营销新模式。

还有一些银行推出了有关疫情的增值服务，如建行携手微医上线的"新冠肺炎实时救助平台"，为用户提供了远程医生问诊、实时疫情动态、疫情防控知识服务。民生银行配合支持各地教育部门部署的"停课不停学"工作，联合好未来旗下学而思轻课推出了"疫情期间小学生免费学"公益活动，在疫情期间免费为小学阶段的学生推出语文、数学和英语课程学习服务。

除了为市民提供更多"零接触"金融服务便利外，不少银行的对公业务经理通过远程办公，为企业提供一揽子金融服务，包括授信、融资、结算、理财、供应链金融等服务，同时还开辟了线上贷款的绿色通道。如建设银行微信公众号可以为小微企业客户提供业务开展情况等信息，手机银行、网上银行、建行惠懂你APP等可以为企业足不出户办理各项普惠金融业务。浙商银行则为受疫情影响资金需求扩大的存量小微企业，符合条件的主动增加授信额度，最高150万元，无须提供新资料，无须新增担保，系统自动审批贷款，全程线上签约办理，满足临时资金需要。

二、"零接触"金融服务转型的关键

零接触金融服务策略的实现不是简单地开发线上产品，而是对金融机构经营文化、理念的革新，以及组织架构、考核体系、人才培养机制的全方位再造，是银行业一场全新的考验。当前，金融科技迅猛发展，云计算、区块链、5G技术等成为零接触金融服务的强力支撑，银行可以借力金融科技赋能零接触服务。

1.增强场景服务能力

实现零接触金融服务，就需要银行将自身金融服务嵌入生活与生产各个场景，同时其底部数据架构能够形成低成本的数据湖，以存储大量用户的行为数据进行深度学习与实时计算。同时，银行数据系统能够对海量数据进行差异化分析，形成精细化用户管理，匹配对应的金融产品与服务，支持银行成功获客。

2. 打造智能风控体系

银行在进行零接触金融服务时，由于不再是面对面的接触，会面临更大的风险挑战。一方面，银行可以充分借鉴互联网银行在风控方面的硬实力，依托大数据和云计算等技术分析其积累的海量数据，建立对客户数据、交易行为以及信用等级综合评定的独立风控模式；另一方面，采用工商、税务、社保、公积金等公共数据库，辅以互联网和银行自身的征信数据，形成"公共数据+场景+信用"的模式，实现风险防范。借助金融科技力量打造智能风控体系，银行可以实现在保证自身资金安全的同时提升客户体验。

3. 设立敏捷的运营机制

零接触服务需要组织架构的匹配，打造敏捷的运营机制。银行要实现前中后台扁平分布，包括设计、风险、运营、需求、开发、市场，以产品商业生态构建一个产品型的组织。每一个岗位都要求进行横向的专业训练和纵向的管理训练，并被放到实际的生产和管理架构中，形成完整的矩阵。在合适的组织模式下，产品的裂变和出新效率将会提高，产品发展到一定阶段后，则会孵化出新的产品或子产品。每个产品有自身的产品周期，当产品在周期内成熟后，则可以裂变、独立出来，产生新的利润价值。另外，强调内部计价和市场计价双重考核的标准，通俗地讲，市场计价是赚了多少钱，而内部计价则是按工计算岗位价值。

4. 重视开放生态的合作

银行要善于利用金融科技与外部生态进行合作，引发商业协同管理上的变革。通过与各类场景的ERP供应商、互联网公司、科技公司等生态开发者合作，比如社交、娱乐、购物、生活、消费等多种金融服务形态的场景，为银行线上服务争取更多业务。

第三节　善用生态，"合"是赋能云银行发展的关键

一、场景赋能合作伙伴

在互联网、物联网日趋深入发展的今天，因为产生了更多的连接，从而开辟出了更多的场景，为银行金融业务的发展提供了新空间。结合各类场景服务商"新诞生"场景的特点，银行需要了解、进入并为这些新场景设计有针对性的金融产品。

在银行金融服务实现云化，银行具备一定的数字能力之后，银行可以提供数字化金融服务，并将这些数字化服务开放在平台上的各类线上服务提供者，包括大的互联网服务平台，以及各大中小企业提供的线上服务平台。以线上化、数字化的金融服务模式，可以让银行更便捷、更优质与各种线上合作伙伴合作，同时让银行有机会与合作伙伴设计针对特定场景的各类金融产品。金融科技发展，使银行机构逐渐从产品金融向平台金融、生态金融发展，银行机构主要通过结合生态合作伙伴，以不同形式对外输出银行服务，即通过生态场景连接客户、给客户最直接的管理和体验的金融服务，呈现场景在前、金融在后，银行将智慧化服务融入社会生产与生活中，使其在需要时能及时享受银行的便利服务，但却不需要感受到银行的存在。

如腾讯公司与国家税务总局深圳市税务局推出了区块链电子发票系统，招商银行成为参加该区块链电子发票系统的组织之一，通过系统直联深圳市税务局区块链平台，招行客户在结账后即可通过手机自助申请开票和一键报销，发票信息将实时同步至企业和税务机关，平台支持线上领取报销款，报销状态实时查询。对商户而言，区块链电子发票还可大大节省开票时间、硬

件和人工成本；对企业而言，则可便捷实现发票的申领、获取和查验，实现即时报销、入账；对税务机关而言，可实时监控发票生命周期、实现智能税务管理、保障税款及时足额入库。

二、科技赋能合作伙伴

新形势下，银行业转型升级是适应生产力发展规律的必然要求。金融科技创新运用机器学习、海量数据处理、智能合约等技术，引领全方位的变革，推动交易流程不断优化，服务群体持续扩展，资金融通成本进一步降低，不断增强银行核心竞争力，为银行转型升级持续赋能。

近年来，所有银行都已经意识到，科技赋能是一个重要的方向，并与金融科技公司形成合作关系。在新的客户消费行为与生产行为趋势下，银行的传统系统无法满足其短频快以及数字化的金融需求，也就需要借助相应的金融科技公司的技术与系统，以更低的成本和更快的速度进行配套金融产品的搭建与运营，提供高精准的用户触达，实现差异化风险定价、创新性金融服务及智能化流程管理，在获客、风控、运营等提升自身的效率。

金融科技与银行等传统金融机构其实有着良好的互补性：基于丰富的多元化数据，大数据风控、精准营销等金融科技是银行所欠缺的；而区块链、智能投顾等金融科技的应用则需要基于丰富的金融业务场景展开，这一点则是银行传统金融机构的优势所在。让金融科技公司给传统金融机构提供科技服务，彼此互补，帮助银行等金融机构更好地为用户提供金融服务，才能更好地满足用户的需求，推动金融行业的高速、稳定地发展。

如蔷薇控股旗下的大树科技和小薇科技两家科技公司通过自建或嵌入生态平台，利用科技输出自身的数字风控模式，为银行进行风险管控与运营管理，保障银行资金安全的同时提升银行金融服务的效率。正如大树科技CEO杨善征所说："在新的数字环境和新的生态下，需要思维创新，但也是需要生态协作，任何人只能做好一件事，无法一统天下，专业化分工与合作才是未来的趋势。"

案例　　　　度小满金融：科技赋能，为银行普惠金融服务添动力

百度于2015年12月14日成立金融服务事业群组，2018年4月28日旗下金融服务事业群组正式完成拆分，启用全新品牌"度小满金融"，实现独立运营。在智能金融时代，度小满金融充分发挥百度的AI优势和技术实力，通过"有钱花""度小满理财""度小满金融"以及"磐石金科平台""智能语音机器人"等产品与服务，逐步拓展在信贷、理财、支付、保险、金融科技等方向的应用，用科技为更多人提供值得信赖的金融服务。

发挥技术+数据双重优势，打造智能化的金融风控体系

随着数字经济与科技的不断发展，银行数字化升级也越来越迫切。尤其是在此次新冠肺炎疫情下，银行等金融机构加快了数字化转型的步伐，更加重视科技的应用，对于线上化金融场景从"被动需要"变为"主动拥抱"，金融服务转型全线上化、自动化和智能化，即智能金融。智能金融下的智能获客、智能风控、智能客服、智能投顾、智能投研都缺不了大数据、AI（人工智能）、云计算、信息安全等技术。为了获得这些科技的加持，加速与科技的融合，许多金融机构纷纷走上了自研或与科技公司合作之路。

度小满金融在BATJ中有比较鲜明的场景特色和技术优势。在技术领域，度小满金融延承百度的技术基因和数据实力，在金融科技领域与数百家金融机构建立了生态合作关系。智能语音机器人、磐石智能风控等，便是度小满金融向银行输出的主要技术服务。

人工智能技术，支持银行贷后管理智能化升级。智能语音机器人，是度小满金融利用RPA（机器人流程自动化）与NLP（自然语言处理）等人工智能技术，进行智能贷后管理，并通过模拟人的声调进行语音提醒，发音自然，实现有效信息通知。目前，度小满智能语音机器人人机交流的准确率超过95%，可进行多轮复杂对话，用户无感率达到99%。智能语音机器人已经服务了包括国有大行信用卡中心、股份制银行个贷和信用卡部、地方性城农商行，以及互联网巨头信贷业务部门等80多家金融机构。

磐石平台，助推金融风控智能化。磐石金融风控系统是度小满金融推出的一站式金融科技能力开放平台，为银行等金融机构提供智能获客、大数据风控、身份识别、反欺诈、风险监测等系列服务。"磐石"是一个高度智能化的工具类平台，利用AI、深度学习等技术，为金融机构提供实时的用户信用报告，并形成相应的数据分析与信用画像。磐石平台的诞生，一方面通过智能化、实时化、动态化的信用画像，为普惠金融保驾护航，为金融系统带来全新的防护衣；另一方面则助力金融机构在身份识别、反欺诈、信用评估、风控、贷后管理等方面向数字化、智能化升级。

2019年，央行等六部委公布了46个金融科技试点，度小满金融"基于人工智能技

术的智能语音机器人金融应用""基于人工智能和大数据技术的智能风控平台金融服务"等项目入选了金融科技应用试点。

三、数据赋能合作伙伴

银行业金融机构积累了大量的客户数据、交易数据、外部数据等，具备数字化转型的先天优势。银行作为传统金融机构有着漫长的历史，也积累了众多资源，如大型公司、中小企业和个人客户，以及长期的数据积累。国内银行可能有几百个系统和数据集市、仓库。银行和银行之间，甚至同一个银行的不同部门之间，都会存在信息不流通的情况，从而造成管理不协同。即使拥有海量数据，却派不上用场，是传统金融机构数据处理的弊端，也是它们服务覆盖范围十分狭窄的原因之一。另外，由于银行天然距离产业较远，在拿到真正有用的数据上存在一定难度。

在密集的数据输出赋能大势中，银行已经开始向金融科技或者科技金融的公司寻求数据、技术甚至拓客、营销方面的解决方案。有了金融科技的帮助，银行就可以利用更全方位的数据去推断，那些从未借过钱、没有加入征信系统的人们潜在的还款能力、风险如何，甚至可以判断他们欺诈的风险有多大。

同盾科技以人工智能、云计算、大数据三大核心技术体系为基础，采用深度学习、联邦学习、元学习等先进技术，将对数据的探索洞察、解析和应用与业务场景深度融合，为工商银行、农业银行、中国银行、建设银行等300多家银行客户输出包括智能信贷风控、智能反欺诈、智能运营等在内的智能决策产品和服务，成功完成了对6大国有银行、12家股份制商业银行、24家持牌消费金融公司的全覆盖。通过数据、科技与金融的生态融合，同盾科技可以助力银行的金融决策分析更加智能，金融服务更加高效。

银联智惠为了更好地赋能银行，在总结了各大银行对大数据的四大需求点，即"合规性、便利性、可用性、通用性"的基础上，为银行提供了一套独创的整体解决方案。首先，银联智惠应用独创的轨迹匹配技术及数据融合技术，打造了一个多信源数据平台，在两个不可信的数据源不分享底层标签情况下完成评分建模的计算任务；其次，其还打造了数据中台这个概念，把整个数据技术对外输出给一些传统的金融机构，帮助他们数据赋能，在没有大数据团队的情况下，完成大数据所有的应用工作；最后，银联智惠面对不同的业务场景，整理了六大解决方案，分别为：网络金融解决方案、小微金融解决方案、场景金融解决方案、信用卡业务解决方案、数据投研解决方案、合作金融解决方案，为银行实现数字化转型提供强有力的支持和帮助。

案例　腾讯金融云：金融云+行业云，生态协同助力金融业务创新

2010年，腾讯正式对外提供云服务。在互联网浪潮推动下，金融行业加快了互联网化和移动化的步伐，在成功为微众银行上云保驾护航之后，腾讯金融云得到了快速发展。根据公开信息，腾讯金融云已经累计服务了超万家金融领域客户，包括150多家银行、数十家保险及证券公司、90%的持牌消费金融公司和80%的新筹保险公司，并与四大国有银行已实现紧密合作。

腾讯金融云致力于为金融业提供合规、安全、创新的云服务，将"生产力云化"落地到具体的金融业务上，携手合作伙伴共建云上金融新生态。

金融云有助于实现金融监管合规下的数据共享。金融行业高合规要求下，数据安全与数据隔离非常关键。因此，金融行业上云就必须将原有的公有云模式从物理的基础架构层到业务应用层，整体进行深度适配的专有云改造。这种情况下，通常会耗费大量的人力、物力与财力，开发周期也相对较长。同时，由于数据不能出域的监管要求，金融机构之间的资源无法实现共享互通，导致数据资源浪费。

"而腾讯金融云是根据不同金融业务属性及其合规要求，提供公有云、多中心金融合规专区、专有云等接入模式，在符合金融监管合规的基础上，帮助金融机构等解决互联网业务爆发式增长所带来的海量数据存储与处理、高频安全攻击等问题。"胡利明介绍。

行业云是提高行业创新效率与效益的最佳模式。目前来看，银行与腾讯金融云的融合度较高，但是建设私有云的券商、基金公司等比较少。"行业云便是很好的模式"，胡利明说道。"行业云"可对接券商、基金等系统，提供底层的IaaS与SaaS服务，并可以陆续叠加区块链、风控、智能营销、智能开户、智能投顾等相关系统。行业云模式大大提高了相关行业的创新效率与效益，也保障了数据存储的合规性。腾讯已与深交所的深证通合作了资管的"行业云"，在业内也产生了一定的影响力。

云技术与金融的联结发展出"开放、平等、协作、共享"的经营理念。未来整个社会金融服务体系将通过行业云＋金融云的模式，形成闭环生态，相互协同，相互赋能。

第四节 独立持牌是必由之路，
差异化市场是必争之地

一、筹建独立持牌云银行的关键点

1. 筹建关键点一：战略协同定位

从直销银行衍生发展而来的云银行，与传统银行业存在着先天性基因的不同。因此，为了避免云银行异化为第二个手机银行，就需要云银行跳脱银行体系，成为独立持牌的法人银行。

独立法人云银行的建立，是顺应数字技术发展与金融变革的必要探索，有助于传统银行在数字技术时代探索发展新驱动和推进内部体制改革与创新。与传统银行和民营银行的筹建思路与方式不同，独立法人的云银行筹建首先要符合监管机构和法律法规的要求，确保整个过程的合法合规，在全面统筹的基础上设立风险持续监控、预警与应急处理，以全面管控和降低风险发生概率与风险损失。对于出资主体、设立主体要根据相关监管要求进行设计与疏离，制定出符合云银行先进治理特点的组织架构和运行机制。云银行的筹建在保证自身战略定位的基础上要满足母行战略要求，建立与母行互通的战略协同模式，设计特色化、个性化、场景化的商业模式和全数字化的战略体系，实现以科技手段解决客户痛点，重视数字技术和数字化模式在云银行发展战略中的重要性。

2. 筹建关键点二：股东选择

在争取独立持牌的过程中，行内应尽可能严谨地分析独立持牌的利弊，做好可行性研究：在股东的选择上，直销银行除了考虑生态方的意愿和契合度外，需要谨慎强势或排他性的企业可能带来的负面影响。举例来说，一旦选择了阿里系的合作伙伴，就有可能丧失融合京东、百度等生态、流量的机会。同时，在信息和数据的交互使用中，直销银行应特别注意保证信息和数据的合规性、安全性要求，防范核心系统数据和重要客户数据的泄露。此外，直销银行应妥善处理与母行的关系定位，如投资者关系、母子业务协同、声誉风险等。

据公开信息，微众银行共有10名股东。其中，3家发起人深圳市腾讯网域计算机网络有限公司持股30%、深圳市百业源投资有限公司和深圳市立业集团有限公司分别持股20%。为了避免股权过度集中而可能产生关联交易，监管机构一度要求民营银行的单个股东占比不得超过20%，但从公开数据来看，微众银行、网商银行的股东中，腾讯持有微众银行30%的股权，蚂蚁金服持有网商银行30%的股权，已经"破了例"。这一股权结构很可能会为未来的微众银行以及网商银行的发展埋下隐患。互联网银行也可能面临此类矛盾，起初和谐的局面会因业务不断发展，不同类型股东对于其付出与回报之比觉得"不平衡"产生争议而被破坏。

二、差异化竞争，实现金融与场景、生态的深度融合

2017年11月18日，国内首家独立法人直销银行——百信银行正式开业。经历近3年的发展，根据中信百信银行年报显示，2019年末，百信银行资产总额589亿元，负债总额556亿元，实现营业净收入23.73亿元，净利润0.2亿元，实现扭亏为盈。数字银行的成本集约优势显现，在保持科技持续投入的前提下，成本收入比降至39.41%，成为全球首家"主流商业银行+主流互联网银行"深度融合创新的成功范例。其股东中信银行和百度分别在流动性管理、风险管控以及技术、数据和场景等方面给予了充分支持，助力其业务快速发展。

在沉寂近两年后，独立法人的直销银行再次引人瞩目。百信银行的成功运营也使得独立法人直销银行业务模式逐步得到认可，独立法人架构将有助于直销银行市场化运营，提高经营效率。

伴随科技赋能，行业云+金融云推动了直销银行向云银行的升级。独立持牌使云银行的优势显而易见：其一，独立持牌可以尽可能地发挥差异化的经营理念、模式与文化，以更灵活的方式带动传统银行升级；其二，独立持牌允许银行在圈外寻找得力的生态伙伴，从而带来更多流量、数据与机遇，从而更好地践行普惠金融与支持实体经济发展，走出一条有别于传统银行的创新发展之路。

独立持牌的云银行与民营银行、互联网银行形成了差异竞争。面对拥有社交流量入口的微众银行、拥有电商场景入口的网商银行以及定位于新一代数字科技普惠银行的新网银行等民营银行的竞争，持有独立牌照的云银行构建了聚合流量、聚合数据、聚合服务三个核心能力，实现金融与场景、生态的深度融合，而不再是简单的流量与资金的匹配。如民生银行打造的云钱包生态，就是通过BBC生态模式，将金融产品嵌入企业员工、会员、经销商三大体系，打造工资代发、员工福利、分销易、积分支付等多个创新业务体系和核心场景，帮助企业解决复杂业务场景下的难题，从而实现低成本获客和高频客户触达，有效进行金融业务转化，实现科技金融的创新。

第五节　数字货币重塑银行业基础设施，助力云银行发展

区块链发展日新月异，技术跨越式发展助推经济进步，以比特币为代表的众多数字货币层出不穷，数字经济时代的到来已是大势所趋。随着2019年Facebook主导的加密货币Libra的推出，以及2020年我国央行数字货币DCEP正式进入测试阶段，数字货币的发展进入关键阶段。与此同时，央行加快推进

数字钱包、数字货币账户等配套"设施"的开发力度，其中数字人民币"双离线"钱包已经完成开发阶段。

数字人民币英文简称DCEP，实际上指的是数字人民币的整个支付体系。数字人民币是由人民银行向公众发行的，由指定运营机构向公众兑换的，以广义账户体系为基础的，提供银行账户的松耦合功能，以及具有价值特征的，与现在的纸钞和硬币等价的，有法偿能力的支付工具。由于数字货币不需要绑定任何银行账户，其摆脱了传统银行账户体系的限制，也会加速未来银行的数字化转型，令其向云银行的模式进阶。

一、数字货币加速金融科技迭代升级

随着"数字人民币"的推进到普及，现金流通将会进一步减少。相对于传统的纸币清点、识别技术，"数字人民币"需要更高技术的系统识别功能，传统的点钞技术和识别技术也会逐渐被电子识别技术取代。因此，传统银行需要进一步发展大数据、区块链、云计算、人工智能等金融科技，从而提升原有硬件、渠道、功能等方面对数字货币的IT支持能力，升维数字账户、数字钱包等媒介的抗风险能力。

加速基础设施和人才的迭代与更新。随着数字货币和电子钱包的推行，以硬币、纸钞等模式流通的现金将大幅下降，相较于原有的纸币清点、真伪识别等技术，商业银行更需要提升电子认证、安全加密、系统识别等领域的技术能力，从而为数字货币安全稳定运行提供基础。与此同时，传统设备使用率下降，柜面对点钞、清理废钞残钞、加钞清机等操作的需求下降，致使柜面工作效率提升，商业银行网点向智能化、自动化模式转型，信息科技人员和掌握金融科技人才的比例将大幅提高。

为云银行IT技术创新提供原动力。央行大力推行数字人民币，进一步体现了监管层面对于金融科技、IT技术创新的支持，这将为未来银行IT技术的创新带来不可估量的商业前景。未来智库的金融科技专题报告显示，数字货币或将为行业带来约百亿元的市场增量，将推升2020年银行IT市场规模增速

21%~30%[1]。在向云银行转型的进程中，传统金融机构迫切需要加快IT创新与金融科技投入，尤其是在银行核心业务、信贷业务、支付清算、柜台交易、风险管理等领域寻找与数字货币更加契合的解决方案。

二、云银行需要数字化经营思维

由于货币类型和媒介的转型，人民币的发行、存储、流通等各项环节都将依托数据的形式存在，为云银行打通、连接和掌握交易数据打通了"最后一公里"。在这一趋势下，领先云银行通过数字化经营思维，可以将这些货币数据真正转换为"数字资产"，脱胎换骨成"数字资产管理公司"。

数据与数字用户管理能力成为转型关键。数字货币依托电子钱包和数字账户的模式进行流通，也因此会提升商业银行线上渠道的使用率，商业银行APP、云平台、小程序等模式的使用频率将进一步提升。据《2019年中国银行业服务报告》统计，2019年银行业金融机构网上银行交易笔数达1 637.84亿笔，交易金额达1 657.75万亿元，全行业离柜率为89.77%。[2]数字货币下的数字金融时代即将到来，在这一背景下，如何提升数据和数字用户的管理能力，从而将数字资产转化为业务优势，一定程度上决定了云银行的发展与竞争方向。云银行应在金融科技的加持下，加速线上数字资产的增长、转化、变现，开发一套富有成效的数字资产运营体系。

提升数字化运营能力，释放云银行动能。云银行在进行客户数据管理、线上指标体系搭建、数字货币场景开发的同时，应建立数据采集与管理的规范、加强数据运营团队的建设，由内而外、系统化地提升数字化运营"硬件"与"软实力"。在积累了丰富的数字化运营经验后，领先银行可以将这一套数字化运营的思维和落地方法输出给其他银行、企业，从而达到生态赋能的效果。

---

① 未来智库. 金融科技专题报告：数字货币或加快推进，银行IT景气度提升，2020-03-10.
② 中国银行业协会. 2019年中国银行业服务报告，2020-03-08.